U0513691

百家姓

起源 · 故事

胡 真 编著

上海古籍出版社

图书在版编目(CIP)数据

百家姓 / 胡真编著. —上海：上海古籍出版社，
2014.8(2018.3 重印)
ISBN 978-7-5325-7323-3

Ⅰ.①百… Ⅱ.①胡… Ⅲ.①姓氏—中国—通俗读物
Ⅳ.①K810.2-49

中国版本图书馆 CIP 数据核字(2014)第 151932 号

百家姓

胡真 编著

上海世纪出版股份有限公司 出版
上海古籍出版社
(上海瑞金二路 272 号 邮政编码 200020)
(1) 网址：www. guji. com. cn
(2) E-mail：guji@guji. com. cn
(3) 易文网网址：www. ewen. co

发行经销 上海世纪出版股份有限公司发行中心
制版印刷 常熟文化印刷有限公司
开本 889×1194 1/20
印张 13 字数 180,000
版次 2014 年 8 月第 1 版
2018 年 3 月第 5 次印刷
印数 15,951-18,250
ISBN 978-7-5325-7323-3/I·2839
定价 25.00 元

《百家姓》是古代广为流传的儿童启蒙读物，它的作者没有准确的说法，后人只是根据排列在第一位的"赵"和第二位的"钱"估计大约是北宋初年浙江一带的产物。

　　就其内容而言，《百家姓》只是将中国的姓氏排列成押韵的歌谣，并没有其他启蒙读物那样具有道德教育或学习各种常识的功能。然而在旧时的启蒙教育中，《百家姓》是学童更乐于接受的内容。过去学童初学读书写字，往往是在乡里的私塾中进行的，学到《百家姓》，孩子们首先能从中找到自己的姓、老师的姓、同学的姓，有很强的亲切感。老师在讲了字音之后也不必多讲字义和道理，可以自由发挥，讲一些相关的历史名人故事，孩子们也很容易接受。剩下的就是背诵，因为四字一句，又有韵脚，也不很困难。清人曾有诗描写私塾学习的场景："一阵寒鸦噪晚风，诸生齐放好喉咙。赵钱孙李周吴郑，天地玄黄宇宙洪。"其中"赵钱孙李周吴郑"就是《百家姓》，而"天地玄黄宇宙洪"则是另一种著名的启蒙读物《千字文》。这其实就是千百年来中国学童学习生活的一个特写。

　　正因为内容单一，《百家姓》不像其他启蒙读物那样会因为时代的推移而显得某些内容不合时宜，只要汉民族还保留着固有的姓名习惯，那百家姓就永远是被人们关注的，而《百家姓》的讲解也总是一样的模式——让各个不同姓氏的人知道自己的祖先中有些什么样的优秀人物。

　　姓氏的问题十分复杂，至今我们并不能清楚地知道今天中国人的每个姓是怎么来的。虽然大体上是子传父姓，但真正从史籍认真考证，则可能我们真不知自己究竟是谁的后代。

　　首先，姓和氏在中国历史上有一个很纠结的演进过程，它们都是家族身份的象征，而姓是高于氏的。这个过程的重要时间节点在秦汉。春秋战国或更早，我们通常称之为先秦，那个时代只有很少的家族有姓，而且姓只是一个徽号，不在日常使用的范畴之列。比如秦始皇，他是嬴姓，名嬴，后人常称之为嬴政，但这个组合只是后来人的习惯方式，在当时是不可能的。对于先秦的人来说，有姓，只是你家族的荣耀，纯粹的平民，应付日常生活中的称谓，只有一个名而已。显赫的贵族，往往会有许许多多的子孙，既然祖先平常都不以姓

1

作为日常称谓，那么子孙自然也不用，但称谓必不可少，于是，像鲁国是周公的后裔，按说都是姬姓，但历代鲁国国君的后代不免以各种方式命名——个人的名当然是特定的，我们现在概念中的姓却有许多可能，比如封地、官职、爵位等等，这就是氏。

真正在文献中开始扭转人物称谓的是司马迁的《史记》，因为他恰好处于那个时代。《史记》中的人物，大凡当时或"近代"的，都比较符合今人的习惯：项羽的叔叔叫项梁，爷爷叫项燕；张良的父亲叫张开地。诸如此类。但在这些人物在世的时候真这么称呼吗？未必。举一个例子，韩非子。他是韩国的公子，在《史记》中，他叫韩非，一个很"现代"的名字，但如果他早生一两百年，出生于战国早期或者春秋，在文献中他一定会被称为"公子非"，"非"是他的名，所谓的"姓"则是随机的。

所以，我们不能以后来的定则去看待更早的实情，理论上说每个人都必有父亲，但你现在所谓的"姓"却真不一定从哪一代祖先开始的，渺茫的祖祖辈辈，或许有皇帝赐姓，或许有随意改姓，或许有招赘易姓，或许有外族冒姓，谁知道发生过什么？所以，"五百年前是一家"只能是半开玩笑的话，当不得真。

《百家姓》是一千年前的产物，必然有着那个时代的烙印。而且，它只是产生于乡间村塾的启蒙读物：既然是乡间，就要照顾习闻常见；既然是启蒙，就要考虑易诵易读。书中罗列的姓氏，既有生活中随处可见的，也有仅仅照顾经史的。在它所搜罗的姓氏中，有一些古今仅见的，比如公羊、穀梁、仉督以及许多孔子弟子的姓氏，其实只是在儒家经典中出现过，但历代记载中很少有人以此为姓。

《百家姓》收入远远不止一百个姓，据统计有五百五十多个，但是即便如此，总共只有568个字。古代有的版本在每个姓的后面列出了该姓的郡望（只有少数姓的郡望空缺），我们这次也予以保留。为了让大家阅读起来有更多的趣味，除了原文和郡望外，我们对每个姓的起源做了简单的说明，同时，每个姓我们选取一位名人加以介绍，以便大家了解自己同姓祖先的光辉事迹。

《百家姓》并不是经典，只是启蒙读物而已，半真半假，千万不能太过当真。顺着百家姓，提及一些相关的人物，也只是博闻广识而已，有些人并不著名，甚至只是一个历史上的姓名，而著名的人物也不能在这里细细介绍——真正的学识，还在启蒙之后的读书。

百家姓

赵
zhào

[郡望] 天水

钱
qián

[郡望] 彭城

赵姓出自颛顼，颛顼玄孙的十三世孙造父为周穆王驾车，因功封于赵城，其后以赵为氏。至春秋末年，三家分晋，赵为其一，直至战国末年为秦所灭，后人多居陇西。《百家姓》编于宋朝，国姓为赵，故位列第一。

钱姓也出自颛顼，颛顼的曾孙名陆终，陆终之子彭祖，彭祖之孙孚。孚曾担任周朝的钱府上士，其后以钱为氏。另外，彭祖名篯铿，一说钱姓是由"篯"字简化得来。

赵云 字子龙，三国时期蜀国的一员虎将。对于三国人物的印象，在民间更多地是受小说和戏剧的影响，历史上的人物事迹和评价，还应以正史为准。然而，《三国志》这部正史在历史上也非常特殊，裴松之的注在篇幅上超过了陈寿的正文，提供了大量野史传闻进行补充，而小说戏剧在塑造三国人物时也多取材于裴注，比如刘备称赞"子龙一身都是胆"就出自裴注。而赵云的成名战长坂坡之战中，无论《三国志》还是裴注，都很简略，甚至根本没有糜夫人出现，后来的小说家把这个故事加工得越来越丰满，以至于今日深入人心。在民间，人们说关张赵马黄是蜀国五虎将，而在正史列传的排序是：关张马黄赵。仅此一点，足以说明历史上的赵云虽然也是优秀的将军，但在蜀国内部的重要度上，并不像百姓心目中那样高。

钱镠 五代时期吴越国的国王，人称"钱王"。由于浙江的钱塘江一带经常发洪水，毁坏庄稼房屋，钱王就发动大家一起在钱塘江两岸修筑堤坝。但是，由于钱塘江的潮水太大，堤坝总是没有修完就被冲垮了。钱王听说后大怒，在八月十八这一天率领一万名弓箭手来到江边，就在江潮涌来的同时下令放箭。一阵箭雨过后，江潮果然退了下去，堤坝也终于修好了，钱王也因此受到百姓的拥戴。作为五代乱世的一个小王朝，钱氏对当地的稳定和发展付出了巨大的努力，虽说吴越有优良的自然条件，但此后长期富庶安乐的民生，与钱镠几十年的精心建设不无关系。

孙
sūn

[郡望] 太原

李
lǐ

[郡望] 陇西

> 孙姓出自周王室。周文王第八子康叔被封在卫，传至卫武公，武公有子惠孙，惠孙的儿子耳，在卫国任上卿，耳的后人就以惠孙的"孙"为氏。
>
> 李姓出自颛顼，颛顼的曾孙皋陶在尧时担任大理——分管刑狱的官，其后人以官名为氏，称理氏。到了商末，理氏后人理徵因得罪纣王而死，其子利贞出逃，靠吃树木上的果子活了下来，于是改"理"为"李"。利贞之子昌祖做了陈国大夫，家住苦县，其六世孙就是著名的老子李耳。

孙武 春秋时期吴国著名的军事家，著有《孙子兵法》。吴王为了试试他的才能，从宫中选出一百八十名宫女，让孙武训练。结果，孙武第一次发布命令，宫女们只觉得好玩，根本就不听从。孙武说："这是我的责任，是我没有解释清楚。"于是把前面的命令又详细说了一遍。随后他再次发布命令，但宫女们还是笑着不动。这次孙武厉声说道："解释得不清楚是我的责任，交代清楚而不服从命令就是你们的过错了。"于是下令把带头的宫女推出去严惩。宫女们都害怕了，孙武再次发令时，所有的宫女都整齐认真地操练，再不敢当作儿戏。由此，吴王也不得不佩服孙武的才能。

李白 字太白，唐代大诗人，人称"诗仙"。李白的很多诗歌作品在中国是妇孺皆知的，但李白这个人却更多地是一个符号，很多人并不清楚他究竟是一个怎样的人，以至于受铁杵成针的小故事影响，把李白视为一个勤奋学习的好学生。其实李白是一个很有天赋的诗人，他的性格张扬，少年时虽然读书，但是与生俱来的不安定的人格特征使他也想出仕，也想求仙，有时候又想做剑侠。在现实生活中，他似乎总在幻想。他进京求官，最后被权贵厌弃，民间故事就演绎成高力士替他脱靴子，那只是因为他在现实中不断失败，于是极力在作品中声言蔑视权贵，不求闻达。在言行之间，他往往是分裂的，这使他在现实生活中并不讨人喜欢，但也正因为如此才成就了诗歌史上难以超越的李白。

周

zhōu

[郡望] 汝南

吴

wú

[郡望] 延陵

　　周姓出自黄帝曾孙帝喾,帝喾之子后稷即周王朝先祖,至后稷十二世孙古公亶父举族迁至岐山下周原,于是以"周"为国号。古公亶父的曾孙武王姬发灭商,正式建立周王朝,其后人多以周为氏。一说秦灭周后把周赧王废为庶人,百姓称之为"周家",其后人以周为氏。

　　吴姓出自古公亶父之子泰伯。古公亶父有三子:泰伯、仲雍、季历,他最钟爱季历,于是泰伯、仲雍主动逃往荆蛮之地,自号勾吴,二人分别成为吴国的第一、二代君主,其后人多以吴为氏。

周瑜　字公瑾,三国时期吴国的著名将领,在赤壁之战中大败曹操而闻名后世。东汉末年,天下大乱,中央政权对地方失控,有兵权的地方官纷纷变为军阀,彼此争夺征战。孙坚本是长沙太守,后来也由此成为一方割据的诸侯。而周瑜也出身世家大族,并且在讨董卓时帮助过孙坚,又与孙策同龄交好,因此,对于吴国来说,周瑜的资历是无可比拟的,后世小说为了抬高蜀国一方,才将周瑜作为一个器量狭窄的形象加以描写。同时,周瑜也是当时一个造诣很高的音乐家,所谓"曲有误,周郎顾"是历久相传的典故,在正史中也有记载。仅靠武力取胜的武将,在中国文化背景中并不是最受推崇的,有足够文化底蕴的将军才是备受敬仰的,因此,由唐至宋,周瑜一直是受到官方设庙祭祀的对象。如果不是天不假年,周瑜的形象也许不需要靠小说的渲染就能更加辉煌。

吴道子　唐代著名画家,也是我国历史上最杰出的画家之一,被后人尊称为"画圣"。吴道子最擅长画人物,他曾在长安、洛阳的寺庙中作佛教壁画四百馀幅,所画人物情状各不相同。特别是他用状如兰叶的笔法来表现衣服上的褶子和衣带,似有飘动之势,人称"吴带当风"。有一次,他在长安兴善寺当众表演画画,市民们蜂拥围观。只见吴道子提笔挥扫,势如旋风,一挥而就,令围观之人惊叹不已。

郑 zhèng

[郡望] 荥阳

王 wáng

[郡望] 太原

> 郑姓出自周王室，西周末年周厉王少子名友，封于郑地，是为郑国第一代国君郑桓公。至战国时，郑国为韩国所灭，其后人多以郑为氏。
> 王姓史载有二十一望族，其中最著名的是周灵王太子晋，后来成仙，其子孙以其"王家太子"的身份，故自称王氏。其后人有秦国著名大将王翦、王贲父子。秦末大乱，王氏后人又迁至琅琊，到汉末，琅琊王氏遂为大族。

郑燮 字克柔，号板桥，清代著名的书画家、文学家，最擅长画竹子和兰花。郑板桥早年是个穷秀才，三十岁靠着书画手艺立足当时的繁华都市扬州，五十岁时中了进士做了官。然而，他是"扬州八怪"之一，秉性耿直，不擅长官场的一套，最终还是挂冠而去。用他自己的话来归纳，他的一生是"康熙秀才，雍正举人，乾隆进士"、"初极贫，后亦稍稍富贵，富贵后亦稍稍贫"。如今，除了书画艺术成就，人们对郑燮所知最多的，恐怕就是"难得糊涂"和"任尔东西南北风"的名言。在富庶而庸俗的扬州，郑燮保持着个性，却也不忌讳养家糊口的钱，对附庸风雅的有钱人，心情不好时一口回绝，纵然命笔，也是开价不菲："画竹多于买竹钱，纸高六尺价三千。任渠话旧论交接，只当春风过耳边。"

王羲之 字逸少，历史上最著名的书法家，被后人称作"书圣"。他书写的《兰亭集序》被誉为天下第一。王羲之除了书法以外，还有一个与众不同的爱好，就是特别喜欢养鹅。当时有个道士，连做梦都想请王羲之给他抄写一本《道德经》，但一直不能如愿。于是他灵机一动，特地养了一群大白鹅。王羲之听说之后，就问道士能否出钱买下这群白鹅，道士乘机说道："我的这群白鹅是不卖的，但您如果能给我抄写一本《道德经》，我就把鹅送给您。"王羲之听后满口答应，没多久，他就给道士抄写了一本《道德经》，换回了那群大白鹅。

5

冯 *féng*

[郡望] 杜陵

陈 *chén*

[郡望] 颍川

冯姓出自周王室。周文王庶子毕公高封于毕，春秋时毕公高后裔毕万流落到晋国，采食于冯，其后人有以冯为氏的。

陈姓出自舜。舜为有虞氏，舜之子商均居妫，以妫为姓。商均的三十二世孙名满，生于周武王时期，时值武王追封先贤遗民，满被封于陈，成为后来陈国的祖先。满去世后谥号胡公。

冯妇 古时候晋国的勇士，善于打虎，并不像他名字看起来那样是个女人。这故事是孟子讲的，说冯妇后来被提拔为士人，也就不再做打虎的营生了。但是有一次外出，看到很多人围住一只老虎，却没人敢上前制服它，于是冯妇跳下车，捋起袖子，把老虎收拾了。抓老虎的人们很高兴，而其他士人却在讥笑冯妇，认为他做了士人，还重操旧业，去干打虎这种下贱的事。这个故事后来被用作重操旧业的典故，但故事中揭示的矛盾却在生活中常常会遇到，一件事做与不做，有时面临两难的选择，成了士人的冯妇如果依旧四处去打虎，固然不合适，但遇到急难出手助人，则另当别论，纵然受到嘲讽，也应义无反顾。

陈平 汉代的陈平小时候家境贫穷，但很有抱负。有一次乡里过节，陈平负责分肉，每一家都分得很平均，受到乡亲们的一致夸奖。陈平感慨地说："如果将来让我治理天下，我会像分肉一样让老百姓都满意。"后来陈平帮助刘邦平定天下，建立了汉朝，并真的做到了丞相，担负起治理天下的重任。陈平一生追随刘邦，六出奇计，其中用反间计逼走项羽的谋士范增、擒拿韩信、解白登之围三件事对刘邦具有至关重要的意义。在刘邦去世后，吕后专权，身为老臣的陈平不仅能独善其身，而且在纷繁复杂的政治斗争中斡旋制衡，很好地维持了西汉王朝的稳定和刘氏皇权的延续。在人才荟萃的西汉初年，陈平依然不失为一个一流的政治家和军事家，司马迁对他的评价是：善始善终。

褚
chǔ

[郡望] 河南

卫
wèi

[郡望] 河东

> 褚姓出自殷商后代宋国。宋共公的儿子段，字子石，封于褚，品行高尚，被称为"褚师"，其后人以褚为氏。
>
> 卫姓出自周王室。卫是周文王第八子康叔的封地，卫国是寿命最长的周朝诸侯国之一。秦末汉初，燕人卫满曾进入朝鲜成为朝鲜王。

褚遂良 字登善，唐代四大书法家之一，也是一位正直不屈的文官。在书法领域，《孟法师碑》、《雁塔圣教序》都是他的经典杰作，凡涉猎书法的人，无不知之。褚遂良同时也是唐初的重臣，虞世南去世后，褚遂良就是最重要的继任者。唐太宗去世时，他和国舅长孙无忌同为顾命大臣。正因为如此，他对唐王朝的忠心也无与伦比，当唐高宗李治登基后，准备立武则天为后时，褚遂良是坚决的反对者，一再与李治交涉，说她曾经侍奉李世民，如今立她为后，"奈天下耳目何"，最后直至将朝笏还与李治，叩头流血。以至于躲在帷幕后面的武后脱口高喊："何不扑杀此獠！"这大概是武则天载于史书的话中最失态的一句了。由于褚遂良等老臣的坚持，延缓了武后夺权的脚步，最终，武则天依然成了中国历史上唯一的女皇，但也只限于她本人一世，李唐的天下并没有因此而改朝换代，历史上也没有把她建立的大周当成一个独立的朝代。

卫青 字仲卿，是汉朝抗击匈奴的名将。汉武帝时，匈奴军队经常侵犯汉朝边界，卫青率领汉军英勇抗击，百战百胜。有一年冬天，卫青亲自率领大军北行一千多里，跨过大沙漠，与严阵以待的匈奴军队展开激战。卫青临危不惧，命令部队用铁甲兵车迅速环绕成一个坚固的阵地，然后派出五千骑兵向敌阵冲击，匈奴出动一万多骑兵迎战。此时，卫青又乘机派出两支生力军，从左右两边绕到单于背后，包围了匈奴军队的大帅。匈奴军腹背受敌，大败而逃。卫青率大军连夜乘胜追击，终于将匈奴军队全部歼灭。

蒋 jiǎng

[郡望] 乐安

沈 shěn

[郡望] 吴兴

蒋姓出自周王室。周公第三子伯龄封于蒋，其后人以蒋为氏。

沈姓出自周王室。周文王第十子季载封于沈，春秋时，沈国为蔡国所灭，其后裔以沈为氏。

蒋诩 字之卿，西汉末年的兖州刺史，以清廉正直闻名。王莽专权之后，蒋诩告病还乡，不再出仕。在那个时代，不愿与王莽政权合作的人很多，但在人们的心目中，这些高士还是有品级之分的，当时流传的民谚说："楚国二龚，不如杜陵蒋翁。"二龚是同样拒不出仕的龚舍、龚胜。退隐之后的蒋诩清心寡欲，不与世俗交往，和他往来的只有高士羊仲、求仲，因此，在他家门前只有三条小路，分别留给二人和他自己，后来就留下了"三径"的典故。当陶渊明不为五斗米折腰，挂冠隐居之后，写了著名的《归去来辞》，其中就有"三径就荒，松菊犹存"的话，也是借用蒋诩的典故来声言自己退隐的决心。

沈括 字存中，北宋时期著名的科学家。他精通天文、数学、物理学、化学、生物学、地理学、农学和医学，还是一位卓越的工程师、出色的军事家、外交家和政治家。在政治上，他受王安石的器重，而王安石变法在历史上有许多负面评价，所以沈括在当时和后世都受到很多非议，后来由于在西夏的永乐城之战失利，沈括受到牵连被贬，基本结束了政治生涯。晚年的沈括定居润州梦溪园，将平生见闻和科学研究记载于《梦溪笔谈》之中，其中有二百多条是关于天文、历法、数学、物理、化学、生物、地理、地质、医学等方面的内容，这在自然科学极不发达的古代中国，是十分罕见的，而沈括也成为中国古代能与张衡、祖冲之等人相提并论的为数不多的大科学家。因此，英国著名科技史家李约瑟称沈括是"中国科学史上最奇特的人物"，而《梦溪笔谈》是"中国科学史上的座标"。为了纪念沈括的功绩，人们将小行星2027命名为"沈括小行星"。

韩 hán
［郡望］南阳

杨 yáng
［郡望］弘农

百家姓

> 韩姓出自春秋时的晋国。晋国始封于周成王之弟叔虞，传至晋昭侯，他把自己的叔叔成师封到曲沃，为曲沃桓叔，曲沃桓叔的庶子名万，被封于韩原，因以为氏。
>
> 杨姓出自周王室，其说不同，有以为叔虞之后封于杨，有以为周宣王少子尚父封于杨。还有一支据称出自晋国王族羊舌肸之后。

韩信 西汉初年著名的军事家。韩信出身贫寒，曾乞食漂母，在淮阴街头受胯下之辱。后来，他投奔项羽，未受到重用。由萧何引荐，转投刘邦，逐渐受到赏识，成为刘邦的军事统帅，出陈仓、定三秦、擒魏、破代、灭赵、降燕、伐齐，直至垓下全歼楚军，屡战屡胜，天下闻名。刘邦建立汉王朝之后，韩信再无犬马之用，反倒成了功高震主的人物，刘邦借故把他贬为淮阴侯。而韩信对此心怀不满，平日的言行中也多有流露。后来，陈豨谋反，韩信准备响应，被吕后察觉，于是吕后和萧何合谋，将其诱捕并处死于长乐宫钟室。后来，就留下这样一句话："成也萧何，败也萧何。"对于这个人的军事才能和成就，历史上从无异议，但他的处世之道实在缺陷太大，史家也无从为其回护。正如司马迁所说，韩信的功劳堪比周公、吕望，要是能多读点书，必定没有大灾。可他偏要在天下平定之后再造反，招来杀身灭族之祸，也是天意吧。

杨震 字伯起，东汉著名的清官。他五十岁时才步入仕途，但很快升任东莱太守。在上任途中经过一个小县城，县令王密正好是由杨震推荐的，所以杨震对王密有知遇之恩。王密很想报答杨震，但又知道杨震为官清廉，便在深夜里偷偷怀揣十斤黄金前往拜谢恩师。杨震当然是坚决不肯接受，并责备王密道："我因为知道你的才能才举荐你，你难道不知道我的为人吗？为什么还要拿这东西来？"王密答道："反正是深更半夜，这件事没有人会知道。"杨震道："天知，神知，我知，你知，怎么能说没有人知道呢？"王密听了，非常羞愧，谢罪而去。

朱
zhū

[郡望] 沛国

秦
qín

[郡望] 太原

> 　　朱姓出自颛顼。颛顼的曾孙名陆终，陆终第五子名晏安，大禹时赐姓曹。周武王时，曹安的后裔曹挟封于邾，是鲁国的附庸国。战国时，邾国为楚所灭，其子孙逃散后以朱为氏。
>
> 　　秦姓出自颛顼。商纣王臣子飞廉是颛顼后裔，其子恶来的后裔非子被封到秦谷。西周末年的战乱中，由于保护周王室有功，秦从附庸国升为诸侯国，一直传到战国末年统一天下。其后人有以秦为氏的。另外，鲁国有一个秦邑，其后人也有以秦为氏的。

朱云 西汉时期的朱云为人正直。有一次，他上书汉成帝，要求诛杀权臣张禹。由于张禹是皇帝最宠信的大臣，所以汉成帝大怒，立即叫剑子手将朱云拉出午朝门外斩首。朱云却面不改色，历数张禹的罪行。剑子手上来拉他去执刑，朱云却双手紧攥着金殿上的栏杆不放，道理还是讲个不完。两下一用力，结果把栏杆也折断了。后来，由于其他大臣求情，汉成帝也略有醒悟，宽恕并奖励了朱云。事后人们要修理金殿上的栏杆，皇帝意味深长地说："别修了！留着它可以使我时刻检讨自己，也能鼓励众大臣像朱云一样敢于向我提意见。"

秦琼 字叔宝，唐朝著名的开国大将，早年曾投靠瓦岗军、王世充，后投降李渊，从秦王李世民任马军总管，是秦王府早期骨干之一。在李世民兄弟争夺皇位的斗争中，秦琼作为李世民的亲信，在玄武门诛杀李建成、李元吉，为李世民成为太子并最终成为皇帝扫清了道路。相传李世民做了皇帝后常做噩梦，一说是因为年轻时打天下杀人太多，一说是因误杀泾河龙王，龙王鬼魂作祟。由于睡眠不足，李世民深感疲惫，于是他请手下两员爱将秦琼和尉迟恭在夜晚一左一右为他守门，而这个办法也收到很好的效果，从此李世民就能睡安稳了。这个故事在民间流传开之后，百姓家也纷纷制作了两人的画像分左右贴在门上，称为门神。由于多年征战，秦琼的身体很不好，贞观十二年就因病去世了。后来，李世民将他列入二十四功臣，在凌烟阁上绘像纪念。

尤 （yóu）   # 许 （xǔ）

[郡望] 吴兴   [郡望] 高阳

尤姓出自沈姓。五代时王审知在福建称王，因为"沈""审"同音，所以将沈姓的"沈"去掉左半而改为尤姓。实际上"沈"的右半是"尢"而不是"尤"，但人们并不关心这个文字学的问题，南方的许多沈姓还是被改作了尤姓，所以宋代以前是没有这个姓氏的，《隋唐演义》里的尤俊达是后来小说家根据历史人物牛进达编造的姓名。

许姓出自炎帝。周武王灭商之后，封四岳的后裔文叔于许。四岳是上古文献中的一个称谓，有说是人名，有说是官名，也有说是四个人的合称，但总之四岳是炎帝之后，并且是许国、许姓的祖先。

尤袤 字延之，南宋时期著名诗人，又是一位著名的藏书家。他把自己的藏书之处命名为"万卷楼"，可见其藏书之丰。有人曾问尤袤："你一个人闲居在家都干些什么？"尤袤回答说："我平时就喜欢抄书和读书。读书对于我来说，就像饥饿时吃到大鱼大肉，寒冷时穿上裘皮大衣，寂寞时碰到了知心的朋友，忧伤时听到了美妙的音乐。"

许慎 字叔重，东汉经学家，曾经做过一些小官，主要成就在学术方面。他的经学师从贾逵，受到当时大师马融的推崇，称"五经无双许叔重"。许慎最主要的成就是他的《说文解字》，这是汉朝末年的一本字典，也是中国历来最重要的一本字典。许慎花了二十多年，收录了9353个汉字，并将其分为540个部，除了对汉字的解释之外，尤其注重汉字字形结构和字源的分析。在书中，他完整保留了每个字的小篆写法，同时收入不少籀文字体，并依据前人的学说，将汉字造字方法归结为"六书"：象形、指事、会意、形声、转注、假借。后世研究经学、训诂，无不以《说文解字》为重要参考和权威理论。另外，当时五经学术师说纷纭，他又写过《五经异议》评议各家短长。又汉初淮南王刘安的《淮南鸿烈》（即《淮南子》）博大精深，许慎也为其做过注解。但这些著作都没有完整保留下来，现在所能看到的，只是零散的片段。

11

何　　　吕

hé　　　　　　　　　　　　　lǚ

[郡望]庐江　　　　　　　　[郡望]河东

> 　　何姓出自春秋时的晋国，和韩姓同源。因为韩、何发音相近，所以有韩氏子孙以何为姓。
>
> 　　吕姓出自炎帝。炎帝后裔号共工氏，在上古文献中经常出现，据说禹治水时因功封为吕侯，或说吕为地名，或说吕是表示脊椎骨的象形字，和"膂"相通，大禹以之为心腹股肱之意。周朝初年的功臣太公望，后世俗称为姜尚、姜子牙，亦称吕尚或吕望，以吕为氏。

何绍基　字子贞，号东洲，清代中后期著名学者、文学家、书法家。何绍基精通经史、律算、小学，书法上的成就尤高，笔势雄健，自成一家。他学书四十余年，光是隶书的《张迁碑》、《礼器碑》等就临摹不下百遍。相传当时重修山海关的城门，想请何绍基题写，遭到拒绝。于是来人请何绍基的侄子帮忙。侄子用计，假装练字，写了许多"山"，全不成样子，何绍基见了，便给他写了一个做样张。过了几天，侄子如法炮制，又骗到了"海"字，继续去骗"關"。这一次，何绍基正跟朋友喝酒，兴致很高，提笔就给他写"關"，刚写了个"門"，突然想起先前有人求写"山海关"的事，顿时心中生疑，搁笔不再写了。侄子只得到两个半字，"關"字里面的部分只好由他自己填去交差。后来这三个字真的被用到了城门上，但何绍基的字苍劲有力，侄子写的却绵软无骨，所以到山海关前，近看是"山海关"，远看是"山海門"。这故事虽未必全然真实，但很形象地说明了何绍基不同凡响的书法造诣。

吕蒙　三国时期东吴的名将，二十多岁已战功赫赫。由于他出身贫寒，小时候没有机会读书。后来在吴主孙权的劝导下，吕蒙发愤读书，成为一个文武双全的将领。有一次，军师鲁肃领兵经过吕蒙驻地，就顺便前去看望。双方交谈下来，鲁肃大吃一惊，对吕蒙的学识进步之快大为赞赏，吕蒙对鲁肃说："士别三日，当刮目相看！"意思是说，每个人都是在不断变化的，所以不要用老眼光看人。

施 shī　张 zhāng

[郡望] 清河

　　施姓出自周王室。周初封周公旦于鲁，鲁国始祖为周公之子伯禽，其后鲁惠公有子名尾生，字施父，其后人以施为氏。

　　张姓出自黄帝。黄帝少子少昊青阳氏第五子名挥，曾任弓正，即掌管制作弓箭的官，其后人世掌其职，因以张为氏。三家分晋时张氏后人在韩国供职，韩相有张开地，即后来西汉功臣张良之父。

施世纶　清朝康熙时期名将施琅的儿子，是当时著名的清官，有"施青天"的美誉。施琅是收复台湾的第一大功臣，官封靖海侯，作为施琅的次子，施世纶的官爵是可以世袭的。但施世纶并不是一般纨绔子弟的做派，真正是做官为民。连康熙都说："我知道施世纶是个清官，但他太偏执：百姓和秀才打官司，他帮百姓；秀才和缙绅打官司，他帮秀才。哪能这样做事呢？他呀，还是让他管管钱粮算了。"然而，在百姓心中，抑强扶弱就是无与伦比的好官，人们将施世纶为官断案的故事写成《施公案》，书里还有黄天霸这样的侠士辅佐，俨然是包公的翻版。

张良　汉初名臣张良在年轻的时候，有一天到下邳的圯桥上散心，突然有个白发老头走到他面前，故意把鞋子甩到桥下去，然后对他说："把鞋子捡上来。"张良看到那老头年纪很大了，便强忍着怒气，把鞋子捡了上来。老头穿上鞋，说："你这小伙子不错，五天后的早晨你在桥头等我。"五天后的早晨，好奇的张良来到桥头，没想到老头比他先到，看见他后很生气地说："你怎么到迟了？五天后再见。"结果五天后张良还是迟到了，老头生气地说："你怎么又迟到了？五天后再来吧。"又过了五天，这次张良半夜里就赶去了，过了好一会儿老头才来，高兴地说："这还差不多。"于是老人拿出一部书交给他，说："你读完这本书，就能做大王的军师了。"张良打开书一看，原来是《太公兵法》。回家后张良刻苦攻读，后来他果然成为刘邦的军师，辅佐刘邦取得了天下。

百家姓

孔
<small>kǒng</small>

曹
<small>cáo</small>

[郡望] 鲁国

[郡望] 谯国

> 孔姓出自殷商王室。商王帝乙有三子：微子启、微仲衍、受辛，受辛即纣王。微子启封于宋，传位于弟弟微仲衍，微仲衍七世孙名嘉，字孔父，为宋国大司马，史书上多称其为孔父嘉。孔父嘉后来遇害，其子逃往鲁国，又传六世而生孔丘。又《论语》中有孔文子，名圉，与孔子同时，但孔文子出自卫国姬姓，与孔丘子姓不同。
>
> 曹姓出自颛顼。颛顼曾孙陆终的第五子名安，或称晏安，大禹赐其曹姓。至曹挟为邾国始祖，其后人有以曹为氏。另外，周文王第十二子振铎封于曹，其后人也有以曹为氏的。

孔子 名丘，字仲尼。鲁国陬邑（今山东曲阜东南）人。春秋末期思想家、政治家、教育家，儒家学派的创始人。关于孔子的思想、著作、成就以及对后世的影响，人们大多有所了解，这里说一下孔家的行辈。所谓行辈，就是家族成员用三字姓名，其中第二个字根据其辈分预定。这个事情是从明朝初年开始，由官方颁布决定的。明建文帝二年，首次颁布孔家的行辈用字，崇祯元年、同治二年、民国八年三次续颁，其56世到105世的用字分别是：希言公彦承，宏闻贞尚衍，兴毓传继广，昭宪庆繁祥，令德维垂佑，钦绍念显扬，建道敦安定，懋修肇懿长，裕文焕景瑞，永锡世绪昌。与孔子关系密切的孟、颜、曾等姓也依此。孔子后人现在大约都在七八十代之间，所以，我们熟悉的孔、孟、曾等姓的名人中，多带有从"广"到"德"的这些行辈字，从其取名的用字，也可一目了然地知道他属于哪个辈分。

曹植 字子建，是曹操的小儿子。父亲去世后，他的哥哥曹丕继承了权力成为魏文帝，但他对才华横溢的弟弟曹植十分刻薄。据说有一次，曹丕把曹植召来以后，为了要惩罚他一下，命他在走完七步的时间里作诗一首，如果能完成，就免他一死。曹植略略思索一下，就迈开步子，走一步，念一句，随口就念出了一首诗："煮豆燃豆萁，豆在釜中泣。本是同根生，相煎何太急。"曹丕听了，觉得自己对弟弟也逼得太狠，心里感到惭愧，放过了曹植。

孔曹严华

严 yán

[郡望] 天水

华 huà

[郡望] 武陵

> 严姓出自春秋时的楚国。严姓和尤姓情况相似，楚庄王的后裔以庄为氏，到了东汉明帝刘庄，因为避讳而将庄姓改为严姓。但严姓产生于汉代，加之当时全国统一，所以比沈姓改为尤姓的影响更大，以至于史籍中的庄子也有被称为"严周"的。后来严姓一般尊西汉辞赋家严忌为先祖。
>
> 华姓出自春秋时的宋国。宋戴公的孙子名督，字华父，其后人有以华为氏的。

严子陵 名光，又名遵，字子陵。西汉末馀姚（今属浙江）人，著名的隐士。严子陵是东汉光武帝刘秀的老同学，刘秀做了皇帝之后，严子陵便躲了起来。刘秀四处派人寻找，结果下面报上来，说有个披着羊裘的人在大泽里垂钓。刘秀怀疑这种古怪行为八成就是严子陵，于是派人前去寻访，果然就是他。被刘秀找出来之后，严子陵横竖不肯出仕。刘秀亲自上门，与他同吃同住加以劝说，严子陵只说人各有志，不可强求，还是不答应。第二天，管天文的还急急忙忙上奏，说昨夜客星犯帝座，刘秀大笑："那是昨晚跟严子陵同榻而眠，他把脚放在我肚子上。"后来，严子陵隐居富春山，耕读垂钓，终其一生。其地至今还有严子陵钓台。北宋范仲淹在《严先生祠堂记》中对严子陵给予了很高的评价："云山苍苍，江水泱泱。先生之风，山高水长。"

华佗 字元化，沛国谯（今安徽亳州）人，汉末著名的神医，不管什么疑难杂症，到他手里都能药到病除。华佗最擅长也最神奇的是他的外科技术，据说，他配制一种麻醉剂叫麻沸散，相当于后来的麻药。有个病人患肚痛病，痛得厉害，经过十多天，胡须眉毛全脱落下来。华佗一诊断，说："这是脾脏溃烂了，得赶快开腹治疗。"华佗让病人服了麻沸散，打开腹腔，把坏死的脾脏切除，再缝好创口，敷上药膏。过了四五天，创口愈合，又过了一个月就彻底康复了。

金 jīn

[郡望] 彭城

魏 wèi

[郡望] 巨鹿

> 　　金姓出自少昊金天氏。一说汉武帝时匈奴休屠王太子日磾侍奉汉武帝有功，赐姓金。
> 　　魏姓出自周王室。魏姓与冯姓同源，都出自毕公高的后裔毕万，魏和冯都是其采邑。

金农 字吉金，号冬心，清朝著名的书画家，"扬州八怪"之一。金农是书法家，但他的字犹如用漆刷刷出来的，寻常人看不出好；金农亦是画家，但他五十岁才开始学画。金农是扬州八怪中极具特色的一个，为人既清高又有媚俗营利的一面，他的个性和作品一样，充满了矛盾，也充满了魅力。中年时候，金农四处游历长达十五年，足迹踏遍半个中国。而其旅费的筹集方式也是令人称奇，除了四处化缘和朋友的资助外，他自行组建了一支队伍，由各种能工巧匠组成，在金农的统一领导下，每个人各展一技之长，如甬东朱龙擅雕凿纹刻砚石，新安张喜子精界乌丝栏，会稽郑小邑擅长抄写，吴门庄闺郎会弹奏乐器，兰陵陈彭擅长画墨竹。于是，他们每到一地便能用自己的手艺来换取川资旅费，由于手段高超，所获颇丰。这样的做法，不仅当时罕见，放在今天，也可以算是成功的文化企业运行模式了。

魏徵 字玄成，曲城（今河北晋州）人。唐太宗时，魏徵任谏议大夫，这是一个专门向皇帝提意见的官。唐朝规定十八岁的男子开始服兵役，但有一次为了多征兵，唐太宗决定十六岁以上的健壮男子都要入伍。当时皇帝的命令要主要大臣们签字后才能生效，魏徵几次都拒绝签字，说："竭泽而鱼，并不是得不到鱼，而是明年就捕不到鱼了。焚林猎兽，并不是捉不到兽，而是明年就无兽可捉了。兵不在多，而在于精，何必为了充数，把不够年龄的人也拉来当兵呢？"最后，唐太宗听取了魏徵的建议，终于取消了这个命令。唐太宗把魏徵看做是照自己过失的一面镜子，魏徵死后他感慨道："用铜作镜子，可以端正衣冠；用历史作镜子，可以知道兴衰；用人做镜子，可以了解得失。"

陶 táo

[郡望] 丹阳

姜 jiāng

[郡望] 广汉

> 陶姓出自尧。传说尧受封于陶，后又改至唐，所以称陶唐氏，而其后人即有以陶为氏的。一说舜的后裔阏父担任周武王的陶正，即掌管制陶的官，其后人以陶为氏。一说周成王命其叔父康叔管理殷商遗民，其中一族就是以制陶为业的，其后人以陶为氏。
>
> 姜姓出自炎帝。传说炎帝生于姜水之滨，故以姜为姓。

陶侃 陶侃是晋朝的征西大将军，在军事方面有十分独特的才能，平常做事也很仔细。一次他奉命督造大船，见到工人削下来的木屑和截下来的竹头，随即命令手下收拾起来放入储藏室里。到了第二年的新春，府衙举行庆祝会，刚好前几天下了一场大雪，府衙前没融化完的积雪跟土混成烂泥，行走十分不方便，陶侃便叫人把储藏的木屑拿出来铺在地上，解决了行走不便的问题。又有一次，大将桓温要赶着造船，船板都锯好了，拼接船板的竹钉却不够用。陶侃知道了就叫人把藏着的竹头取出来送给桓温，削成竹钉，船便一艘艘地装起来了！后来"竹头木屑"这个成语就被用来形容一个人做事十分仔细，也告诉人们任何东西都可能成为有用的宝贝，不要随意浪费。

姜夔 字尧章，别号白石道人，鄱阳（今属江西）人。南宋著名诗词家、音乐家。姜夔出身于破落的官宦世家，少年时颇有诗才，又精通音律，能自度词谱、曲谱。但他的才能并没有给他顺利的仕途，四次科举考试都名落孙山，尽管杨万里、范成大等名家对他的诗词都赞许有加，使他在当时文人中颇负盛名，但他终于只能在江南各地游历寓居，与一干好友诗词唱和。姜夔词清空高洁，极富想象，语言灵动自然。有很高的艺术成就，是与辛弃疾并峙的词坛领袖，在文学史上有杰出的地位。浙西派词人把他奉为宋词中的第一作家，比为词中老杜。其《扬州慢·淮左名都》中"二十四桥仍在，波心荡、冷月无声。念桥边红药，年年知为谁生"是最受人称道的名句。

戚 qī

[郡望] 东海

谢 xiè

[郡望] 陈留

戚姓出自周王室。周文王第八子康叔封于卫，卫武公后人有孙氏，至春秋时孙氏有大夫孙林父，食邑于戚，其后人有以戚为氏的。

谢姓出自黄帝。传说黄帝的儿子中有任姓一支，这一支又分为十族，谢氏是其中之一。

戚继光 明朝抗击倭寇的名将，他的部队被称作"戚家军"，以纪律严明著称。在战术上，为了对付个人能力很强的倭寇，戚继光想了很多办法，其中以鸳鸯阵最为著名。所谓鸳鸯阵，就是战场上的战斗小组，由十一个人组成，一个是队长，站在队伍的前列中央，其余十个人分成两列纵队，站在他的背后。十个人持四种不同的武器，队长身后，是两名持有标枪的盾牌兵，起到掩护和发射标枪的作用。他们后面是两名狼筅兵，狼筅，是扎满铁枝和倒刺的铁棍，用来保护标枪兵。狼筅兵的后面是四名长矛兵，是小组的主攻手。队列的最后，是两名短刀手，保护长矛兵。在冷兵器时代，这是军事史上一个近乎完美的阵型，在实战中给倭寇带来了沉重的打击。

谢玄 字幼度，陈郡阳夏（今河南太康）人，东晋军事家。太元八年，前秦的苻坚征调八十七万人大军南下进攻东晋，东晋只有十多万兵力，所以苻坚很狂妄地说："我的大军只要把马鞭扔进河里，就能让河断流，还灭不了晋吗？"东晋谢石、谢玄率精兵八万，抗拒敌人。他们派了五千轻骑兵偷袭洛涧的敌军，取得胜利，于是士气大振。晋军直达淝水东岸布阵，随即发信给苻坚，要求秦军从淝水岸边后撤，留出空地来，让晋军渡过淝水决战。苻坚想乘晋军渡河之时出兵袭击，于是下令军队后撤。不料前秦士兵来自不同民族，都不愿作战，后面部队听到后退的命令，以为前方战败了，争先恐后地逃跑，几十万军队自相践踏，死者无数，苻坚自己也中箭负伤。晋军乘势追杀，大获全胜。淝水之战，后来成为中国历史上以弱胜强的著名战例。

邹 zōu

［郡望］范阳

喻 yù

［郡望］河东

> 邹姓出自殷商王室。孔姓祖先孔父嘉的父亲正考父的采食于邹，其后人有以邹为氏的。
>
> 喻姓源头不详。一说春秋时郑国有司徒渝弥，至西汉，景帝皇后字阿渝，于是避讳改"渝"为"喻"。

邹忌 战国时期齐国的政治家，也是个美男子。有一天，他上朝去见齐威王，说："我早就知道我不如城北徐公漂亮，可是，我的妻子偏爱我，我的小妾怕我，我的客人有事想求我，他们都说我比徐公漂亮，我都差点信以为真了。后来，城北徐公来我家，我觉得他比我漂亮得多。如今齐国的国土方圆一千多里，城池有一百二十座，王后、王妃和左右的待从没有不偏爱大王的，朝廷上的臣子没有不害怕大王的，全国的人没有不想求得大王的恩遇的——由此看来，您受的蒙蔽一定非常厉害。"威王说："说得好！"于是齐王下了一道命令："各级大小官员和老百姓能够指责我的过错的，哪怕是背后议论被我知道的，都有奖赏。"命令一下，许多大臣都来进言规劝，宫门口和院子像个闹市；几个月后，偶而才有人进谏；一年以后，有人即使想提意见，也没有什么说的了。齐国也由此国泰民安。

喻皓 北宋初著名的建筑工程师，主持修建过开封开宝寺塔、杭州梵天寺塔等。宋太宗时，京城汴梁建造开宝寺木塔，喻皓受命主持这项工程。在喻皓和工匠们的共同努力下，这座八角十三层的木塔终于建成，塔高三百六十尺，是当地最高的一座塔，也是当时最精巧的建筑物。可是塔建成以后，人们发现塔身微微向西北方向倾斜。对此，喻皓解释说："京师地平无山，又多刮西北风，使塔身稍向西北倾斜，为的是抵抗风力，估计不到一百年就能被风吹正。"在那个时代，能够在高层建筑设计时充分考虑到风力因素，是有着非凡的眼光的。只可惜这座塔几十年后便毁于火灾，而喻皓写的建筑学专著《木经》也没有完整保留下来，后人已无法亲眼目睹这位建筑大师的精湛技艺。

柏
bǎi

［郡望］魏郡

水
shuǐ

［郡望］吴兴

柏姓出自柏皇氏。柏皇氏是传说中的远古帝王。一说源于伯益，伯益在古书上也常写成"柏翳"，所以也有说他是柏氏始祖的。

水姓源头不详。一说是水工后人以职业为氏。一说水姓是复姓水丘简化而来。

柏良器

字公亮，唐朝人。他因父亲被安禄山杀死，立志报仇。他父亲生前的朋友王奂是临淮王李光弼的手下，柏良器就去找他要求参军。王奂对这个少年仔细打量了很久，说："你额头上的纹路很像临淮王李光弼，脸上的黑痣又和平原太守颜真卿差不多，你一定能建功立业的！"于是，柏良器成了李光弼手下的一个小卒，而王奂把他比作李光弼和颜真卿的话也一直激励着他奋发有为、勇敢杀敌，不久就以战功升为左武卫中郎将，这时他才二十四岁，但已经是打了大小六十多次仗的"老将军"了。李希烈围攻宁陵时，用水攻之计拦河灌城，并下令次日攻下城池。守将柏良器派擅长游泳的弓箭手泅渡潜入敌军后方埋伏。第二天早上，敌军开始攻城，伏兵从后面万箭齐发，击退了敌人的进攻。柏良器也因功被封为平原郡王。后来得到了唐朝大臣的特殊荣誉——画像凌烟阁，没有辜负王奂当年对他的期许。

水乡谟

字禹陈，明朝人。他在担任宁国知县时，整顿吏治，处事果决，治县有方。有一年正遇饥荒，就上书皇帝，请求免去当地的赋税，并发放救济粮食，使得老百姓平安渡过饥年。后来，当地百姓为他修祠供奉。多年以后，水乡谟的儿子水佳胤中了进士，做到御史，曾经重新为父亲修葺祠堂。

窦 dòu
［郡望］扶风

章 zhāng
［郡望］河间

窦姓出自夏朝王室。传说夏王相时，有穷氏的后羿发动叛乱，相被迫自杀，其妻有仍氏怀有身孕，从狗洞中出逃后生下了少康，少康长大后夺回了天下，史称少康中兴。古称洞为窦，为了纪念有仍氏出逃的经历，少康的后代便有以窦为氏的。

章姓出自齐国。姜子牙因辅佐周武王灭商有功，被封于齐，其支孙被封于鄣，其后人去掉"邑"旁，以章为氏。

窦禹钧 五代后晋时人，因为家住在今天的天津蓟县，那一带古时统称为"燕山"，所以人们也叫他窦燕山。窦禹均的家里很有钱，自己仕途也很顺利，唯一的遗憾就是没有儿子。有一天，他梦见去世的祖父告诉他："你的寿命不长了，要抓紧做好事，多积德，也许还有救。"窦禹均本来就是个善人，做了这个梦之后，更主动地多做好事，周围邻里有经济困难，他都会带头热心接济。他看到很多人家孩子读不起书，索性自己腾出几间房开了一所私塾。这样一来，窦禹钧的声望更高了，而没过多久，他竟然一连有了五个儿子。五个儿子在父亲的影响下也是谦和有礼，勤奋好学，最后他们参加科举考试全都金榜题名，为后人留下了"五子登科"的佳话，窦禹钧本人也一直活到了八十二岁。

章炳麟 号太炎，近代国学大师和革命家。章炳麟自幼受外祖父朱有虔的教诲，朱有虔是当时颇有造诣的文字学专家，又有着浓厚的反清思想，而这两点也是后来的章炳麟的主要特征。成年后的章炳麟，一方面进入杭州诂经精舍师从俞樾、谭献等国学大师深造，一方面也关心时政，参加各种进步活动。后来又东渡日本，与梁启超、孙中山、黄兴等革命先驱相识相交。辛亥革命之后，他始终保持自己的独立见解，既以元老身份参与政治活动，同时把主要精力置于治学与授徒。他的学术得俞樾真传，而俞樾对他参与政治深为不满，他不以为忤，反而始终尊师重道，坚称自己一秉师承，绝非自立门户。

百家姓

21

云 (yún)

[郡望] 琅琊

苏 (sū)

[郡望] 扶风

> 云姓出自缙云氏。缙云氏是一个古老的称号，有说就是黄帝，有说是黄帝时的官名，有说是炎帝后裔，莫衷一是。南北朝时又有鲜卑族改汉姓为云的。
>
> 苏姓出自颛顼。颛顼的曾孙名陆终，其长子昆吾，即钱姓始祖彭祖和曹姓始祖晏安的哥哥，被封于苏，其后人以苏为氏。一说出自周初功臣苏忿生。

云景龙 宋代清官。云景龙在慈州做官时，兴办教育，发展农业，为政清廉。他离职还乡那天，为他送行的当地百姓无不流泪。

苏轼 字子瞻，号东坡，宋朝著名的政治家，文学家。杭州西湖是今天著名的游览胜地，但因为杭州靠海，所以从前的水质不好，唐朝著名的大诗人白居易在杭州做官的时候曾经疏浚西湖，用于灌溉和为百姓提供饮水，在湖上留下了一条"白堤"。到了宋朝，因为湖中菱白之类的水生植物繁多，年复一年根茎腐烂，西湖慢慢变成了沼泽一般的烂泥塘。这时，苏轼出任杭州知府，他发动百姓给西湖来了一次彻底的疏浚，把湖里挖出来的烂泥又堆成了一条三十里长的南北长堤。老百姓为了纪念苏轼，就命名为苏堤，而"苏堤春晓"也成为著名的"西湖十景"之一。然而，苏轼是一个才子，他的仕途并不顺利，他人生中最大的坎坷就是"乌台诗案"。乌台，是当时对御史台的一个别称，在宋代的作用大致相当于如今的纪委，负责纠察弹劾官员。而当时政坛主要由王安石主持变法，苏轼则是王安石的反对派，因此招来祸事，御史台从他的诗文中找出很多问题，说他对朝廷心怀不满。经过刀笔吏们的加工，这个案子被做得很大，牵涉了许多人。只是由于宋太祖曾立下规矩不杀大臣，所以才没有搞出人命。但经过此事，苏轼的处世发生了不小的变化，连带他的诗文风格也随之迁移。

潘 pān

[郡望] 广宗

葛 gě

[郡望] 梁国

> 潘姓出自周王室。毕公高有子名季孙，封邑在潘，子孙以潘为氏。又据潘岳家谱，楚国芈姓公族潘崇之后。
>
> 葛姓出自葛天氏。葛天氏是古部落名称。另外，夏末有葛国，被商汤消灭，也有人认为葛姓是葛伯之后。

潘大临 宋代江西诗派有位很出色的诗人，叫潘大临，常有佳句，但家境很贫穷。有一年秋天，他一个人在茅屋中闲卧休息，忽然，外面风声大作，骤雨忽降，风雨搅动树林哗哗作响，诗人有了灵感，立即在墙壁上题写诗句：满城风雨近重阳。刚写完这一句，还要往下写时，忽然听到敲门声，开门一看，原来是催租的官吏，家里没什么可交租，只得苦口相告，好歹算把催租人打发走了，心情十分沮丧，再想接着把这首诗写完，可怎么也写不出下句了。因此，文学史上只留下这么一句单句，后来许多诗人为之续足，但都不理想。

葛洪 字稚川，号抱朴子，是晋代著名的道士及医药学家，晚年隐居广东罗浮山炼丹。主要著作有《抱朴子》和《肘后备急方》。在那个时代，道教和医学有着极为深厚的渊源，道士在烧丹炼药的求仙过程中，事实上也总结出许多医学上有用的经验。比如葛洪就根据《黄帝内经》中以毒攻毒的原理，推想治疗的手段，在应对狂犬病时，他用疯狗的脑髓敷在病人伤口上，收到了治疗效果。当然，这种方式在临床上无法与后来巴斯德的免疫法治疗狂犬病的方法相提并论，但是葛洪比巴斯德早了一千多年，而且巴斯德后来在方向上也几乎是与葛洪完全吻合的。此外，葛洪在研究炼丹术的过程中还发现了许多化学规律，比如水银和硫磺能炼成丹砂，其实就是硫和汞的化合反应，而对丹砂加热同样可以提炼出水银，这又是化学反应的可逆性。虽然葛洪不具备后世的整体化学理论知识，无法用后来的专门术语来描述他的实验所得，但他的确在一千五百多年前做了许多化学实验，而且其中许多成果对后来的中医学有至关重要的贡献。

奚 xī
[郡望] 谯国

范 fàn
[郡望] 高平

奚姓出自黄帝。黄帝之后有任姓一支，至夏禹时有奚仲担任车正一职，负责造车，其后人以奚为氏。

范姓出自尧。尧的后裔杜伯为周宣王所杀，其子隰叔逃往晋国为士，其后人以士为氏。隰叔曾孙士会任晋国上卿，功勋卓著，因受封于随、范，谥号武，所以史书上又称随会、范会、随武子、范武子等。士会被认为是后来范姓的祖先。

奚冈 字纯章，清代著名画家、书法家，最擅长画山水花竹。他的书法上摹秦汉，九岁就能隶书，后来行、草、篆、隶，无一不精。他的山水花卉超凡脱俗。篆刻师法丁敬，并有发展，风格清隽，为浙派印人中的佼佼者，跻身著名的"西泠八家"之一。他个性孤介，官吏富豪想重金收他的作品殊非易事。乾隆下江南，浙督为其建造行宫，想请奚冈前去宫内作画，奚冈说："焉有画而系之者？头可斩，画不可得！"时人称赞他的骨气说："尔非童生，乃铁生也。"此后，奚冈便以"铁生"为号。

范仲淹 字希文，北宋著名的政治家。有一次，范仲淹在睢阳，派儿子范尧夫去苏州运五百斛麦子。范尧夫名纯仁，当时还是个少年，办事很是利索，很快装了麦子踏上回程。船到丹阳，碰上了父亲的老朋友石延年，范尧夫很热情地请他上船。谈话中，了解到石延年碰到了麻烦——家里亲人去世，无钱安葬。范尧夫二话没说，对石延年说："这船麦子您就拿去吧！"不等石延年推辞，就扔下船，独自骑马赶回了睢阳。范尧夫不知道如何交差，见过父亲之后一言不发，范仲淹也没在意儿子的神色，随口问道："此去江南，有没有碰到什么熟人啊？"范尧夫说："在丹阳碰到石延年叔叔了，他没钱安葬亲人，很犯愁。"范仲淹瞪起眼睛大声说："那为什么不把那船麦子给他！"过了半晌，范希文嘿嘿一笑道："已经给他了。"

彭 péng

[郡望] 宜春

郎 láng

[郡望] 中山

> 彭姓出自颛顼。颛顼曾孙陆终第三子篯铿,因受封于彭地,建立大彭国,人称彭祖,后世彭姓以之为祖先。
>
> 郎姓出自周王室。周武王封伯禽于鲁,后鲁懿公的孙子费伯占据郎,并定居下来,其后人以郎为氏。

彭玉麟 字雪琴,湖南衡阳人,清末著名的军事将领,湘军水军统帅,也是中国近代海军的奠基人。他是一个模范的军人典型,以"不要官,不要钱,不要命"著称。军务闲暇之余,他又是一个有着深厚修养的艺术家,能诗善画,尤以善画梅花闻名。据说他画梅的情结是源于少年时的恋人梅姑。因缘多舛,梅姑早逝,彭玉麟便发誓要用万幅梅花来纪念她,由此他花了四十年画梅。当初湘军主帅曾国藩训练水师对抗太平军的时候遇到了一个难题,士兵不少都是由退役步兵编入的"旱鸭子",不少人染上了风湿、水肿等病,对军队的士气和实力大有影响。这时,彭玉麟决定用食疗法,即用湘江深水鲤鱼配渣江茹粉,另加花椒、桂皮等佐料,制成食疗菜。花椒去风湿,鲤鱼去水肿,配合使用效果很好,全军士气恢复如初。膳食房报请主帅给食疗菜命名,曾国藩拿起笔沉思片刻,手起笔落,唰唰几下,"彭玉麟鱼"四个大字跃然纸上。后来,"彭玉麟鱼"由军中传至民间,成了湘菜中的一员。

郎士元 字君胄,唐代著名诗人,"大历十才子"之一。他与当时另一位著名诗人钱起齐名,人称"前有沈宋,后有钱郎",即将他二人与唐初大诗人沈佺期、宋之问相提并论。当时丞相以下的各级官僚遇到外出就职,如果没有得到这两个人作诗相送,会被认为是很没面子的事情。然而,放眼整个唐代,诗歌艺术到了中唐时期已渐趋衰落,无法与盛唐相比。而大历十才子也并非是成就最高的中唐诗人,白居易、李贺、刘禹锡等人的诗歌艺术成就都要超过郎士元和钱起,在唐朝,他们最多只能算作二三流的诗人罢了。

鲁 (lǔ)

[郡望] 扶风

韦 (wéi)

[郡望] 京兆

> 鲁姓出自周王室。周公被封于鲁，其子伯禽为鲁国第一任君主，传国三十四世，至鲁顷公时为楚所灭。其后人以鲁为氏。
>
> 韦姓出自颛顼。颛顼后裔篯铿为大彭国先祖，至夏朝，少康又封篯铿的曾孙元哲于豕韦。后来，豕韦国为商汤所灭，子孙离散，有以韦为氏者。

鲁仲连 战国时期齐国著名的谋士，善于出谋划策，常周游各国，为其排难解纷。有一年，秦军围困赵国国都邯郸。迫于压力，魏王派使臣劝赵王尊秦为帝，赵王犹豫不决。鲁仲连说道："他们秦国人抛弃礼义，提倡杀人，上面的人用着权术，看待百姓们像俘虏一样。他们要是公然称帝，那我鲁仲连宁可跳海而死，也不愿给他们做百姓。"最终他以自己的口才劝说赵、魏两国联合抗秦，城外秦国的军队听说了这回事后退了五十里，后来终于无功而返。赵王因此封赏鲁仲连，鲁仲连推辞不受，说："对于天下人来说，最可贵的品质，是为人排忧释难解纷，然而却不索取什么。如果有所取，这是商人的勾当，我不愿干这等事。"

韦应物 唐代著名诗人，以田园诗见长。在唐代，虽然制度上已经全面实行科举，但实际的选拔用人过程中还是带有浓厚的门阀色彩，看唐朝所有的宰相，基本上集中在那么几个大姓中，大抵出自名门望族，而韦姓正是其中之一。《新唐书》独有《宰相世系表》，专门记载他们的出身。韦应物虽然没有做到宰相，但也是出身豪门，因此，他自小就是受到皇家照顾的对象，十五岁便进宫做了皇帝的侍卫。衣食无忧的他，和其他纨绔子弟一样，终日胡作非为，浑浑噩噩。二十三岁时，安史之乱结束，韦应物进入太学，从此痛改前非，折节读书，也开始向一个诗人转变。此后的韦应物，一生都在各地做官，他的最后一站是苏州刺史，所以后人称其为韦苏州。然而，他最负盛名的诗句"春潮带雨晚来急，野渡无人舟自横"却是写于担任滁州刺史前后。他的诗多写田园山水风光，风格与王维接近，诗家常将二人相提并论。

昌
chāng

［郡望］汝南

马
mǎ

［郡望］扶风

昌姓出自黄帝。昌意是黄帝之子，颛顼之父。颛顼支子的后人有以昌为氏的。

马姓出自战国时的赵国。赵国名将赵奢是王室后裔，因功封于马服，并赐号马服君，其后人以马为氏。后来回族也多马姓，这与阿拉伯语的音译有关。

昌应会

明代清官，曾任汉川知县，深受百姓爱戴。嘉靖年间，社会动荡，汉川地处汉江下游，水患频仍，田地被淹的事几乎年年发生，百姓生活困苦，昌应会极力安抚，并尽量为百姓减轻徭役负担。由于农业生产不景气，当地治安也很不好，常有盗贼打家劫舍。昌应会率兵追杀，还被盗贼割掉了耳朵。当时更为严重的是来自中央的贵族和宦官给百姓带来的骚扰，景王朱载圳和宦官向地方索要田宅钱粮，都被昌应会拒绝，于是宦官回朝诬告，将其抓入按察司大牢关了几个月。最后，有关部门在景王授意下，将其调离。离职后，当地百姓专门建造祠堂纪念他。

马援

字文渊，东汉著名的军事家。马援不仅是东汉初年功勋卓著的武将，而且人品修养也是出类拔萃的，他说的"男儿要当死于边野，以马革裹尸还葬"一直激励着后人为国捐躯的壮举。在马援征战交趾的时候，发现当地的薏苡（薏米）治瘴毒很有效果，所以得胜回京的时候就带了几车。后来马援在军中病逝，有人就向皇帝诬告说他当初带回来的是珠宝，皇帝大怒，追夺了赏赐他的爵位。过了很久，事情搞清楚了，马援才被平反，追封为忠成侯。后来，人们用"薏苡明珠"来比喻毫无根据的诽谤。马援曾受封为伏波将军，由于他高年远征，有深厚的职业军人素养，后人多将其视为像廉颇一样令人敬慕的老将，曾有人以诗称赞他："南征交趾，西破羌戎。于谁之德，伏波之功。老当益壮，心存匪躬。天长地久，人仰英风。"

百家姓

苗
^{miáo}

[郡望] 东阳

凤
^{fèng}

[郡望] 平阳

苗凤花方

苗姓出自春秋时的楚国。春秋时楚国令尹斗伯比是楚王室后裔，他的孙子越椒反叛被杀，其子贲皇逃往晋国，采食于苗邑，其后人就以苗为氏。

凤姓出自少昊。少昊时曾任命凤鸟氏为历正，即主管天文历法的官，其后人以凤为氏。

苗训 河中人，后周的殿前散员，在天文学上很有造诣。当时后周的恭帝只有七岁，契丹和北汉发兵南下来攻，只得匆忙派握有军权的归德军节度使赵匡胤领兵北伐，苗训正是其军中的一员。临行前，苗训已经知道这一年的年初，亢宿星和太阳的运行会重叠，从而出现类似双日并出的奇特天象。到了那一天，大军正好走到陈桥驿，天上忽然变得很亮，苗训拿来一盆油，让大家从盆里的影子看到天上赫然有两个太阳。太阳是君主的象征，于是赵匡胤手下蓄谋已久的几个铁杆同伙当即拿出准备好的龙袍披到了他的身上，表示拥立他为皇帝。随即，赵匡胤率军回师开封，逼使恭帝禅位，轻易地夺取了后周政权，改国号为宋。苗训被封为工部尚书并专管国家的天文工作，后来他的儿子苗守信继承父业，也成为著名的天文学家。北宋初年所用《应天历》稍有差误，苗守信与同僚共同校订，使之更为精密，皇帝赐号《乾元历》。苗守信也能借天文职务积极建言推行仁政，曾上言正月一日、每月八日、以及正月、七月、十月的十五日等在天文学上都有特殊意义，这些日子不可施用刑罚。

凤纲 西汉人。据说他常采来各种花草，浸在水坛子里，用泥密封放置，从正月初到九月末。然后再将其埋入土中，百日之后把花草取出来用水煎九次，就成了药。遇到有人猝死，将这个药灌入口中就可以救人性命。凤纲自己则常吃这个药，据说活了几百岁也不老，后来隐居山中成仙去了。道教有《凤纲经》，就是托名他的著作。

花 huā

［郡望］东平

方 fāng

［郡望］河南

> 花姓源头不详。按通行的说法，古代华、花通用，何、花音近，所以花姓是由华姓、何姓改字而来。另外，满族、蒙古族、回族也有花姓。
>
> 方姓出自炎帝。炎帝八世孙榆罔的长子雷，辅佐黄帝有功，封于方山，称方雷氏。其后人有以方为氏的。

花云 怀远（今属安徽省）人，朱元璋手下著名大将。花云是在朱元璋尚未成为吴王时的将军，他面色黧黑，用力绝伦，一度担任朱元璋的侍卫长。后来为朱元璋镇守太平，陈友谅的队伍来进攻，花云死守三日。这个太平就是今天的当涂，城墙紧邻姑溪河，所以陈友谅带来的也都是水师。由于夏季水涨，陈友谅派他的大船靠到城下，士兵就从翘起的船尾爬上了城头，太平城就这样被攻陷，花云也被俘，最终骂贼不屈，被绑在桅杆上射死。朱元璋称吴王后，追封花云为东丘郡侯，立忠臣祠祭祀。太平城激战的时候，花云的妻子郜氏深知难于幸免，于是将三岁的孩子托付给婢女孙氏，自尽身亡。孙氏抱着孩子逃出城后又被劫掠到九江，历尽各种艰辛，一年多后才带着孩子好不容易找到朱元璋，孙氏抱着孩子哭拜，朱元璋也忍不住大哭，看着将门之后的孩子，他抱起放在膝头，为他取名花炜。后来，这个花炜也继承父业，成为大明水军的军官。

方以智 字密之，明末清初杰出的思想家、哲学家、科学家，同时也是一位反抗清军的爱国志士。方以智的祖父和父亲都是安徽桐城有名的学者，以研究《周易》闻名遐迩。方以智年轻时遍游四方，发奋苦读，其中也包括不少当时很新鲜的西洋书籍，所以他不仅在传统的经学、诗文和中医学上很有造诣，同时也对西方的天文学、力学、光学、声学等有相当的了解，这样的成就在当时乃至整个五四运动之前的中国都是非常罕见的。

俞
yú

[郡望] 河间

任
rén

[郡望] 乐安

> 俞姓源头不详。一说俞姓出自黄帝时的名医俞跗。一说俞姓当读去声，与喻姓同源，出自郑公子俞弥。
>
> 任姓出自黄帝。黄帝少子禹阳受封于任，以国为姓。奚氏祖先奚仲即其十二世孙，周文王之母太任亦其后人。

俞大猷

字志辅，晋江（今属福建）人，明代名将，曾率领水军屡败沿海倭寇。作为明朝中叶的主要抗倭将领之一，俞大猷的军事成就，在各种文献史料中都有比较详细的记述。但很多人不知道，他还是一个身怀绝技的武术家。俞大猷出生于福建晋江，虽家境贫寒，但从小勤奋好学，遍访当地名师，习文练武。他的武术老师是南少林高手李良钦，在李良钦的指导下，俞大猷的棍术、射术和剑术都十分精湛。嘉靖四十年，俞大猷奉命南征，路过河南嵩山，便去少林寺参观，寺僧自负其技，有一千多人参加棍术表演。俞大猷观摩后，发现少林寺僧的棍术因长久流传，并明告众僧。众僧表示愿意接受指教。俞大猷教导众僧，学习棍术必须掌握总诀，即刚柔、阴阳、攻守、动静、审势、功力、手足等动作的运用。而这些真诀，非经数年之苦练，是不能领会的。于是，住持小山上人挑了两名资质较好的年轻僧人，宗擎和普从，跟随俞大猷南征，同时学习棍术。俞大猷对二人悉心指教，二人学有所成，回到寺中又将俞大猷的技艺传给更多的僧人。

任棠

东汉时候汉阳的一个隐士，很有节操，不肯做官，隐居乡间教授《春秋》。新任太守庞参去访问他，他一句话不说，只拔了一棵薤，端了一杯清水放在桌上，自己抱着小孙子坐在门口。太守猜到了他的意思：放一杯水是要我太守为官必须一清如水。薤是葱蒜一类的禾本科植物，连根拔一棵大薤是暗示我铲除乡里的土豪劣绅。抱着幼孙当户，则是要我留心抚恤老弱孤儿的意思。直到庞参告辞离开，任棠始终一言未发，但他的意思已经被庞参领会，庞参把这几个要领一一抓住，很快，汉阳得到了很好的治理。

袁
_{yuán}

[郡望] 陈郡

柳
_{liǔ}

[郡望] 河东

> 袁姓出自舜。舜的后裔陈胡公满为陈姓、胡姓始祖，其后人有名诸，字伯爰，伯爰的孙子名涛涂，在陈国任上卿，以祖父的字为氏，称爰涛涂。古爰、袁通用，所以爰涛涂被认为是袁姓始祖。
>
> 柳姓出自春秋时的鲁国。鲁孝公的儿子公子展，其后人以展为氏。鲁庄公时有展禽担任士师，食采于柳下，谥号惠，故人称为柳下惠。其后人有以柳为氏。

袁安 字邵公，东汉人，是当时德才兼备的好官，后来位列三公之一的司徒。他还没有发迹的时候，只是衙门里的一个小吏。有一次，洛阳下大雪，地面积雪一丈有余。身为地方官的洛阳令亲自出来巡视，见家家户户都扫了雪外出活动，唯独到袁安家门前，却没有通道。县令赶紧命人除雪入内，只见袁安僵卧在床，县令以为他已经死了，没想到袁安很快起身参见。县令问他为何不出门求食，袁安回答道："天下大雪，人人都自顾不暇，这种时候不宜出去麻烦别人。"

柳宗元 字子厚，河东（今山西运城一带）人，唐代著名文学家。他与韩愈一起倡导古文运动，是"唐宋八大家"之一。柳宗元一生只活了47岁，而且他的仕途十分坎坷，多半时间被贬在南方蛮荒之地做官，最后死在柳州刺史任上，所以后人也多称其为柳柳州。唐代的柳州十分落后，由于偏远闭塞，不仅经济落后，文明程度也与中原有很大落差。当地习俗，如有债务无法偿还，则用家中男女充为债主奴婢抵债。对这种既有的不良风俗，无法骤然禁止，于是柳宗元颁布政令进行改良，允许清偿债务或支付足够的劳役后，将奴婢赎身，这一举措受到底层百姓的极大欢迎。另外，由于特定的一些传统观念，当地人从来只用河水和雨水而不敢打井，柳宗元便命人打了好几口井，甘甜的井水使柳州人的观念和陋习悄然变化。此外，他在柳州兴学开荒、植树造林、整治街巷，为当地做了许多实实在在的好事。对柳宗元个人来说，到柳州或许是一种磨难和不幸，但对于柳州百姓来说，却是莫大的幸运。

酆
fēng

〔郡望〕京兆

鲍
bào

〔郡望〕上党

酆姓出自周王室。周文王第十七子封于酆，称酆侯，其后人以酆为氏。鲍姓出自禹。春秋时有禹的后人敬叔仕于齐，采食于鲍，因以为氏。

酆去奢

晚唐道士。三十多岁时，追慕当年道士叶静能，于是到叶静能学道的松阳县安和观修道。通过静修，酆去奢遇到神人送给他张天师留下的七星剑和丹药。当时丽水县有个叫华造的人，啸聚山林，朝廷不愿兴兵剿灭，所以给了他一个刺史的头衔加以招安。这个华造早就听说过酆去奢得到剑和丹的事，于是派兵把酆去奢抓了起来，抢走了剑和丹，把酆去奢锁起来关在一间空屋子里。当时正是三伏天，关了一个多月也没给他送吃喝，华造只当酆去奢早就死了，哪知打开房门一看，酆去奢不仅没死，面色白里透红，比刚抓来时气色还要好。华造知道这个道士惹不起，只好把他放走，但剑和丹他却不舍得归还。后来有一夜大风雷雨，这两样宝贝也随之不知所踪了。酆去奢回到道观继续呆了多年，据说后来成仙，白日升天，有很多道士和百姓都看到了。

鲍叔牙

"管鲍"指春秋时期的著名政治家管仲和他的朋友鲍叔牙两个人。管仲年轻时和鲍叔牙一起做生意，赚了钱之后，鲍叔牙知道管仲家里十分贫困，总是多分给管仲一些，绝不认为管仲贪心；管仲帮助鲍叔牙做事时，不一定件件做得很好，鲍叔牙不认为管仲愚蠢，而理解那是受客观条件所限；管仲做官，曾三次被逐，鲍叔牙深知并非管仲人品不好，或是干得不出色，而是时机和运气问题……管仲深情感叹道："生我者父母，知我者鲍叔也！"鲍叔牙后来推荐管仲做了齐国之卿，帮助齐桓公大力推行改革，使齐国成了春秋时的第一霸主。现在，人们常以"管鲍之交"形容友谊笃厚。

史

［郡望］宣城

唐

［郡望］晋昌

百家姓

> 史姓出自周太史佚。佚是西周初年的太史，文献中多称史佚，其后人以职业为氏。
>
> 唐姓出自尧。尧曾被封于陶，后迁于唐，所以称陶唐氏，其后人有以陶、唐为氏的。到西周初年，唐地又被封给周武王之子叔虞，原先尧的后裔迁往杜，成为唐杜氏。叔虞的唐国后来更名为晋，所以《诗经·国风》有唐无晋，叔虞的子孙也有以唐为氏的。

史可法 史可法是明朝末年的抗清名将。清军攻陷北京后，南明政权在南京建立，史可法在扬州率军抗清。清豫亲王多铎兵围扬州，扬州城中守军虽势单力薄，但史可法仍坚守危城。清摄政王多尔衮写信劝史可法投降，遭到史可法严词拒绝。最后扬州城为清军攻破，史可法自杀未成，被俘。多铎再次劝降，他毫不畏惧，大骂清军，英勇就义。战后，史可法部下曾遍寻其遗体不得，只能依照史可法生前嘱托，将他生前穿戴使用过的袍笏及玉带等物葬于扬州广储门外梅花岭右侧。于是，在1646年的清明，扬州梅花岭上便有了一座忠烈墓。到了乾隆年间，清政府在梅花岭上又兴建了一座祠堂，纪念昔日这位可敬的对手。

唐寅 即唐伯虎，明代著名书画家、文学家，吴中四才子之一。唐寅出身富商家庭，诗、书、画在当时均负有盛名，但他的一生并不像民间故事中说的那样总是风流倜傥、逍遥自在的。二十岁时，家中父母、妻子、姐妹相继去世。三十岁时，中了解元的他进京会试，却又卷入一场无妄之灾，被疑心舞弊，成了当时一桩大案，虽然最后查无实据，但功名没到手不说，此后的心情也一落千丈。人到中年，受宁王重金聘请，却发现宁王暗中图谋不轨，无奈只得裸奔装疯，才得以脱身。后来宁王叛乱被平定，唐寅因见机得早而没有受到牵连，但从此愈发消沉，终日事佛，用《金刚经》中"一切有为法，如梦幻泡影，如露亦如电，当作如是观"的偈子，为自己取别号六如居士。后来，在贫困和病痛中，54岁的唐寅早早离开了人世。

费 fèi

[郡望] 江夏

廉 lián

[郡望] 河东

> 费姓出自颛顼。颛顼之后有大费，在舜时负责驯化鸟兽，舜赐其嬴姓。大费之子名若，以费为氏。一说出自商纣王宠臣费仲，为禹后裔。另外，费为地名，也被认为是费姓源头。古音费、弼同音，后世析为两种读音后，地名、姓氏中的"费"也成了多音字，今人多读作常用的fèi音。
>
> 廉姓出自颛顼。颛顼之孙（一说曾孙）名大廉，其后人有以廉为氏。

费汎 东汉时期著名的清官。他在担任萧县县令时，爱民如子，注重教化，对百姓的过失总是先施教导，再予以惩罚，移风易俗，全县三年内没有打过一场官司，境内还出现了各种祥瑞的征兆，临近的沛县闹蝗灾，却没有蝗虫进入萧县境内。费汎因此闻名遐迩，朝廷知道后，拜他为梁相。他的儿子梁凤字伯箫，也是一个道德楷模，平日言行举止都中规中矩。在地方长官的推荐下，他被任命为新平、堂邑等地的地方官，但费凤没有接受，把机会让给了弟弟。就连家里祖传的良田，也都让与弟弟和孩子们。由于费汎死后的墓碑碑文保留至今，所以后人还能对这个东汉的普通官员有较多的了解。

廉颇 廉颇是春秋战国时期赵国的名将，当时有位文臣叫蔺相如，与秦国斗智斗勇，立了大功，被拜为上卿，地位升在大将廉颇之上。廉颇很不服气，私下表示要"给他点颜色看看"。有一天，蔺相如带着门客坐车出门，老远就瞧见廉颇的车马迎面而来。他叫赶车的退到小巷里去躲一躲。让廉颇的车马先过去。手下人想不通，蔺相如说："我连秦王都不怕，照样跟他争我们赵国的利益，见了廉将军我怎么会反倒怕呢？只是我知道，强大的秦国不敢来侵犯赵国，就因为有我和廉将军两人在。要是我们两人不和，赵国就麻烦了。"廉颇听说后，感到十分惭愧。他就裸着上身，背着荆条，跑到蔺相如的家里去请罪，说："我是个粗人，不识大体，对不起国家，也对不起您，请您责打我吧。"蔺相如连忙扶起廉颇，两人从此成了知心朋友。

cén

岑

［郡望］南阳

xuē

薛

［郡望］河东

岑姓出自周王室。周文王有异母弟名耀，因功被封为岑子，其后人以岑为氏。

薛姓出自黄帝。黄帝后裔奚仲为禹时的车正，被封于薛，故其后人除了有奚氏，又有薛氏。其后裔徙国于挚，武王灭商后，又将挚国后裔复封于薛。战国时，薛国为齐所灭，薛地被封给田齐贵族孟尝君田文，田齐是舜、胡公满的后裔，所以后来出于孟尝君的薛氏又别为一族。

岑彭 字君然，东汉初年名将，东汉开国皇帝刘秀手下的"云台二十八将"之一。岑彭在刘秀手下的资历只能算是一般，是刘秀称帝前一年投奔来的，但在此后的全国统一战争中功勋卓著，尤其两大主要割据地方势力，陇西的隗嚣和巴蜀的公孙述，是刘秀的心腹大患。在征服这两个诸侯的战争中，岑彭发挥了重要作用。刘秀亲率大军攻打隗嚣，将其围困在西城，公孙述率兵来救，也被围困。刘秀此时回了洛阳。临行给岑彭留下一封信，大意说，这两城若拿下，便可一举平定陇、蜀。只是人苦不知足，既得陇，复望蜀。后来，岑彭死于公孙述派遣的刺客，并没有看到最后的胜利。

薛雪 字生白，号一瓢，清朝的苏州名医，和同乡叶天士齐名。乾隆年间，苏州流行瘟疫，官府设立医局救治百姓，名医轮流义诊。这天来了一名更夫，薛雪先到，诊脉后认为他病很重，便拒诊了。更夫出门碰上叶天士，叶天士一眼看出他是烧蚊香中毒了，便给他开了两剂药。薛雪觉得很没面子，回家后就把书房改名为"扫叶庄"；叶天士听说后，也生气地把书房改为"踏雪斋"，至此二人不再往来。后来，叶天士的母亲得了伤寒，叶天士的处方没起到什么作用。薛雪听说后笑了："这种病要是放在别的病人身上，叶天士早就用白虎汤了，而在自己的母亲身上就没办法了。她这病有里热，正适用白虎汤，药性虽重，却非用不可。"叶天士听说后很佩服，给母亲用了白虎汤，果然病很快好了。叶天士觉得名医更应心胸宽阔，互相学习，就主动地去薛雪家登门拜访，两人又重归于好。

百家姓

雷 léi

[郡望] 冯翊

贺 hè

[郡望] 会稽

雷贺倪汤

雷姓出自炎帝。炎帝八世孙榆罔之子名雷，因功封于方山，故称方雷氏，黄帝之妻嫘祖就是雷的女儿。方雷氏子孙分为两支，一支方氏，一支雷氏。

贺姓出自春秋时齐国。齐国大夫庆克是齐桓公的孙子，其后人以庆为氏。东汉时，汉安帝的父亲名叫刘庆，庆氏因为避讳，就改为同义的"贺"，于是成为贺氏。

雷大升 字允上，清代著名医学家，六神丸的创始者。雷大升年轻时读书，科举不第后隐于医，拜在苏州名医王晋山门下，游历山东等地，采集中药材回到故里苏州，同时研究中药丸散膏丹的制作。清雍正十二年，雷大升在苏州阊门内穿珠巷天库前开设一家中药店，取招牌为"雷诵芬堂"，销售自产成药，并以他自己的字"允上"在店内挂牌坐堂行医。雷大升医术高明，自己研制的成药疗效显著，于是"雷允上医生"名声遍闻苏州，远近皆知。咸丰十年，太平军进攻苏州，药店无法正常营业而关闭，迁至上海。太平军败退后重返故里，由此形成了以苏州雷允上为总号，上海雷允上为分号的经营局面。六神丸是雷允上的著名特色品种，却并非雷大升首创，而是其后人雷滋蕃在上海时独家生产的。后来由各房子孙共同出资买断，才成为雷诵芬堂的专利产品。

贺知章 字季真，自号四明狂客，唐代著名诗人。贺知章性格旷达，不慕名利，好饮酒；又爱才若渴，热情提携诗坛后辈。贺知章读了李白写的《蜀道难》一诗后，赞叹不已，称李白是"谪仙"。两人年龄相差40多岁，但一见如故，对饮畅叙，结为忘年知己。有一天，贺知章与李白在酒楼相会，贺知章碰巧没带钱，但好友相聚，无酒不欢，他毫不犹豫地解下佩在身上的金龟，换取酒菜。要知道金龟是显示官品级别的特殊饰物，非常珍贵。后来，贺知章在皇帝面前推荐了李白，唐玄宗把李白召进宫中，封为供奉翰林。从此，李白声誉鹊起。

倪 (ní)

[郡望] 千乘

汤 (tāng)

[郡望] 中山

倪姓出自颛顼。朱姓出自邾国，颛顼之后，邾武公封其次子于郳，就是史书上提到的小邾国，后来为楚所灭，其子孙为避仇改称倪氏。

汤姓出自商王室。商汤是商朝建立者，子姓，帝喾之后，谥号成汤。其子孙有以汤为氏的。

倪瓒 字元镇，号云林，元末著名画家、书法家，以擅长水墨山水画著称。不少大艺术家在生活中往往有些奇怪的表现，倪瓒就被人称为"倪迂"。有一次倪瓒来了茶瘾，他不取近在眼前的湖水，而是派随从去挑远在山里的七宝泉泉水。随从辛辛苦苦挑来两桶泉水，准备给倪瓒煎茶。谁知他上去只取了前桶水来煎茶，却倒了后桶水来洗脚。有人忍不住问他这是何意，倪瓒回答说："前桶水不会碰上什么不干净的东西，所以我用来煎茶。后桶水说不定就会被挑担人的屁所污秽，所以我只用来洗脚。"

汤显祖 字义仍，明朝著名戏剧家，代表作有《紫钗记》、《牡丹亭》、《邯郸记》、《南柯记》，合称"临川四梦"，其中又以《牡丹亭》的成就为最高。《牡丹亭》讲述的是一个伤感而浪漫的爱情故事，据说当时有娄江女子俞二娘，酷嗜《牡丹亭》传奇，用蝇头小楷在剧本间作了许多批注，最后伤感而死。汤显祖听说后，作诗悼念，有"一时文字业，天下有心人"的句子。后来，清朝的蒋士铨，写了一部《临川梦》，剧中多次出现俞二娘，汤显祖与俞二娘不仅超越了剧作家与观众的关系，更超越了现实生活中人与人的关系，他们的灵魂居然能在梦境中相聚，并进入仙界天庭。这与《牡丹亭》的艺术手法一脉相承。诚如汤显祖在《牡丹亭题词》中所说："情不知所起，一往而深。生者可以死，死可以生。生而不可与死，死而不可复生者，皆非情之至也。梦中之情，何必非真，天下岂少梦中之人耶！"在现实生活中，汤显祖与俞二娘或许无缘相识，可是在《临川梦》中，他们却有了时间跨度很长的奇特交往，乃至心心相印。

滕
téng

［郡望］开封

殷
yīn

［郡望］汝南

滕姓出自黄帝。黄帝诸子中有以滕为姓。另外，周文王第十四子错叔绣封于滕，其后人以滕为氏。

殷姓出自商王室。商朝第二十任君主盘庚把国都迁到殷，所以后来商朝也称为殷商，其后人有以殷为氏的。

滕昌佑

字胜华，五代时期著名画家，尤其擅长画梅花。滕昌佑本是苏州人，唐朝末年黄巢作乱，滕昌佑就随着唐僖宗入蜀避难，做一个低级别的文官。四年后，唐僖宗回到了长安，滕昌佑却继续做他的四川人，既不结婚，也不做官，唯一的爱好就是作画。滕昌佑学画并没有老师传授，只是自己在住处种了许多花草树木，然后照着样子画，画得像了就算成功，大概算是最早的写生实践吧。他还喜欢用夹纻法制造各种瓜果。夹纻是古代的一种塑像法，先用泥塑做好造型，然后用漆将麻布贴在泥塑外面，待干后再反复多次刷漆，最后将泥胎掏出。滕昌佑造的瓜果不仅形似，还能巧妙上色，整个造型栩栩如生。在书法方面他也颇有造诣，擅长写大字，当时蜀地很多寺院的匾额就出自他手，时人称之为"滕书"。中国绘画艺术在五代时期人才辈出，滕昌佑也是其中一个重要画家，对四川的艺术家也有着深远影响，黄筌、赵昌、丘庆馀等都曾受他很深的影响。

殷浩

字渊源，东晋大臣，精通《老子》与《周易》，善谈玄理。北方混乱，晋朝乘机北伐。身为中军将军的殷浩以恢复中原为己任，但他缺乏军事经验，又为政敌桓温掣肘，屡战屡败，桓温上疏加罪，被废为庶人，流放到东阳信安县。殷浩对失去官职、对流放，似乎都没有什么怨言，依然是神态自若，谈笑风生，看似听天由命。只有一点异样，就是整天边自言自语边用手指头在空中写字。有个家人留心细看，发现他写的是"咄咄怪事"四个字。慢慢大家都习惯了，就当他有点神经质，也都不在意了。

罗 _{luó}　　　毕 _{bì}

［郡望］豫章　　　　　［郡望］河内

（段落框）

罗姓出自祝融。祝融是颛顼的孙子，妘姓，传说中奉之为火神。周朝时祝融后裔受封于罗国，其子孙以罗为氏。

毕姓出自周王室。周文王第十五子封于毕，史称毕公高。其子孙有以毕为氏的。

罗贯中　元末明初著名小说家，《三国演义》是他的代表作。《三国演义》与《红楼梦》、《西游记》、《水浒传》合称小说的四大古典名著，在中国家喻户晓。但是和《三国演义》差不多同时的《水浒传》作者施耐庵却资料极少，于是近来学者们提出，由于《水浒传》在当时是遭禁的，所以印行时不便公开署名，而真正的作者其实就是罗贯中。罗贯中是山东东平人，按照当地口音，施耐庵其实就是"实乃俺"，或者倒过来念"俺乃是"，于是两本书的作者连起来读，就是"俺乃是罗贯中"。当然，这只是学者们的一种有趣的揣摩，不无道理，却也没有充分的证据可以证实，还不能说是定论。按照传统的说法，《水浒传》是罗贯中和施耐庵的合著，而施耐庵的年龄比罗贯中要大不少。

毕昇　公元十一世纪以后，随着社会生产的发展，印刷术出现了许多重大的改革和发明。宋代庆历年间，毕昇首创泥活字版，使书籍印刷更为方便。据沈括的《梦溪笔谈》记载，毕昇发明在胶泥片上刻字，一字一印，用火烧硬后，便成活字。排版前，先在置有铁框的铁板上敷一层搀和纸灰的松脂蜡，活字依次排在上面，加热，使蜡稍微熔化，再用一块平板压平字面，泥字就附着在铁板上，可以像雕板一样印刷。此外，他还研究过木活字排版。活字可以多次反复使用，比整版雕刻印刷来得经济方便。由于活字版的优越性，从南宋起，有人不断改良活字材料，先后出现木活字、锡活字、铜活字等。

百家姓

郝
hǎo
［郡望］太原

邬
wū
［郡望］南昌

> 郝姓出自商王室。商王帝乙封王子期于太原郝乡，其后人以郝为氏。又传说太昊氏有佐臣称郝胥氏，是郝氏之祖。旧时字书音注郝字音同赫，今人读作hǎo。
>
> 邬姓出自春秋时晋国。晋国贵族有封于邬，后世子孙以邬为氏的。至于其始祖，一说是邬臧，一说是司马弥牟。另外，陆终第四子、彭祖的弟弟求言也被封于邬，所以后世也有以此为邬姓源头的。

郝隆 字佐治，高平（今山西原平）人。当时有个风俗：每年七月七日是牛郎织女相会的日子，也是一个重要的节日。这天，家家户户都有很多活动，非常热闹，其中一项就是把家里的衣服拿出来晾晒。郝隆只是一个普普通通的读书人，虽说饱读诗书，却并不富裕，没有什么多余的衣服可以晾晒的。但是，读书人自有他一份好心情，在这个时尚的日子里，郝隆脱了上衣坐在门口晒太阳。街坊邻居看了奇怪，问他在干什么。他回答说："我在晒我肚子里的书。"郝隆用一种幽默的方式既表现了自己不以清贫为耻的情怀，又显示了自己的学问。

邬彤 唐代著名书法家，最擅长草书，连当时最著名的草书大师张旭都对他十分敬服。邬彤和大书法家怀素是中表兄弟，也是怀素的书法老师，在书法史上，他的草书以灵动著称，被评为"寒鸦栖林，平冈走兔"。邬彤曾经指导怀素说，草书的体式自古有很多，但太宗皇帝最欣赏王献之的书法，说它如冬天的枯树，没有枝叶，寂静淡漠，却又自有寒气和硬朗。又说张旭曾说，草书的境界是"孤蓬自振，惊沙自飞"，怀素听闻，无以应对，只是在心中自有体悟，连叫数十声："明白了，明白了！"后来怀素悉心苦练，又与当时大书法家颜真卿等切磋，取得了很高的成就。而邬彤由于没有作品传世，所以连他的相关资料都很稀少，不知是英年早逝还是被当时更著名的书家湮没了。北宋时候，孙莘老建墨妙亭收藏历代墨宝，邬彤的作品也在其中，由此也可想见其书法的艺术成就了。

安 ān

[郡望] 姑臧

常 cháng

[郡望] 平原

百家姓

> 安姓出自黄帝。黄帝次子昌意，昌意次子安，安居于西方，自号安息国。其后人以安为氏。
>
> 常姓出自周王室。周文王幼子康叔封有子孙的采邑在常，其后人即以常为氏。又汉文帝、宋真宗均名恒，所以又有恒氏取同义字避讳为常氏。

安期生 秦朝方士，长期在东海边上行医卖药。秦始皇东游时，曾与安期生谈了三天三夜，希望他留在自己身边，给自己去找长生不老药。但安期生拒绝了秦始皇，飘然而去。由于秦汉时期黄老学说盛行，所以安期生这样的人物虽带有浓厚的传说色彩，却不妨其享有大名，据说当时很多神秘人物都出自他的门下，在后来的道教典籍中，他活了一千岁，比彭祖还厉害，自然也是地位很高的神仙。后来，汉武帝时候的方士李少君据说也是安期生的门徒，曾经对汉武帝说曾经在海上见过安期生，吃一种大得像瓜一样的枣子。他是个仙人，住在东海桃花岛，有合得来的人就见见，合不来就不见。所以，安期生给后人的印象是：隐逸，长生，因此他也成为后世诗人笔下经常提到的人物，李白、苏轼、陆游等都曾经在作品中写到过这个令人浮想联翩的神秘人物。

常遇春 字伯仁，明太祖朱元璋手下的一员猛将，朱元璋当了皇帝以后回顾自己夺取天下的经历，也曾夸赞常遇春，认为整个事业的功劳常遇春占了七八成。常遇春虽为武将，却也并非有勇无谋，在金华驻军的时候，他手下有个武将扰民滋事，被地方官王恺抓起来当众鞭挞以示惩戒，常遇春觉得很丢面子，去找王恺理论，王恺说："民为国之本，将军是我主的股肱之臣，难道希望我主伤本吗？如果按律惩罚一个属将而能让百姓安定，我主江山稳固，将军不会不喜欢吧？"常遇春听了，立刻向王恺谢罪："我是一个粗人，不懂道理，一时血气冲撞了大人。如此看来，您的做法是正确的！"

乐 yuè   于 yú

[郡望] 南阳   [郡望] 东海

乐姓出自春秋时的宋国。宋国是商纣王庶兄微子启的封邑，传至宋戴公，有子名衎，字乐父，其后人以乐为氏。战国时乐毅即出于此。一说以为乐氏出自周朝掌管音乐的乐正。这个姓氏是多音字，理论上说，乐父名衎，衎的意思是欢乐，他的后人应该和乐正的后人属于两种不同读音的"乐"。然而在现代，姓乐的往往自己有不同的读音认定，只能名从主人。

于姓出自周王室。周武王之子封邑在邘，称邘叔，其后人去掉"邑"旁，以于为氏。又唐宪宗名李纯，当时避讳，复姓淳于者有改为"于"的。

乐毅 战国时期著名的军事家。就他的祖籍来说是魏国人，后来迁到赵国，但他本人主要的事业却是建立在燕国，他曾经率领着燕国的军队攻打齐国，接连打下齐国七十多座城池，最后攻占其首都临淄。然而臣子功劳过大，国君往往就会产生猜忌，所以当乐毅发现燕国的国君对他开始不信任之后，便逃回了赵国。赵国的国君见乐毅来投奔，如获至宝，委以重任，并且和他商量去讨伐燕国的事情。乐毅说："我当初侍奉燕昭王和现在侍奉大王是一样的，如果以后大王有难，我乐毅决不会伤害任何一个赵国的奴仆，那么大王现在要我去图谋燕国的子孙，我能做这样的事吗？"

于谦 字廷益，号节庵，钱塘（今浙江杭州）人，明代著名军事家、政治家。正统十四年，蒙古也先帅大军进犯北京，在宦官王振的怂恿下，明英宗御驾亲征，在土木堡被瓦剌军俘虏。留守北京的于谦临危受任兵部尚书，负责北京城防御。他力排众议，阻止了部分大臣提出的迁都计划，同时拥立明英宗的弟弟为国君，是为明代宗。由于北京城内军队指挥得当，加之各地前来勤王的队伍纷纷到达，瓦剌不得不停战求和，并放回明英宗。明英宗回来之后，做了七年的太上皇，直到后来在一班大臣的安排下，重新被拥立为帝。而这些拥立英宗的大臣平素又与于谦多有矛盾，于是他们诬陷于谦有谋反之罪，在明英宗的默许下，被做成定案，斩杀于集市。

时
shí

[郡望] 陇西

傅
fù

[郡望] 北地

时姓出自春秋时楚国。楚国有公族申叔时，其后人以时为氏。又战国时齐有贤人时子，见于《孟子》，也有人称其为时姓先祖。

傅姓出自黄帝。黄帝之孙大由封于傅邑，其后人以傅为氏。一说商代有名相傅说，其后人以傅为氏。

时大彬

字少山，明代宜兴制壶名家。时大彬的父亲时朋和老师供春都是当时的制壶高手，在前人基础上时大彬对泥料配制、成型技法、造型设计和铭刻等均有深入的研究，成就卓著。而他的作品传世不多，所以至今收藏家都以拥有"时壶"为荣。虽然时大彬做的壶当时就很值钱，但他并不很在意。他最大的爱好就是喝酒，平时并不做壶，什么时候没有酒钱了，就把自己关在屋子里花一整天时间认真地做一把壶，然后卖个好价钱，邀上三五知己去沽酒畅饮，如此循环往复。时大彬并不勤奋，却是个天才。

傅玄

字休奕，北地泥阳（今陕西耀州）人，西晋初年著名政治家、思想家、文学家。傅玄的父亲是三国时魏国的扶风太守，但傅玄小时候家境并不好，一直专心读书，后来受晋武帝重用，做到司隶校尉。但地位的提高没有改变他勤于著述的习惯。他将所撰述的关于治国理政、先秦诸子、历史掌故以及相关的评论，按内容分类整理成书，书名《傅子》，分为内、外、中三篇，共有四部、六录，共计一百四十首，几十万字。此外，还有一百多卷的文集。傅玄当初把《傅子》内篇编好后，由儿子傅咸交给司空王沉看。王沉给傅玄写信说："看到您所著的书，言辞宏富道理齐备，筹划治理国家大事，重视儒家教化道义，足以堵塞杨朱、墨翟学说的放浪形迹，可以跟往古的荀况、孟轲相比。每次开卷，没有不感慨叹息的。真是不见贾谊，自己认为超过他，现在才知道比不上。"可惜的是，这部《傅子》已经散佚，清代编修《四库全书》时，从明朝的《永乐大典》中收集了所引到的《傅子》内容，总共凑成了十二篇，与原著相比，只能算是聊胜于无。

皮
pí

［郡望］下邳

卞
biàn

［郡望］济阴

皮姓出自周王室。周文王祖父古公亶父有三子，长子太伯、次子仲雍分别是吴国的第一、二任君主，仲雍有后裔名皮字仲，食邑在樊，史称樊仲皮，为周卿士，其后人以皮为氏。

卞姓出自周王室。周文王第六子曹叔振铎有庶子采邑于卞，其后人以卞为氏。一说黄帝有后裔卞明，封于卞，后人以卞为氏。另夏朝末年有隐士卞随，亦有人尊其为卞氏始祖。

皮卞齐康

皮日休 字袭美，湖北天门人，唐代末期著名诗人、文学家，与当时另一位诗人陆龟蒙齐名。在文学史上，皮日休的文章比诗歌名气更大。他的文章中，又以小品文最为后人称道，鲁迅就曾经称之为"一塌胡涂的泥塘里的光彩和锋镝"。他的文字尖刻犀利，每每直接讽刺各种黑暗的社会现实，这固然是由晚唐时代的社会环境造成的，也与皮日休的个性密不可分。皮日休的死，在历史上并无定论，有一种说法是，他后来被黄巢裹挟了去，黄巢见他是个文人，就让他做文官。结果皮日休上了一首诗："欲知圣人姓，田八二十一；欲知圣人名，果头三屈律。"这是一首小儿科的拆字诗，就是把黄巢捧为圣人而已。不过黄巢生性残暴多疑，他并没有光看"圣人"的字面，而是一个劲琢磨"三屈律"。因为黄巢长相十分难看，头发稀疏，就那么几绺耷拉着，所以他觉得这诗是在讥讽他。越想越是这么回事，于是下令把皮日休拖出去砍了。皮日休神色自若，从容赴死。但听说的人，不管是否了解皮日休，都为他感到惋惜。

卞彬 字士蔚，南朝齐人，很有文学才能，但性格上清高孤傲，和当时的黑暗政治环境格格不入。他留下了很多小短文，都是以虱子、跳蚤、蛤蟆、鱼之类的小动物为主题来讽喻当时的各种社会现象和自己的生活现实，在今天看来是很不错的寓言小故事。他还专门写了一篇《禽兽决录》，内容是评价各种动物的秉性，比如羊性狠毒、猪性卑微、狗性阴险、鹅性顽傲，其实都是指向当时的某些权贵。

齐 qí

[郡望] 汝南

康 kāng

[郡望] 京兆

齐姓出自炎帝。炎帝之后姜尚封于齐，其后人以国名为氏，与姜、吕同源。

康姓出自周王室。周文王幼子名封，封于康，所以史称康叔封。后来又改封于卫，成为卫国始祖。其后人有以康为氏。另宋初避太祖赵匡胤讳，有匡姓改为康的。

齐德之 元代著名医学家，曾任医学博士、御药院太医。他尤其精通外科，著有《外科精义》二卷，上卷载痈疽的辨证原理，下卷收录外科方剂145方。书中十分重视疮疡病的脉象，开篇即把26种脉象的变化及其所主的外科疾病逐一介绍。继而阐述疡科辨虚实、辨深浅、辨脓、辨善恶、辨症候等问题，并把肺痿、肺疽列入外科病。在治疗方面，书中列举灸法、砭镰法、针烙法、追蚀法、内消法、托里法、止痛法等。内外治法皆有，内容全面，为前代所罕见。

康有为 字广厦，广东南海县（今属佛山市）人，人称南海先生。康有为领导"戊戌变法"失败后逃亡日本，但仍留着大辫子，许多华侨都劝他把辫子剪了，他死活不同意，后来也感到太被日本人取笑了，只好同意了。剪辫子的那天，他朝北京方向摆了香案，宣读了一篇奏文，向皇帝表明自己穿着满服在日本的种种苦衷，乞求圣上恩准削发，接着又读了一篇给祖宗和生身父母的祭文，每念完一篇就行一次三跪九叩礼，行礼完毕才坐下来。日本理发师站在一旁莫名其妙地看着，因为他已经问了康有为好几次是不是要理发。等理发师刚拿起剪子，忽然十几串鞭炮齐鸣，理发师大吃一惊，吓得剪子都掉在了地上。康有为的这种矛盾表现，与他的学识、经历和个性都有关系。比如他提倡男女平等，一夫一妻制，可是自己却妻妾成群，且处处留情，被称为风流圣人。在颠簸动荡的流亡生活中，康有为一共娶了六位太太，其中有一位是美国华侨，一位是日本人。

百家姓

伍 wǔ

［郡望］安定

余 yú

［郡望］下邳

伍姓出自春秋时楚国。楚庄王时有大夫伍参，即伍子胥祖父，其后人以伍为氏。

余姓出自春秋时秦国。秦穆公时有臣子名由余，其后人以余为氏。

伍子胥 名员，字子胥，春秋时期楚大夫伍奢的次子。楚平王将其父兄杀害，并派人捕捉伍子胥，伍子胥连夜出逃，依靠一个渔翁的帮助他渡江摆脱了追兵，伍子胥解下身上的宝剑说："这剑上镶嵌七宝，价值千金，就作为报答送给您吧！"渔翁笑道："楚王有令，抓到伍子胥封万户、赏万金，千金宝剑算什么？我不是图钱才渡你的，赶紧走吧！"于是，伍子胥一路逃到吴国，穷困潦倒，只得披散着头发、光着脚丫在闹市吹箫乞讨。吴国管理市场的官员注意到这个叫花子相貌异常，气度非凡，就把这个情况报告了吴王。吴王召见了伍子胥，非常欣赏他的才能，也很同情他的遭遇，便收留了他并委以重任。后来，伍子胥率领吴国的军队打败了楚国，报了杀父之仇。

余靖 字安道，宋代大臣，以直言敢谏著称，与欧阳修、王素、蔡襄并称为"四谏"。仁宗时，出现了近十年的"朋党"纠纷。最初是范仲淹进《百官图》，指责宰相吕夷简用人惟亲。吕夷简反告范仲淹荐引朋党，将其逐贬饶州。这时，与范毫无私交的余靖，第一个挺身而出，仗义执言，因此被贬为监筠州酒税。同时，欧阳修作书斥责司谏高若讷对范仲淹事件沉默不语，尹洙也公开替范仲淹申辩，二人分别被贬为夷陵令和唐州酒税。为此，蔡襄作《四贤一不肖》诗，称誉范、欧阳、尹、余为"四贤"，以高为"不肖"。其中诗句"崭然安道生头角，气虹万丈横天衢。臣靖胸中有屈语，举嗌不避萧斧诛"大大赞扬了余靖的胆识和气概。此诗被人们纷纷传写贩卖，远近驰名。甚至契丹使者闻悉，也买了该诗写本，张贴于幽州馆，余靖由是知名中外。

元 *yuán*

[郡望] 河南

卜 *bǔ*

[郡望] 西河

> 　　元姓出自战国时魏国。魏武侯公子元的食邑在元城，其后人以元为氏。一说元姓为卫大夫元咺之后。
> 　　卜姓出自夏王室。夏王启的后人有掌管占卜的，以卜为氏。一说周文王之子错叔绣的后裔中有卜氏一支。

元稹　字微之，洛阳（今属河南）人，唐代著名诗人，与白居易齐名，并称"元白"，同为"新乐府运动"的倡导者。24岁时，元稹娶韦丛为妻。韦丛的父亲韦夏卿当时官居太子少保，而元稹只是一个小小的校书郎，家庭背景也很一般。这门亲事究竟怎么成的，现在也很难考证，但韦丛并没有因为出身世家而对元稹有什么鄙薄，相反，她勤俭持家，夫妻二人的生活虽不富裕，但琴瑟和谐，十分幸福。七年之后，元稹经过不断努力，已经升任监察御史，生活本应走向新的境界，可就在这时，韦丛却因病去世了。这使得元稹十分伤感，为此他写了一系列的悼亡诗，其中"曾经沧海难为水，除却巫山不是云"后来成为千古名句。

卜式　西汉洛阳（今属河南）人，父母去世之后，他把田地房产都留给了弟弟，自己只要了一百多只羊，独自到山里去放羊。多年以后，弟弟破产了，卜式的羊却有了一千多头，成了富户，还不时接济弟弟的生活。当时汉武帝正和匈奴作战，发了财的卜式捐出一半财产资助边疆战事，武帝问他："你想做官？"卜式说："我更喜欢放羊。"武帝又问："那你是有什么冤情要申诉？"卜式说："我也没有冤屈。"皇帝搞不清他到底为什么，事情也不了了之。不久，国家财政遇到困难，卜式又捐钱帮助流离失所的百姓。后来，卜式被召入宫中，专为皇家牧羊。卜式说："养羊和养百姓一样，没什么更多的道理，把不好的及时剔除就是了。"于是，武帝让他做了地方官。但卜式终究还是更喜欢养羊，没过多久也就卸任了。

顾 (gù)

[郡望] 武陵

孟 (mèng)

[郡望] 昌平

顾姓出自夏朝侯国顾国。顾国出自昆吾，即陆终的长子、彭祖的哥哥。顾国为商汤所灭，其后人以顾为氏。

孟姓出自春秋时鲁国。鲁桓公之子庆父因叛乱被杀，其后人改称孟孙氏。"孟"在古代是表示排行老大，庆父是长子，故称。一说卫灵公之兄孟絷的后人也有以孟为氏的。

顾炎武 字宁人，号亭林，昆山（今属江苏）人，明末清初著名思想家、文学家，倡导"读万卷书，行万里路"。顾炎武平生手不释卷，虽然生平塞北江南，在旅途上的时间很多，但他出门必以一骡二马驮着书本跟随。每到一处，或随宜采风，或勘察地理，遇到与自己所闻不同的，就取出书籍详加考证，直到无所疑惑为止。平时在车马之上无事，就默诵各种经史文章。顾炎武治学，从音韵入手，他认为，只有精通音韵，才能明白读书，进而才谈得上明道济世。这看起来是一个学者的个人见解，但实际上却深刻影响了整个清朝的学术。就整体而言，明朝的学术是空疏浮躁的，直到明末，以顾炎武为代表的一批学者才将其引向了严谨务实的轨道之上，到一百多年后的乾嘉时期，顾炎武播撒的学术种子就成长为参天大树，国学大师和优秀成果层出不穷。

孟嘉 字万年，晋朝江夏（今属湖北武汉）人，品行清雅，学问渊博，曾做征西大将军桓温的参军。有一年的九月九日重阳节，桓温领着手下一起到龙山登高聚会欢度节日，还特地嘱咐大家都身着戎装，一行人更是显得精神焕发。山顶上风大，大家坐谈时，一阵风把孟嘉的帽子吹掉了，他自己却还不知道。在这样的场合，帽子掉了是一件很尴尬的事情，桓温示意大家不要吱声，想看看孟嘉会怎么处理。过了一阵子，孟嘉发觉帽子没了，并未惊慌，借口去上厕所，趁机吩咐人把帽子捡回来悄悄戴好。一个名叫孙盛的同僚素来文思敏捷，很快写了一篇小文章嘲讽这件事，等孟嘉回到座位上，文章已经放在他面前了。孟嘉很快读完，随即提笔写了一篇回应的文章送到孙盛的面前。看到手下的幕僚都有如此的风度才学，桓温高兴地笑了。

平 *píng*

［郡望］河内

黄 *huáng*

［郡望］江夏

平姓出自战国时的韩国。韩哀侯少子名婼，食邑在平，其后人以平为氏。

黄姓出自颛顼。颛顼曾孙陆终有后裔封于黄，遂以黄为氏。一说少昊金天氏的孙子名台骀，治水有功，其后人有封于黄国，以黄为氏。

平当 字子思，梁国下邑（今安徽砀山）人，对水利很有研究，并以此造福于民，汉哀帝时，曾任丞相。后来准备给平当封侯，平当却病得很重，拒绝了使者。家里人都说："就不能坚持一下，把侯印接下来？不也算是为子孙考虑嘛！"平当说："我身居相位，已经是深感惶恐。如果现在爬起来去接受侯印，回来就死了，那不是罪孽深重吗？我之所以不起来接印，正是为子孙考虑啊！"于是，平当上书皇帝，以病请辞。哀帝下诏对他进行安抚，说他没有什么过错，不必疑虑请辞，还赏赐牛酒，并嘱咐他好好治病。尽管如此，一个多月之后平当还是与世长辞了。后来，他的儿子也勤奋努力，做到宰相，成为西汉仅有的两家父子宰相之一。

黄庭坚 字鲁直，号山谷，北宋诗人、学者和书法家。古人相信人有轮回转世，据说有一天，黄庭坚梦见一位老婆婆站在一张摆着碗面的供桌前呼喊着："某某！回来吃面了。"醒来后，他凭着记忆循路来到一户人家，主人正是梦中的老婆婆。婆婆说："昨天是我女儿的忌日，因为她生前最喜欢吃芹菜面，所以每到这天我都会供一碗，喊她回来吃。"婆婆还说："女儿已经去世二十六年了。"山谷心想，昨天正是自己二十六岁的生日。诧异之余，就跟婆婆聊起她女儿的事情。婆婆说，她女儿在世时非常喜欢读书，屋中的大木柜里装的都是女儿所看的书。山谷打开木柜，里面有许多文稿，仔细一看，自己每次参加考试所写的文章，竟一字不差全在这些文稿中。至此，山谷已完全明白，这老婆婆就是他前世的母亲啊！于是他将婆婆接回衙府中，奉养余年。

和

hé

［郡望］代郡

穆

mù

［郡望］河南

> 和姓出自羲和。羲和在古代传说中有很多不同的说法，这里指《尚书》中掌管天文历法的官，其中的和仲、和叔后人以和为氏。
>
> 穆姓出自春秋时的宋国。宋穆公的后人以穆为氏。一说出自秦穆公。

和凝 字成绩，郓州须昌（今山东东平）人。和凝是五代时文学家，但他的作品格调不高；虽做过高官，但人品政绩却没什么可称道的，甚至仗着有钱有势，亲自主持把自己的文章编成文集刻版付印。当时的文人都是死后由别人为他结集编书，因此这也就被认为是人品很差的表现了。事实上，五代时期的官员总体上人品和能力都比较差，还有一个叫冯道的也是毫无气节，不管谁做皇帝他都跟着当官。所以后世有人编笑话调侃两人，说冯道是慢性子，和凝是急脾气，两人一天碰巧买了同样的靴子穿上，和凝便问冯道多少钱买的，冯道抬起左脚道："还好，才九百文。"和凝一听，大为恼火，冲着仆人挥拳高喊："你为什么花了一千八？"等他发完了脾气打骂结束，冯道又抬起右脚："这个也是九百文。"

穆修 字伯长，郓州汶阳（今属山东肥城）人，北宋著名文学家，提倡写文章要学习唐代韩愈、柳宗元的散文，因此深得当时大文豪欧阳修的赞赏。穆修的文章虽好，但是性格实在很糟，脾气坏，又尖刻，连朋友都很少，更别说在官场中与上司同僚相处了。而且他又特别倒霉，一生总是贫穷潦倒，稍微有点钱的时候不是生病就是遭贼。晚年实在生活困难，就想做点小生意。于是，拿出他珍藏的一套《柳宗元集》，找工匠翻刻印刷了一百本，带到京城相国寺，开了个小店去卖。既然是开了书店，总有读书人光顾。几个年青的士子进了店里，自然也不急着问价钱，先拿起书翻阅。穆修上前一把抢下，瞪着眼叫道："你们这些人谁能把这书一句不差地读一遍，我就送一本给他！"几个小伙子被他这突如其来的举动吓懵了，掉头就出了书店。很自然地，他这个店开了一年多，最后一本也没卖掉。

萧 (xiāo)

[郡望] 兰陵

尹 (yǐn)

[郡望] 天水

> 萧姓出自商王室。周朝建立后，封商王帝乙的庶子微子启于宋，后来微子启的支孙大心因功封于萧，其后人以萧为氏。一说少昊氏后裔孟亏能驯鸟兽，封于萧，其后为萧氏。
>
> 尹姓出自少昊。少昊之子封于尹城，其后人以尹为氏。一说尹姓是由官名而来，楚国官名中带"尹"字尤多，周宣王时又有尹吉甫。

萧何 汉高祖刘邦手下的重要开国功臣之一，主要擅长后勤保障工作，又曾经月下追韩信，为刘邦挽留住了至关重要的军事人才。后来刘邦把他和张良、韩信并称为"三杰"，他也成为汉朝第一任丞相。一千多年以后的唐朝后期，北方兴起了一支游牧民族——契丹，他们建立了自己的政权。契丹人喜爱汉族的文化，很多方面都以汉人为师。契丹只有皇族以耶律为姓，其余的不要说一般百姓，就是大家族也还只有部落的称号而没有姓氏。于是仅次于皇族的大家族也就是皇后家族想给自己取一个姓氏，契丹人最崇拜汉朝，汉朝的名臣中他们又最崇拜萧何，所以最终决定皇后家族就姓萧。后来，契丹人建立的辽国与北宋为敌多年，杨家将的故事中著名的萧太后的"萧"姓就是这么来的。

尹洙 字师鲁，河南人，北宋著名的文学家、政治家，他的文章风格简古，摆脱了宋初的华靡之风，曾上书反对与异族入侵者议和。尹洙在年龄上比欧阳修还稍大些，所以可以说他是北宋古文运动的先驱人物。尹洙的文章师法韩愈，风格简练谨严。一次，宰相钱惟演兴造了一处官驿，叫欧阳修、谢绛和尹洙各自去写一篇记。三天以后，钱惟演摆下宴席，大会宾客，当场叫三人出示写好的文章放在一起比较。结果谢绛的文章是五百字，欧阳修的五百多，而尹洙的只有三百八十字，且语言简练，结构严密，事情也写得很清楚。欧、谢二人都很佩服。事后，欧阳修意犹未尽，专门上门向尹洙讨教古文作法，尹洙指出欧阳修的毛病在于"格弱字冗"。欧阳修虚心接受，回去后重写一篇，比尹洙的又少了二十字，而且同样完美。尹洙夸赞他"一日千里"。

姚 _yáo_

[郡望] 吴兴

邵 _shào_

[郡望] 博陵

姚姓出自舜。相传舜生于姚墟，因以姚为姓。

邵姓出自周王室。周文王庶子名奭，封于召，史称召公奭，后封于燕，为燕国始祖。燕国最终为秦所灭，其后人多以召、邵为氏。

姚崇 字元之，陕州硖石（今河南三门峡）人，唐朝宰相，为开创"开元盛世"做出了重要贡献。姚崇历任武后、睿宗、玄宗三朝宰相，是打造开元盛世的重要功臣。他躲过了一个又一个宫廷斗争的政治漩涡，六十多岁当上唐玄宗的宰相后，向玄宗提出一套完整的施政纲领，用以清除武后以来朝廷的积弊。这套纲领分十个方面，主要包括施行仁政、不求边功、中官不干预公事、国亲不任台省官、推行法治、租庸赋税之外杜绝其他贡献、停止寺庙宫殿的建造、礼遇大臣等，被史家称为"十事要说"。"十事要说"针对当时存在的问题，从稳定政局、整顿吏治、改善财政三方面总结了历史上的经验教训，为玄宗开元初年的施政提供了依据，得到玄宗的支持。姚崇任宰相三年，实行了选贤任能、奖励清廉、精简机构、裁减冗员、惩治贪官、爱护百姓的清明政治，为"开元盛世"奠定了基础。

邵雍 字尧夫，谥号康节，北宋著名学者，主要致力于《周易》哲学。邵雍学问好，却不迂腐傲气；不做官，却颇受王公大族欢迎。他给自己的居所做了特殊的设计，把门窗做得有如日月一般，并且起名"安乐窝"，取安贫乐道的意思。通常，每到天气不冷不热的时候就是邵雍到各大户人家作客的时候，而为了吸引这位随和的智者到自己家来，大户人家纷纷在自己家仿造了一个"安乐窝"，听见邵雍的牛车从门口经过，都争相把他迎进窝中，热情款待。随后，把各种家庭矛盾都说出来，请邵雍做一个裁决。而邵雍也每每能用通俗的话语分析其中的道理，最终把矛盾一一化解，让大家都眉开眼笑。就这样，邵雍经常挨家吃住，一走就是一个多月，从没有人嫌他讨厌，反而唯恐他不到自己家来。

姚邵湛汪

湛
zhàn

[郡望] 豫章

汪
wāng

[郡望] 平阳

湛姓源头不详。史载河南鄄城旁有湛城，湛氏或出于此。

汪姓出自防风氏。防风氏是上古传说中的巨人，别名汪罔氏，被禹所杀，其后人以汪为氏。

湛若水

字元明，号甘泉，增城（今属广东广州）人，明代著名理学家，与王守仁（阳明）同时讲学，被称为"王湛之学"。湛若水是广东人，年轻时师从大儒陈白沙学习性理之学，四十岁时方步入官场，其后仍然经常从事学术活动。七十五岁致仕还乡，沿途边游览边讲学。回到家乡后，建天关学院，专心著书授徒二十年，以九十五岁高龄辞世。明代的性理学说尤为发达，而王阳明的心学又是其中最大的门户，湛若水则在继承陈白沙学说的基础上不断完善修正，与王阳明学说形成抗衡之势，天下士子争入其门，数十年间门徒多达四千余人。他又亲自修订《大科训规》，对教育管理的体制问题进行详细的阐述。一生热心捐款赞助书院，得其自助的书院有近三十所，从他的家乡到广州、南海、扬州、池州、徽州、武夷，遍布半个中国。湛若水在中国教育史上是一个可圈可点的人物。

汪中

字容甫，扬州（今属江苏）人，清代哲学家、文学家、史学家。汪中一生著述等身，学术造诣深厚。他二十六岁时写的《哀盐船文》描写了当时扬州盐船的一次重大火灾，当时人称这篇作品"惊心动魄"、"一字千金"，至今被视为脍炙人口的骈文佳作。汪中从小生活贫困，父亲早逝，后来在书店当学徒才得以饱读诗书，有了日后成就的基础。汪中曾说，人生有三种最大的遗憾，一是年不满半百而死，二是人不能像鸟一样飞、像马一样跑，三是古人传下很多著作今人却读不懂。第一条汪中正好完成（他正好五十岁去世），第二条他不可能完成，第三条则是他一生真正努力追求并卓有建树的。另外，他还说人生有三样可怕的：雷电、鸡鸣、妇人声——这是他个人天性中的事了。

祁 qí

[郡望] 扶风

毛 máo

[郡望] 西河

祁姓出自尧。尧别称伊祁，一说伊祁是尧的姓。其后人有以祁为氏的。
毛姓出自周王室。周文王之子郑封于毛，称毛叔郑，其后人有以毛为氏的。一说封于毛的是季载，即沈姓先祖。

祁彪佳 字虎子，山阴（今浙江绍兴）人，明代末年名臣，清军攻破南京城后，自杀殉国。祁彪佳出身官宦世家，父亲祁承爜是当时有名的藏书家，而祁彪佳又自幼聪明好学，十七岁便中了进士。本来，也许他能成为一代名宦，可是，他生于风雨飘摇的明末，43岁那年，李自成攻下北京，崇祯自缢。福王至南京，彪佳前去投奔。然而，福王集团内部混乱不堪，大臣之间各怀心事，互相排挤倾轧，总想为自己的小集团谋利益，所以祁彪佳不久便称疾去职。次年五月，清兵破南京。六月，潞王监国杭州，拜祁彪佳为兵部侍郎，总督苏、松，尚未成行而清兵已到。闰六月初六夜，他自沉于梅墅寓园别业梅花阁前水池中。留遗书于几上，其绝命词有云："图功为其难，洁身为其易。吾为其易者，聊存洁身志。含笑入九原，浩然留天地。"明唐王追赠少保、兵部尚书，谥忠敏，清追谥忠惠。

毛鸿翙 字振羽，清代山西平遥人。他幼时因家境清寒，弃学就商，十几岁在西裕成颜料庄当学徒。由于学习认真，办事精练，深得东家赏识。二十余岁提拔为颜料庄副经理。1823年，西裕成颜料庄改为日升昌票号（即后来的银行），毛鸿翙任副经理。后来，毛鸿翙与经理雷履泰不和，愤然出走，决心与雷一较高低。首先，他将蔚泰厚绸缎庄改组成票号，出任总经理。随后凡日升昌设分店之处，蔚泰厚也照样开设，其他几个商店也都改营票号，形成平遥票号中规模最大的"蔚"字五联号，与日升昌并驾齐驱。而两人的恩怨也与日俱增，以至于最后雷履泰给儿子起名雷鸿翙，毛鸿翙则给孙子起名毛履泰。两位山西商人的精英没有共同把事业推向新的高峰，却在互相怨恨中去世，也是一大遗憾。

禹 (yǔ)

[郡望] 陇西

狄 (dí)

[郡望] 天水

百家姓

> 禹姓出自禹。子孙以祖先之名为氏。又春秋时有禹国，其后人也有以禹为氏的。
>
> 狄姓出自周王室。周成王封少子于狄，其后人以狄为氏。一说狄姓源自简狄，简狄是殷商祖先契的母亲。

禹之鼎

清代著名画家，尤其擅长画人物。禹之鼎是江苏人，出身贫寒，小时候学过绘画。三十多岁时，他凭技艺到京城在鸿胪寺找了个差事。他的工作单位类似今天的外交部礼宾司，具体工作是给每个重要来宾画像存档。后来还曾随外交使团出使琉球。由于禹之鼎技艺高超，所以在京期间给许多名人画过肖像，其中包括为曹寅画的《楝亭图》，为陈廷敬画的《燕居课儿图》，为朱彝尊画的《小长芦钓鱼师图》，为高士奇画的《江村南归图》等，都是禹之鼎的成功之作。不过在当时的中国画坛，流行的是文人山水画，而画人物肖像需要长期枯燥的训练，且受工具和技术限制，中国画人物肖像在写实程度上终不能如西洋画一般直逼照片效果，所以禹之鼎虽然当世红极，上门求画像者大有人在，却终于无法开门立派，将其技艺传承延续。

狄仁杰

字怀英，并州太原（今属山西）人，唐朝杰出的政治家，在唐朝特殊的武则天时代身居宰相之职，为唐朝上承贞观之治、下启开元盛世作出了重要贡献。武则天是中国历史上唯一的女皇，她把唐朝的国号改成了周，但她又是唐朝的皇后，她的儿子姓李。武则天不得不考虑自己去世之后由谁继承的问题，她一度想把皇位传给侄子武三思。有一次，武则天对狄仁杰说："我做梦下棋输了，这是什么兆头呢？"狄仁杰抓住机会说："棋子棋子，下棋输了就是'无子'啊！这是老天昭示陛下赶快立太子以安天下。但陛下要好好想想，到底是儿子亲还是侄子亲。皇家的太庙里自有皇后的一席之地，但会不会无端放一个姑姑的牌位加以供奉呢？"一席话终于打动了武则天，使她放弃了以武氏为嗣的想法。

米
mǐ
[郡望] 陇西

贝
bèi
[郡望] 清河

米姓出自西域。唐时西域有米国，其国人进入中国后以米为姓。一说米是春秋时楚国芈姓的简写。

贝姓源头不详。一说认为《左传》提到郱和郱阳两个地名，其后人简化而为贝姓。一说西周时有郱国，是贝姓起源。

米芾 字元章，北宋大书法家、画家，性情高雅，喜爱奇石。初到无为做官时，看见府里有一怪石，心中大为高兴，穿着官服就对怪石跪拜，口称"老丈"。他到涟水做官的时候，负责督察他的杨杰深知他的毛病，上任不久就特地上门去警告他，说涟水这个地方盛产奇石，但不要因为个人爱好耽误了公事，讲了好一通大道理。米芾也不接话，从左袖中拿出一块奇石问道："你看这块石头怎么样？"杨杰端详半天，见石头玲珑剔透，又十分润泽，点头道："不错！"米芾从右袖中又拿出一块更漂亮的："这个呢？"杨杰叹道："好！"最后，米芾又从屋里搬出一块最得意的，杨杰看傻了，忽然一把将这些漂亮石头都抢了过来，说道："你喜欢，我也喜欢啊！"说罢，便带着石头上车走了。

贝琼 字廷臣，元末明初诗人，学者。少年时笃志好学，博通经史百家。师事大诗人杨维桢。元末世乱，隐居授徒。明洪武初，赴召修《元史》。后奉命出任浙江乡试官。次年，任国子助教，后改中都国子监，教授勋臣子弟。据《周礼》记载，古代大学称成均，由大司乐掌管，而贝琼又精通音乐，曾叹古乐衰废，堂堂成均徒具其名，作《大韶赋》以寄感慨。所以，他与张美和、聂铉被时人称为"成均三助"。又因曾进史馆参与编修《元史》，与明太祖的首席文官宋濂相友善，后濂任司业，建议祀伏羲、神农、黄帝、尧、舜、禹、汤、文、武于天子之学，贝琼作《释奠》力辩其不可，立论谨严有据，为当时行家称赏。洪武十一年，致仕还乡。次年，病卒家中。有《清江集》四十一卷传世。

明
míng

[郡望] 平原

臧
zāng

[郡望] 东海

明姓出自春秋时秦国。秦穆公时有将军孟明视，百里奚之子，周太王古公亶父后裔。孟明是字，视是名，其后人以祖先的字为氏，成为明氏。

臧姓出自西周时的鲁国。鲁孝公有子名彄，字子臧，其子孙以臧为氏。一说彄的食邑在臧。

明山宾

字孝若，平原鬲（今山东德州平原县）人，南北朝梁时学者，擅长礼学，长期担任学官，性情随和，很受学生欢迎。生活中的明山宾性格朴实厚道。有一次，家里缺钱花，只好卖掉自己平时用来代步的牛。买卖成交，已经拿到钱了，突然想起来，又折回去对买主说："我这头牛有烂蹄子的老毛病，不过早就治好了，但只怕日后旧病复发，所以我必须告诉你一声。"买主一听，连忙还价，向明山宾追讨了一部分钱回去。当时的处士阮孝绪听说后，由衷地感慨道："这话足以让社会风气返璞归真，让唯利是图的浇薄世风有所改变。"后来，明山宾八十五岁去世，昭明太子出十万钱、百匹布作为丧葬费，亲自为其举哀，并说："这位老先生学问渊博，精通古道，又大度宽宏，儒雅温厚，传授经术二十多年，与我交往，并不因地位高下悬殊而有所谄媚，总是谆谆教诲，令我受益匪浅。如今昔人已去，怎能不令我内心酸楚啊！"

臧荣绪

东莞莒（今山东莒县）人，南朝齐史学家。他曾删取王隐、何法盛等所著两部《晋书》，另撰《晋书》一百十卷，是在唐初流行的十八家《晋书》中较完善的一部。臧荣绪从小就没有了父亲，他亲自在园地里种了菜蔬，拿来祭祀祖宗和供养母亲。后来他的母亲死了，他在初一和十五这两天按时很恭敬地礼拜，有了甜美珍贵的食物也一定要献供。后来隐居在京口，以教授学生为业。因为他虽然不做官却很有学问，所以当时的读书人称他"披褐先生"。他最喜爱的书就是儒家的五经：《诗》、《书》、《礼》、《易》、《春秋》。因为孔子是在庚子那一天生的，所以每到这一天他就会把五经陈列在书桌上，恭恭敬敬地行礼膜拜。

计
jì
[郡望] 京兆

伏
fú
[郡望] 太原

计姓出自有莘氏。有莘氏，上古部族名称，其后人有以计为氏的。

伏姓出自伏羲。伏羲也常写作宓羲，就姓氏源流来说，二者可以看成一个姓。

计有功 字敏夫，南宋人，因编著《唐诗纪事》而闻名。《唐诗纪事》八十一卷，选唐代1150位诗人的部分诗作，先后编次，并汇集本事与品评，兼记诗人世系爵里，既是唐代诗歌总集，又是唐宋有关诗评的汇编。由于此书篇幅较大，材料丰富，为唐诗研究提供了宝贵的资料。计有功编纂此书能持客观态度，涉及的诗人诗作既有大家名篇，也有无名之辈乃至僧人、妇女的佳作，许多难于传世的作家作品因此得以存世，如张为的《诗人主客图》，就赖此书得以流传。而一些唐人作品在此书中颇有字句的出入，为校勘学提供了借鉴，如王之涣《凉州词》"黄河远上白云间"，《唐诗纪事》作"黄沙直上白云间"，一字之异，很值得玩味。正如明代学者胡震亨所评价的，这部书看上去与寻常的诗话类似，但实际上"收采之博，考据之详，有功于唐诗不细"。

伏胜 秦汉之际的著名学者，早年在秦朝任博士，精通儒家经典。汉朝初年，因为秦朝的焚书坑儒和长期的战乱，文化事业已经满目疮痍。汉文帝即位，搜求各种儒家经书，其中《尚书》一经，自秦始皇焚毁之后，散失不传，无人知晓。文帝听说老儒生伏胜逃回山东老家尚且健在，便想请他出山重新整理《尚书》，但伏生已九十多岁，不能出门，只好派了学者晁错到伏胜家中求学。伏胜老迈，连说话都不清楚了，必须靠他的女儿做翻译，把当年偷偷带回家藏起来的《尚书》详细说给晁错听，晁错又用当时的文字一一作了记录，于是便有了后来学术史上的"今文尚书"。这件事也成了后人津津乐道的一段学术掌故。

chéng

成

[郡望] 上谷

dài

戴

[郡望] 谯国

成姓出自周王室。周文王第五子郕叔武封邑在郕，其后人去"邑"旁，以成为氏。又春秋时楚国王族若敖氏有成得臣，其后人亦以成为氏。

戴姓出自春秋时宋国。宋戴公的后人以祖先谥号为氏，称戴氏。

成闵 字子琼，邢州（今河北邢台）人，南宋时期抗金名将，曾跟随大帅韩世忠屡立战功。南宋初期，由于与金人战争，当时的名将所率军队中都会有一支背嵬军，岳飞、韩世忠等无不如此。这支部队为什么叫这个名字，说法不一，但就性质而言，类似现在的特种部队，受最高统帅直接管辖，战力超强，待遇也特别好，凡有硬仗，必遣背嵬军出阵，攻无不克。而成闵作为韩世忠部的背嵬军将领，其战力不难想见。绍兴十年的淮阳之战中，成闵率先冲入城内，遭守军反击，奋战突围，中三十馀枪，险些丧命。韩世忠带着他入见宋高宗时曾说："臣在南京，自谓天下当先，使当时见此人，亦避一头矣。"后来南宋与金国和议，韩世忠也解除了兵权，入为枢密使，成闵依然历任多种军职，八十多岁时去世。

戴逵 字安道，东晋艺术家。他品行高洁，不阿附权贵，独自在浙江隐居，人们视之为高士。据说大书法家王羲之的儿子王徽之就是戴逵的好朋友，一次晚上下大雪，王徽之思念老朋友，便命仆人划船亲自去拜访戴逵，结果到戴逵家时天也亮了，王徽之却对仆人说："我们回去吧！"仆人莫名其妙，王徽之说道："我和戴逵是好朋友，不是为什么利益才交往的，来兴致了就拜访他，现在兴致过去了那就回去呗！为什么一定要去见他呢？"那时人们相信星相学，有一次天上的月亮和少微星轨道重合，星相学上认为少微星代表隐士，被月亮侵犯意味着有隐士要去世，人们不约而同地想到了戴逵，结果他却安然无恙。不久，传来当地另一个隐士谢敷去世的消息，人们于是编了一个顺口溜：吴中高士，求死不得。

百家姓

59

谈 ^{tán}

［郡望］梁国

宋 ^{sòng}

［郡望］西河

谈姓出自商王室。周武王封商王帝乙庶子微子启于宋，传国三十六世，至谈君，为楚所灭，其子孙以谈为氏。

宋姓出自商王室。周武王封商王帝乙庶子微子启于宋，其后人以宋为氏。

谈迁 字孺木，海宁（今属浙江）人，明末清初著名学者、历史学家，著有《国榷》，保存了大量重要的明代史料。谈迁家境贫寒，自幼博览群书，善诸子百家，尤精史学，熟知掌故，所以素有撰写一部翔实可信的明史的志向。从天启元年27岁开始，他历时20余年，完成了一部编年体明史，全书约400万字，取名《国榷》。后来明朝灭亡，到清顺治四年，他的手稿被小偷盗走。当时已经53岁的他没有被这种挫折击垮，很快从痛苦中挣脱出来，发奋重写，经四年努力，完成新稿。顺治十年携稿北上，在北京走访降臣、皇室、宦官和公侯门客，搜集明朝逸闻，并实地考察历史遗迹，加以补充、修订。书成后，署名"江左遗民"，以寄托亡国之痛。谈迁一生贫寒，多以文字谋生，但他自有文人的骨气，有所为有所不为，一些高官显贵重金要他写的文字，他会因鄙夷其人而拒绝，但史可法督师扬州时，却不计报酬地为之效力。

宋庠 字公序；其弟宋祁，字子京。兄弟二人是北宋仁宗时的同科进士，成绩都非常出色，但朝廷认为弟弟不能在哥哥前面，所以公布的时候做了调整，将原定榜首的宋祁列为第十，宋庠列为第一，世称"兄弟双状元"，并为之建了"双状元塔"。二人性格也很不一样，宋庠天性忠厚，生活俭朴，好学不倦；宋祁才华横溢，不拘小节。据说有一年元宵节，兄弟二人都已经做了大官，宋庠在书房里看了一晚上书，早上听说宋祁又是点灯又是设宴，疯了一晚上，便派人传话："你难道不记得那年元宵节我们在学校里自己煮饭啃咸菜了吗？"宋庠想告诫弟弟要过节俭稳重的生活，可宋祁全然是另一种性格，回话说："我们那时自己煮饭啃咸菜是为了什么呢？"

茅 máo

[郡望] 陈留

庞 páng

[郡望] 南安

茅姓出自周王室。周公旦第三子被封于茅，称茅叔，其后人以茅为氏。
庞姓出自周王室。周文王庶子毕公高有后人封于庞邑，其子孙以庞为氏。

茅元仪 字止生，归安（今浙江湖州）人，明朝著名将领，著有军事著作《武备志》，书中有大量插图，有很高的资料价值。茅元仪出身官宦世家，书香门第。祖父茅坤、父亲茅国缙、叔父茅维、堂兄茅瑞征等都是当时名士。二十八岁时，他写成军事百科全书式巨著《武备志》，受到孙承宗的赏识。后追随随孙承宗到山海关督师，任幕中赞画。在建立车营、推广火器、筹建水师等方面多有建树。后因直言得罪宦官，被削籍，颠沛于京畿江南之间。崇祯二年，孙承宗再度出山后，又一次随军参赞军事，由此建功。崇祯三年出任大将军，以翰林院待诏身份在觉华岛督领水师，又被权臣参劾诬陷，获罪入狱。此后历尽坎坷，或远戍福建，或闲住京畿，或流浪江南。又参与平定海寇立功免罪。孙承宗死后，茅元仪对时局绝望，于崇祯十三年日夜呼愤，纵酒而卒，时年四十七岁。

庞籍 字醇之，单州成武（今属山东）人，北宋著名的政治家。宋仁宗在位时期，庞籍先在京城任职，屡次向皇帝进言，提出各种意见，加强了人才培养和法制建设。后来又到陕西镇守边疆，在强化军事力量的同时，他还善于用智谋遏制、分化西夏和契丹，最大程度上维护了大宋的尊严与利益，保全了国家疆域，在北宋一段委屈求和的屈辱外交史上，留下了一抹亮光。因为在西北功勋卓著，后来庞籍又被任命为惟一的宰相（宋时一般以两人或三人同为宰相执政），三年中为一度积贫积弱的宋王朝维持承平时日，做出了不朽的贡献。卸职回家之后，庞籍每日读书、写字、做诗，他说自己是"田园贫宰相，图史富书生"。

百家姓

61

熊 xióng

[郡望] 南昌

纪 jǐ

[郡望] 天水

熊纪舒屈

> 熊姓出自楚国。楚国可以远溯到黄帝，黄帝后裔陆终有六子，第六子名季连，芈姓，是楚国始祖。季连后代鬻熊的曾孙以熊为氏，称熊绎。周成王时分封功臣，熊绎成为楚国第一代国君。此后楚国国君都保持以熊为氏，为后来熊姓始祖。
>
> 纪姓出自炎帝。西周初年，分封了许多先贤先圣的后裔，其中炎帝的后裔被封于纪，其后人以纪为氏。

熊廷弼 字飞百，号芝冈，湖广江夏（今属湖北武汉）人，明末著名军事统帅，长期在辽东用兵抵抗努尔哈赤的后金，功勋卓著。他早年曾任职江南督学，试卷全部亲自批阅。阅卷时他将几条长凳连接起来，把试卷一一摊列，左右分别置酒一坛、剑一口，手操朱笔，一目数行。每当看到上乘佳作，即用大酒樽痛饮，以表达心中喜悦之情；若遇荒谬劣作，则挥剑一阵狂舞，以抒胸中郁气。凡有高才佳作，他都能无一遗漏地甄选出来。

纪昀 字晓岚，谥文达，直隶献县（今属河北）人，清代著名学者、文学家，《四库全书》主编。他四岁开始启蒙读书，十一岁随父入京，二十一岁中秀才，二十四岁应顺天府乡试，为解元。三十一岁考中进士，入翰林院为庶吉士，授任编修，办理院事。他生平两次任乡试考官，六次任会试考官，按当时以考官为座师的习惯，他可谓桃李满天下，许多著名清朝学者作文或记述往事，动辄称之"纪文达师"。然而，真正使他名垂后世的，是担任《四库全书》的总纂。《四库全书》精心挑选了历代古籍3503种，79000馀卷，分装36000馀册，约10亿字，分经、史、子、集四部，共誉抄7部，堪称中国文化史上最大的书籍整理工程。纪昀又编纂《四库全书总目提要》200卷，为每种书籍作了简明点评。虽然这个工程是由许多人共同完成的，虽然后世也对《四库全书》的编纂中的某些质量问题、政治问题提出质疑，但总的来说，《四库全书》在保留中国古籍、弘扬传统文化上肯定是功大于过的。

舒 shū

[郡望] 巨鹿

屈 qū

[郡望] 临海

舒姓出自春秋时舒国。西周初年封皋陶后裔于舒,其后人以舒为氏。
屈姓出自春秋时楚国。楚武王之子名瑕,食邑在屈,故称屈瑕,其后遂以屈为氏,成为楚国大族,战国时屈原即其后代。

舒位 字立人,号铁云,直隶大兴(今属北京)人,清代诗人,著有《瓶水斋诗集》、《乾嘉诗坛点将录》等。舒位自幼聪明好学,十岁能文,擅诗文戏曲,但终生仕途不顺,《乾嘉诗坛点将录》是他最有趣的作品,据说是他和当时几个名士在酒余饭后闲谈当时诗坛人物,兴之所至,模拟《水浒》人物排名,以沈德潜为托塔天王,袁枚为及时雨,毕沅为玉麒麟,钱载为智多星,蒋士铨为大刀手,赵翼为霹雳火,逐一编次,当时诗坛名人如洪亮吉、黄景仁、阮元、张问陶等各有其位。其排位传出后,时人都以为十分传神。后来舒位为评点的人物配上赞,并作了序。《水浒传》本是家喻户晓的小说,其中108个天罡地煞人物,大多性格鲜明,舒位借用这些人物形象来拟喻诗坛人物,实际上是一种很新颖的文学批评手法,寓庄于谐,很能为大众所接受。不过,借水浒人物点评的手法并不始自舒位,早在明末魏忠贤与东林党的斗争中就使用过这个手段,但那是为政治斗争服务的,而舒位之后,直至今日,人们更喜欢在文学艺术等领域中借用这个套路来品评人物,分享见解。

屈大均 字翁山,广东番禺(今属广东广州)人,是明末清初一位具有崇高民族气节的著名诗人、学者,被称为明末清初诗坛"岭南三大家"之第一人。除了诗歌方面的成就外,他的史学造诣也极高,贡献很大。他的《皇明四朝成仁录》记载了崇祯、弘光、隆武、永历四朝死节之士的事迹,成为研究南明史所必备的珍贵资料。屈大均的另一部代表作《广东新语》记录了广东的天文地理、经济风物、人物风俗,它集各史志之所长,记述详实,内容丰富,具有极高的史料价值和学术价值,被当代学者誉为"广东大百科"。

百家姓

63

项
xiàng

［郡望］辽西

祝
zhù

［郡望］太原

项姓出自周朝诸侯国项国。项国是姬姓诸侯国，后被楚国所灭，楚王后来又将项地封给楚国的功臣。所以后来以项为氏的有姬姓子孙，也有芈姓子孙，战国末期的项梁、项羽家族即受封于项的楚将世家。

祝姓出自黄帝。西周初年，封黄帝后裔于祝，其子孙以祝为氏。一说祝姓源自传说中的火神祝融。

项公悦

字无欲，宋代浙江永嘉人。他先后在安徽、福建等地任职，每到一处必勤奋办案，废寝忘食，常使多年的冤案得以昭雪，最终地方上的监狱空空荡荡。在福建任职时，因为天旱不雨，百姓的生产生活遇到很大困难。当时，每逢这种情况地方官应该向上苍祈祷下雨。项公悦冒着烈日走了几十里山路到山顶的一个水潭去为百姓祈雨，或许是老天真的显灵了，等他下山的时候果然大雨如注。然而项公悦却中暑了，而且越病越重，弥留之际家人问他有没有什么后事要嘱咐，他很生气地说："某某那件案子还没查清楚呢，哪有闲心说这些！"最后没谈一句私事就去世了。人们都动情地说："这样真正能做到以死救民的好官，天下有几个啊！"

祝允明

字希哲，号枝山，长洲（今江苏苏州）人，明代著名文学家、书画家。他五岁就能写大字，九岁就会写诗，长大后博览群书，精通诗文、书画。祝允明是唐寅的好友，在民间，他们都是调笑富贵，替百姓出气的才子，流传着许多有趣的故事。有一年除夕，一个为富不仁的财主请祝枝山写春联，于是，他写了一副对联："明日逢春好不晦气，来年倒运少有余财。"过往的人们看到这副对联，都这样念道："明日逢春，好不晦气；来年倒运，少有余财。"财主大怒，到县里状告祝允明辱骂良民。县令问："祝先生，你为何用对联骂人？"祝枝山道："学生写的全是吉庆之词！"于是，拿出对联当场念给众人听："明日逢春好，不晦气；来年倒运少，有余财。"县令和财主听后，无言对答。祝枝山哈哈大笑，告别县令，扬长而去。

董

dǒng

[郡望] 陇西

梁

liáng

[郡望] 陇丘

> 董姓出自黄帝。黄帝后裔有董父，在舜时负责驯养龙，舜赐其董姓、豢龙氏。其后人以董为氏。又春秋时周大夫辛有的两个儿子到晋国，负责掌管史料典籍，因其"董督晋史"，故为董氏，其后人董狐十分著名。
>
> 梁姓出自西周时的秦国。秦国第四任国君秦仲及其五个儿子攻打西戎有功，其少子康封于夏阳梁山，建立梁国。其后人以梁为氏。

董仲舒

广川（今属河北衡水景县）人，西汉时期著名的哲学家和经学大师，汉景帝时为博士官，以通晓《公羊春秋》闻名于世。汉武帝即位后，广开言路，征求治国安邦的策略，董仲舒连写三篇文章阐述了自己的思想，受到汉武帝的赏识并付诸实施，不仅使汉朝的治国思路从道家思想转变为儒家思想，而且一直影响了中国两千多年。董仲舒的成就来自他自身的勤奋，他读书非常专精认真，而且数十年如一日。他长年累月把自己关在屋子里，读书、著述，三年之中从不到门外的园子里去看看，可以称得上是一个纯粹的读书人。

梁启超

字卓如，号任公，又号饮冰室主人，广东新会（今属广东江门）人，清末政治家、学者，曾与康有为等人一起帮助光绪皇帝实行变法，但未能成功。辛亥革命后，一度加入袁世凯政府和段祺瑞政府。作为学者，他曾赴欧洲讲学，又担任北京图书馆馆长，引入西方的图书分类法，使我国图书馆适应了新时代的要求。毛泽东早年深受梁启超影响，曾模仿他的白话文体写作，1936年接见美国记者埃德加·斯诺时他曾提及："我崇拜康有为和梁启超。"1958年4月8日，毛泽东在武昌与吴冷西、田家英的谈话中说：梁启超一生有点像虎头蛇尾。他最辉煌的时期是办《时务报》和《清议报》的几年。那时他同康有为力主维新变法。他写的《变法通议》在《时务报》上连载，立论锋利，条理分明，感情奔放，痛快淋漓，加上他的文章一反骈体、桐城、八股之弊，清新平易，传诵一时。他是当时最有号召力的政论家。

杜 dù

[郡望] 京兆

阮 ruǎn

[郡望] 陈留

杜姓出自尧。尧的儿子丹朱为唐侯，其后裔刘累在夏朝负责驯龙。刘累的后裔在商朝为豕韦国君，称唐杜氏。至周宣王时，传至杜伯，杜伯无辜被杀，其子孙以杜为氏。

阮姓出自皋陶。皋陶是颛顼之子，其后裔封于阮，其子孙以阮为氏。

杜诗 字公君，河内汲（今河南卫辉）人，东汉时期曾任南阳太守，为官清正廉明，除暴安良，尤其能体恤百姓疾苦。他看到百姓打造农具十分辛苦，特别是拉风箱的那个人要不停地使劲拉，才能使炭火烧旺。于是他就设计了一种水排，事实上就是一种水力的鼓风机，大大节省了人力。他还主持兴修水利，开垦土地，发展生产。短短几年，百姓生活富足，南阳一派繁荣。老百姓都说："我们南阳的百姓有福，前任太守召信臣和现任太守杜诗都是最好的父母官，简直就是我们的召父杜母啊！"

阮元 字伯元，扬州邗江（今属江苏）人，清代著名学者。阮元自幼勤奋好学，二十五岁中进士，成为翰林院庶吉士。此后，他的仕途十分顺利，曾在多个省份出任督抚，最后做到正一品的体仁阁大学士。然而，阮元的本色是一个学者，他对经史、数学、天算、舆地、编纂、金石、校勘等都很有研究，政务之暇，几乎所有时间也都花在学问上。然而，学术成果的获得靠学者的实力，学术成就的影响力却与学者的社会地位有着莫大的关系。从教育事业上说，他于嘉庆六年在杭州创办诂经精舍，又于道光五年在广州创立学海堂，尤其是后者，对后来广东文化的发展起到了根本性的推动作用，而这样的事，不是一个地位平平的学者能办到的。再比如典籍的整理，《十三经注疏》、《皇清经解》、《宛委别藏》、《文轩楼丛书》、《经籍籑诂》等皇皇巨著均成自他手，这又与仅靠学问就可完成的私人撰述不同，除了学问之外，还需要财源、人力、社会影响力等诸多要素，而这些，在清朝中叶这批大学者中，阮元无疑是最具实力的一个。

杜阮蓝闵

蓝 _{lán}

［郡望］中山

闵 _{mǐn}

［郡望］陇西

蓝姓源头不详。一说居陕西蓝田者以地为氏，一说春秋时楚大夫蓝尹亹后人以蓝尹为氏，又简化为蓝。

闵姓出自春秋时鲁国。孔子有门徒闵损，字子骞。一说周大夫闵子马之后。

蓝瑛 字田叔，钱塘（今浙江杭州）人，明代著名画家。他擅画山水，追摹唐宋元诸家，笔墨秀润。蓝瑛一生以绘画为职业，他生于杭州，二十三岁寓居松江，后来长期活动于杭州、嘉兴、南京、扬州、绍兴等地，卖画授徒，影响深远，追随者主要集中于杭州一带，被称为"武林派"，在明末万历到清初康熙年间足以与"松江派"抗衡。他工书善画，长于山水、竹石、梅兰、人物、花鸟等，技法全面，尤以山水画著名，是明末清初颇具影响力的山水画家，后人称其为浙派的殿军。他的绘画特点比较明显的是用笔有顿挫，以疏秀苍劲取胜，善写秋景。画法有两种：一种作钩勒浅绛法，另一种作没骨法，设色鲜艳夺目，所画青山、红树、白云，运用石青、石绿、朱砂、赭石、铅粉诸色，点染别致，是晚明时期富有变化的山水绘画作品。由于他曾漫游南北，饱览名胜，眼界开阔，因而不断丰富了创作内容。

闵子骞 名损，字子骞，是孔子的学生，以德行闻名。闵子骞母亲早逝，小时候随父亲和继母生活。冬天，继母偏心，做棉衣的时候给闵子骞用芦花来代替丝绵，自己亲生儿子穿的则是真正的棉衣。芦花做的衣服根本不能保暖，闵子骞冷得受不了，缩在角落里直打哆嗦。父亲不知情，以为他是偷懒，屡次数落不见效，就拿起鞭子抽他。这一抽，身上的衣服就破了，里面的芦花也飞散得到处都是，父亲这才明白是怎么回事。再去看看另外两个孩子身上，实实在在都是棉衣，于是大为愤怒，认为妻子偏心，不配做一个母亲，要赶她走。这时，闵子骞跪下恳求父亲："母亲在，最多我一个孩子受点冻，要是母亲走了，没人照顾，三个孩子怕都要受冻了。"父亲这才原谅了后妻。而此后继母对待子骞也不再偏心，一家人和睦无间。

席 xí

[郡望] 安定

季 jì

[郡望] 渤海

> 　　席姓出自春秋时晋国。晋国有大夫籍谈，其后人以籍为氏。战国末年，项羽名籍，籍氏子孙避讳改为席氏。
> 　　季姓出自春秋时鲁国。鲁桓公幼子名季友，平定庆父叛乱有功。其后人称季氏或季孙氏。一说出自陆终幼子季连。

席书 字文同，明代名臣。席书曾任山东郯县知县。郯县地广人稀，旱涝不断，民多困苦。席书到任后，安抚百姓，开发农田，大兴水利，兴教化，办学校，育人才，数年后成效显著。郯地人民以"前有席，后有唐"的谚语赞扬席书和后来的唐龙，并为其立祠树碑纪念。嘉靖帝即位，有"大礼议"，嘉靖帝明世宗朱厚熜是明宪宗之孙，明孝宗之侄，明武宗的堂弟，兴献王朱祐杬次子，他即位后，关于以谁为世宗皇考（即宗法意义上的皇父），以及世宗生父朱祐杬的尊号问题，整个朝廷发生了旷日持久的争论，其实质是明朝一场政治斗争。席书揣摩帝意，草疏以宋英宗入继大统为例，议尊皇父兴献王为皇考兴献帝。疏成后，席书将其交给桂萼，萼上递其疏，嘉靖帝十分满意，赐召见，特旨授礼部尚书。自此世宗将席书倚为亲信，眷顾隆异，虽辅臣不敢望。嘉靖六年二月初五日进武英殿大学士，赐第京师，不久后病逝。

季布 汉初时楚人，先为项羽手下大将，屡次领兵围困汉王刘邦。刘邦称帝后，不计前嫌拜他为郎中。季布最为人称道的是他说话算话，当时曾流传着这样的话："得黄金百斤，不如得季布一诺。"季布的军功政绩或许都为人们所忘记，而季布"一诺百金"的佳话却为人们所称颂。在那个动乱的时代，要做到这一点是极不容易的。后来，唐代诗人李白又在他的诗中把"一诺"和"千金"联系起来，于是又有了"一诺千金"的成语，至今广泛使用。成语本身当然是一种夸张，但也可见诚实的品德受到人们重视，古今都是一样。

麻 má　　　强 qiáng

麻 [郡望] 上谷　　　强 [郡望] 丹阳

麻姓出自春秋时齐国。齐国有大夫麻婴，其后人以麻为氏。
强姓出自黄帝。黄帝有孙名禺疆，疆、强通用，其后人有以强为氏的。

麻九畴 字知几，金朝学者，医生，三岁识字，七岁就能写几尺见方的大字，号称神童。金章宗便将其叫到皇宫接见，问道："你到皇宫里来，觉得害怕吗？"麻九畴应声回答："君臣如父子，哪有儿子怕父亲的道理？"章宗大为惊奇。二十来岁的时候，他就进入太学，博通《五经》，于《易》、《春秋》尤长。兴定末，试开封府，词赋第二，经义第一。再试南省，同样如此。不过后来殿试的时候因失误而没有通过，当时人们都深为惋惜。正大初年，他的学生王说、王采苓都金榜高中，皇帝见他们年龄都很小，一问才知，原来都是麻九畴的学生。后来由赵秉文极力推荐，麻九畴也曾出仕，但他性格直率清高，与人交往，一言不合，扭头就走，所以最后还是弃官而去。元兵入侵河南时病逝。麻九畴生性聪明，是金朝五大神童之一，所学也极为庞杂，起先读经书时喜欢学《易》，后来因为爱读邵雍的《皇极经世书》，自学算数、卜筮、射覆之术。晚年喜医，与名医张子和交游，尽传其学，且为润色其所著书。麻九畴诗文俱佳，后来因为当时风气不好，作诗容易招祸，于是他就把诗戒了。

强练 南北朝时人，有点像后来的济公，是个带有神秘色彩的怪人。他经常精神恍惚地四处游走乞讨，想说话了会跟人说个不停，不想说话会整日一言不发。说的话常常似是而非，让人家听了半懂不懂，但过了一段时间之后，发生了一些事情，人们往往恍然大悟他当初说的原来是准确的预言。因为他有这个神奇的能力，所以人们也很愿意把多余的米麦施舍给他，但他却总拿一个漏底的米袋去接受施舍，这头倒进去没走两步全从那头漏光了。人们问他什么意思，他就笑笑说："想让你们明白一切都是空。"

贾　　　路

贾 jiǎ

[郡望] 武威

路 lù

[郡望] 阳平

贾姓出自周王室。周武王幼子唐叔虞之子公明封于贾，为周的附庸，后为晋国吞并，其后人以贾为氏。

路姓出自帝挚。帝挚是黄帝后裔，尧的异母兄长。帝挚幼子玄元，被尧封于中路，其后人以路为氏。

贾岛

字浪仙，范阳（今河北保定涿州）人，唐代著名诗人。贾岛早年生活清贫，为了生计，曾出家为僧。作为诗人，他也不是那种天生有才气的类型，但是肯花时间字雕句琢，著名的"推敲"故事，就发生在他和韩愈之间。这样的经历和性格，使得贾岛的笔下尽是荒凉凄苦的句子，因此后人将其诗风与孟郊共举，称"郊寒岛瘦"。贾岛还有个故事，说他还俗之后，一天和几位诗友约好游玩。但久等不至，贾岛便把随身携带的诗稿拿出来推敲、修改，不觉睡着了。睁眼时却发现一个陌生人从他的衫袖底下抽走了诗稿在看。贾岛一把抢回诗稿，并说："看你衣着光鲜，却不是懂诗的样子！"谁知这个陌生人正是微服出行的宣宗皇帝。贾岛听人说起，吓得赶忙跑到宫中去叩头谢罪。据说他后来被贬谪到长江担任主簿一职，就跟这事儿有着绝大的关系，但贾岛也因此又多了一个文学史上的雅称：贾长江。

路温舒

字长君，钜鹿东里（今河北平乡西南）人，西汉时期学者。路温舒出身穷苦，小时候做牧童，白天放羊，晚上求人教他识几个字。渐渐地，识字多了，读书的劲头也越来越大，但那个时候书很不容易得到，他很为此苦恼。一天，他在池塘边放羊，忽然看见池塘里长着一丛蒲草，又宽又长，不禁眼前一亮：这蒲草多像从前抄书用的竹简呀！于是他割了一大捆蒲草，回到家，将蒲草切得整整齐齐的，用线绳穿在一起，再向别人借了书抄写在上面。从此，他有自己的书了，放羊时就可以随身带着阅读。后来路温舒成了精通法律的专家，曾上书汉宣帝要求改革法律制度，并提出了不少正确主张，为百姓做了许多有益的事情。

娄 _{lóu}

[郡望] 东阳

危 _{wēi}

[郡望] 汝南

娄姓出自夏王室。周朝初年，封夏王少康后裔东楼公于杞，后来杞国为楚所灭，其子孙有食邑在娄的，以娄为氏。

危姓出自三苗。三苗是远古部族名，由于屡次作乱，被尧制服后迁到三危山，其后人以危为氏。

娄师德 字宗仁，郑州原武（今河南原阳）人，唐朝丞相，一生以"伟岸大度，气量宽厚"著称。有一次，娄师德的弟弟受命做地方官，娄师德嘱咐他遇事不要与人争执，弟弟自认为平时修养不错，想让哥哥放心，便说："不会的，就算是别人一口啐我脸上，我也就是擦干了完事，绝不起什么争端。"没想到娄师德说："这就说明你修养不过关！真有人啐你，就说明人家在气头上，你这一擦不是火上浇油吗？为什么不等它自己干呢？"

危素 字太朴，江西金溪人，明初文学家、史学家，曾任翰林侍讲学士，能诗文，擅书法。危素曾出仕元、明两朝，在元朝他参与修订宋、辽、金三朝的正史，到了明朝，又参与编修《元史》，而且修史的工作态度严谨认真，在学术史上享有很高的地位。作为元朝老臣，其实他这个人就是一个丰富的元史资料库，所以当朱元璋攻入大都时，他本想自杀殉国，是友人把他拉住，说："你不能死，你死了，大元国史就死了。"洪武二年，75岁的危素被任为翰林侍讲，朱元璋也多次召见，向他讨教元朝兴亡的缘由，并令其撰写《皇陵碑文》。此后，他的官职起起落落，明太祖赐酒宴与诸学士时，经常有诗词酬唱，危素的诗往往在最后递交，却最为太祖称赞，说危素老成。皇帝对危素的宠信，引起某些大臣的嫉妒，御史王著等屡进谗言，说危素是亡国之臣，不应重用，于是危素被谪居和州，令守元臣余阙庙。洪武五年，卒于和州含山县寓所，享年78岁，后归葬金溪高桥。学士宋濂为其撰墓志铭。

百家姓

江 jiāng

[郡望] 济阳

童 tóng

[郡望] 渤海

江姓出自颛顼。颛顼的后裔伯益辅佐禹治水有功，赐嬴姓，其后人有一支封于江，以为江氏。

童姓出自颛顼。颛顼有子名老童，其后人以童为氏。

江淹 字文通，南朝著名文学家，济阳考城（今河南兰考）人。江淹少时家贫，父亲早逝，与母亲相依为命艰难度日，打柴是他生活和赡养母亲的基本手段。因家穷上不起学，江淹常在打柴之余向村里读书的孩子学字。由于他勤奋好学，才思敏捷，很早便能做诗，并且作品不落俗套，清丽中带有峭拔苍劲之气，成为当时著名的诗人。传说中江淹写诗是忽然开窍的。有一天他梦见晋朝大学者郭璞送给他一支五色笔，醒来之后便诗思如潮，佳句不断。多年以后，他再一次梦见郭璞向他讨还了笔，从此就再也写不出好诗了。后来就留下了"江郎才尽"的成语。

童恢 字汉宗，姑幕（今山东安丘南）人，东汉官吏，执法廉明，治理有方，深受百姓爱戴。童恢幼年受到良好的家庭影响，发愤读书，立志济世。后来曾出任州郡小吏，因办事干练，廉洁奉公，受到司徒杨赐的赏识，东汉末年，任不其县令。当时朝廷中宦官专权，地方上吏治腐败，人民生活穷困不堪。童恢到任后，决心革除积弊，使百姓得以安居乐业。他执法公平，赏罚分明，对于属下和百姓违犯各种条规的，皆好言相劝，以理说服；对于秉公办事的属下和做了好事的百姓，则赐以酒肴，加以勉励。同时，建立各种规章，鼓励恢复和发展生产。时间不长，不其县即男耕女织，一境清平，牢狱连年无囚，周围县的流民纷纷移居不其。县境内多山，猛虎出没，祸害百姓，童恢就组织吏民设槛捕虎，驱虎归山以除虎害。这些举措使他受到不其士民的拥戴，纷纷称颂童恢是一位为民除害、造福一方的县令。后童恢升任丹阳太守。为了纪念他，不其百姓于县内建造童府君祠，塑像其中，四时供奉。被当地人誉为两千年不倒的清官。

颜 <small>yán</small>
［郡望］琅琊

郭 <small>guǒ</small>
［郡望］太原

> 颜姓出自颛顼。颛顼曾孙陆终的第五子名安，或称晏安，大禹赐其曹姓。至曹挟为邾国始祖，邾武公字伯颜，其后人以颜为氏。一说周公旦之子、鲁国首任君主伯禽的后裔有封于颜地，其后人以颜为氏。
> 郭姓出自周王室。西周初年分封的诸侯国中有两个虢国，一为东虢，一为西虢，领主都是周文王的弟弟。虢、郭二字古通用，其后人多以郭为氏。

颜真卿

字清臣，京兆万年（今陕西西安）人，唐代杰出的书法家、政治家、军事家，封鲁郡公，世称"颜鲁公"。他的书法初学褚遂良，后又得笔法于张旭。其楷书雄秀端庄，方中见圆，备受后人推崇。而人们更敬重的是颜真卿人如其字。安史之乱前，他担任平原太守。安禄山发动叛乱后，河北各郡大都被叛军占领，只有平原城因为颜真卿坚决抵抗，没有陷落。后来，七十多岁的颜真卿又接受了劝降叛将李希烈的任务，正义凛然痛斥反贼，终于被李希烈杀害。苏东坡曾说"颜平原死不忘君，握拳透爪"，形象地刻画了颜真卿刚毅忠烈的性格。

郭守敬

字若思，顺德邢台（今属河北）人，元代著名的天文学家和水利专家。他编纂了著名的《授时历》，在当时是一部很先进的历法，比如他采用南宋杨忠辅所定的回归年，以一年为365.2425日，与现行公历的平均一年时间长度完全一致。他还创造和改进了十多种天文仪器，其中简化版的浑天仪名简仪，由两个互相垂直的大圆环组成，一个拟地球赤道面，另一个是直立在赤道环中心的双环，双环中间夹着一根装有十字丝装置的窥管，能绕赤经双环的中心转动。观测时，将窥管对准某颗待测星，然后在赤道环和赤经双环的刻度盘上直接读出这颗星星的位置值。此外，他还做了大量水利工作，在西夏工作时还曾经亲自考察黄河源头。1977年，经国际小行星研究会批准，中国科学院紫金山天文台把1964年发现的编号为2012号的小行星正式命名为"郭守敬星"。

梅
méi

[郡望] 汝南

盛
shèng

[郡望] 汝南

梅姓出自商王室。商王太丁封其弟于梅,商朝末年被纣王杀害的忠臣梅伯即其后代。武王灭商后,封梅伯后代于黄梅,其后人以梅为氏。

盛姓出自周王室。周文王第七子郕叔武封于郕,郕、成、盛古字通用,其后人以成、盛为氏。

梅盛林刁

梅尧臣 字圣俞,北宋诗人、文学家,宣城(今安徽宣州)人。在北宋诗文革新运动中,他与欧阳修、苏舜钦齐名,并称"梅欧"或"苏梅",其作品被欧阳修推崇为"二百年来无此作"。梅尧臣能取得这样的成就,除了天赋和兴趣之外,和他个人的勤奋也不无关系。从事文学的人往往不肯下笔,又懒于读书,偶尔写一篇文字就希望能侥幸超过别人,这是很不可取的做法。梅尧臣则规定自己每天必须写一首诗,如此日复一日,终于获得了极大的成功。作为一个官员,梅尧臣在当时也有很好的口碑,他曾任建德县令,能体察民间疾苦,做了许多惠民的实事。县署外有一圈破旧的竹篱,常年需要修护,因此成了衙役向民众勒索的借口,梅尧臣来后果断以土墙代替,并在院内植了一丛竹子。元吴师道在《梅公亭记》中赞颂他"以仁厚、乐易、温恭、谨质称其人"。同时,他还用诗歌这一形式表达民间百姓的怨愤,人民自然崇敬他、热爱他。梅公的德政、仁政在时隔九百多年后的今天仍在当地人口中传颂。

盛懋 字子昭,元朝后期著名画家,临安(今浙江杭州)人,传世作品有《秋林高士图》、《秋江待渡图》、《松阴高士图》、《松石图》等。盛懋的画技是家传的,他父亲也是一个画师。盛懋善画人物、山水、花鸟。早年得画家陈琳指点,画山石多用披麻皴或解索皴,笔法精整,设色明丽。他技艺高超,并能接受元代文人画家的影响,其作品颇合士大夫阶层的审美情趣。但是他的画与元四家的文人画明显不同,文人画是写胸中之逸气,而他则是一个民间画家,比较适合民间审美趣味。

林
lín
[郡望]南安

刁
diāo
[郡望]渤海

林姓出自商王室。商王太丁之子比干被纣王所杀，其子坚逃难到长林，遂称林坚，其后人以林为氏。又周平王庶子林开之后也以林为氏。

刁姓出自春秋时齐国。齐桓公时有大夫竖刁，其后人以刁为氏。一说齐有貂勃，貂、刁通用，其后人有以刁为氏的。

林则徐 字元抚，又字少穆，福建侯官（今闽侯县）人，近代杰出的政治家和著名的民族英雄。1838年，以英国为首的外国商人走私到中国的鸦片已达4万余箱。对这杀人不见血的鸦片，中国人民深恶痛绝，发出了要跟英国侵略者算账的吼声。林则徐被任命为钦差大臣，前往广东查禁鸦片。林则徐一到广州，便下令查封了所有烟馆，并传讯洋行商人报明存烟实数，限3天内缴出鸦片。随后林则徐又在虎门滩上建了两座50米见方的大池子，灌满卤水，将2万多箱鸦片投入池中，等鸦片被盐卤泡透后，再抛下石灰，顿时池水翻滚，烟雾腾起。周围成千上万的中国民众一片欢呼，趾高气扬的洋人目瞪口呆。

刁包 字蒙吉，晚号用六居士，直隶祁州（今河北安国）人，明末清初易学家，潜心学问。所著有《用六集》、《易酌》等。幼年聪敏好学，早晚读书不辍，明天启七年中举人，后再试不第。叹道："读圣贤书者，不过求为忠臣，求为孝子，求为仁人义士而已，岂必弋取功名，艳心富贵哉？"决意不仕，于城内僻静处建"潜心亭"、"肥遁斋"，专心读书，学问大进，附近的学者也常聚于刁包居处，写诗作画，探究学问。刁包与当时名士孙承泽、魏象枢及高世泰等东林诸君子相交甚厚，每有疑难不决，必往复辩论，从不苟同。他治学严谨，常教育弟子"以学为学，兼以问为学"，刁包一生恪守"言语不苟，取予不苟，出处不苟"的守身之道，又以孝闻名。母亲生病，他端汤喂药，夜守榻边，极尽孝道。母亲去世，他顿足痛哭，昏仆于地，两年后也病逝于家。逝后门人乡里私谥"文孝先生"。

钟 zhōng

[郡望] 颍川

徐 xú

[郡望] 东海

> 钟姓出自春秋时宋国。宋桓公后裔伯州犁仕楚，封邑在钟离，其后人以钟离或钟为氏。
>
> 徐姓出自颛顼。颛顼的后裔伯益辅佐禹治水有功，赐嬴姓，伯益之子封于徐，其后人以徐为氏。

钟繇 字元常，颍川长社（今河南许昌长葛东）人。东汉末期著名书法家。他一生有三十余年时间集中精力学习书法，主要从蔡邕的书法技巧中掌握了写字要领。在学习过程中，他常不分白天黑夜、不论场合地点，有空就写，有机会就练。与人坐在一起谈天，就在周围地上练习；晚上休息，就以被子作纸张，用手指作笔练习笔画，结果时间长了把被子划了个大窟窿。在这种勤奋不懈的努力之下，钟繇终于成为历史上仅次于书圣王羲之的大书法家之一。更重要的是，钟繇是在中国书法史上首先确定了楷书地位的书法家，对汉字字形的发展有重要贡献。

徐光启 字子光，号玄扈，谥文定，上海徐家汇人。明末著名的科学家。徐光启在京任职期间，结识了大批西方传教士，他与利玛窦合作，翻译了欧几里得的《几何原本》，与汤若望、艾儒略等合作编纂了《崇祯历书》，吸纳了大量欧洲天文学知识，与熊三拔合作翻译了介绍西方水利工程技术的《泰西水法》。徐光启是系统向西方学习先进科技的第一人。徐光启出身农家，对农事十分留心，他编写的《农政全书》分农本、田制、农事、水利、农器、树艺、蚕桑、蚕桑广类、种植、牧养、制造、荒政十二门，60卷，70馀万言。书中大部分篇幅，是分类引录了古代的有关农事的文献和明朝当时的文献，徐光启自己撰写的文字大约有6万字。徐光启还是一个军事家，从军事思想到练兵战备，均有著述，尤其在武器制造方面，他堪称是中国提出火炮在战争中应用理论的第一人。由于徐光启在历史上的杰出贡献，他的家乡法华汇现在的名字叫徐家汇，是上海最繁荣的区域之一。

丘 qiū

[郡望] 吴兴

骆 luò

[郡望] 内黄

丘姓出自西周的齐国。武王灭商后封姜尚于齐国，建都营丘，其后人有以丘为氏的。

骆姓出自齐国。姜尚后裔有公子骆，其后人以骆为氏。

丘处机

登州栖霞（今属山东）人。元朝著名道士，道教全真道"北七真"之一，龙门道创始人，被成吉思汗尊为"神仙"。丘处机这个人物早已随着《射雕英雄传》而为世人所熟知。当时，蒙古铁骑在成吉思汗的率领下灭国无数，屠城也是他们的习惯，可是后来灭宋时却少有屠城，其中丘处机所起的作用不可估量。成吉思汗西征印度之时，丘处机受邀第一次去会见成吉思汗，成吉思汗深感丘处机知识渊博，以长者之礼待之，丘处机于是以中原文化，诸如孔孟之道引导成吉思汗。丘处机循循善诱的说教，使成吉思汗思想多有触动，认为："神仙是言，正合朕心。"他还召集太子和其他蒙古贵族，要他们按丘处机的话去做，又派人将仁爱孝道主张遍谕各地，这才使成吉思汗放弃了攻进中原后大肆屠城掠夺的打算，并且让其子女学习中原文化，以礼御兵。这个功劳，使丘处机在百姓心目中有着很高的声望，也使全真道成为当时最兴盛的宗教。

骆宾王

字观光，浙江义乌人。文学家，与王勃、杨炯、卢照邻一起被称为"初唐四杰"。著名的《咏鹅》就是骆宾王七岁时的作品，也是后世历代儿童学诗的启蒙篇目。当时打仗通常要有一篇公示的文章来表明自己一方的正义和对方的邪恶，用来鼓舞己方的士气，争取民众的支持，这种文章被称作檄文。徐敬业讨伐武则天的檄文就是骆宾王写的。武则天拿到檄文之后，非但不生气，反倒对骆宾王的文才非常欣赏，看到文中骂自己的好句子更是面露微笑。当读到"一抔之土未干，六尺之孤安在"的警句时，武则天不由自主地惊叹道："这样的人才，我怎么就没能让他做我的宰相呢！"

高 _{gāo}

［郡望］渤海

夏 _{xià}

［郡望］会稽

高姓出自西周时齐国。齐文公之子名子高，其后人有以高为氏的。

夏姓出自夏王室。夏朝始祖禹，黄帝后裔。夏立国四百余年，其后人以国号为氏，称夏氏。一说春秋时陈宣公庶子子西，字子夏，其后人有以夏为氏的。

高凤 字文通，南阳叶（今河南叶县）人，东汉隐士，品行高尚，经常为乡里解决纠纷，能以一个教书先生的身份入情入理地分析事情，从而化解矛盾、平息事端，所以很受乡人尊敬。高凤从小喜欢读书，到了废寝忘食的地步，这也是他有很大学问的重要原因。年轻时，家里种田，他却经常只管自己诵读经书。有一次，妻子到田里干活儿，让高凤看守庭院里晒着的麦子，免得被鸡和鸟啄食，这样也好让这个书呆子顺便看看书。没想到，高凤拿着竹竿诵读经书，竟然没有发觉天下起了大雨，很快谷场上的麦子全被雨水冲走了。妻子回来之后，高凤还拿着竹竿坐在那里读书，妻子问他麦子到哪里去了，这时他才知道发生了什么事情。

夏圭 字禹玉，钱塘（今浙江杭州）人，南宋著名画家，以山水画闻名于世，代表作有《长江万里图》。他的画笔法苍老，墨汁淋漓，人称"奇作"。画楼阁时不用界尺，信手而成，形势突兀奇怪，气韵生动。尤其擅长雪景，效法范宽，画山石时用水墨皴染，皴法苍劲古朴而简练疏淡，创造拖泥带水皴；画树常用秃笔或树叶间夹笔，笔简意足，清旷俏丽，善于提炼剪裁，景色含蓄动人，清幽深远。所画山水构图取景多为半边，善取边角小景，画面留较多空白，以小见大，以局部表现整体，寓意南宋偏安一隅，仅存残山剩水，人称"夏半边"。山水画法自李唐，后世论画者以为其山水画造诣，院中人画山水自李唐以下，无出其右者。其山水布置皴法与马远同，时人并称为"马夏"，齐名于世，又与李唐、刘松年、马远被合称为"南宋四大家"。

蔡 cài

[郡望] 济阳

田 tián

[郡望] 北平

蔡姓出自周王室。武王灭商后，封同母弟叔度于蔡。周成王时，蔡叔度参与叛乱，被放逐。后来，其子胡又被封于蔡，其后人以蔡为氏。

田姓出自春秋时陈国。陈厉公之子陈完避乱流亡齐国，齐桓公让他担任工正，并封之于田，于是以田为氏。后来田氏渐趋强大，终于取代了姜尚的后裔而成为齐国之主。一说陈完以田为氏的原因是古代陈、田二字同音。

蔡伦

字敬仲，东汉宦官。蔡伦广为人知，是因为我们今天指他为造纸术的发明者，俨然一位大科学家，其实并非如此。蔡伦只是东汉章帝时期的一个宦官，由于正宫窦皇后无子，指使蔡伦诬陷章帝妃宋贵人"挟邪媚道"，通令她自杀。宋贵人所生太子刘庆被贬为清河王，而蔡伦也因此得到提拔。窦皇后死后，蔡伦又投靠邓皇后。由于邓皇后喜欢舞文弄墨，本来已是高级太监的蔡伦为投其所好，甘心屈尊兼任尚方令，主管宫内御用器物和宫廷御用手工作坊。在此期间，他总结西汉以来造纸经验，改进造纸工艺，利用树皮、碎麻布、麻头、鱼网等原料精制出优质纸张，于元兴元年奏报朝廷，受到和帝称赞，造纸术也因此而得到推广。由他监制的纸也被称为"蔡侯纸"。所以，蔡伦并非造纸术的发明者，他改进造纸术的动机也并不单纯，只因造纸术对人类文明发展的贡献太大，所以至今人们还记得这个人物。

田单

战国时期齐国大将，著名军事家。当时，燕国大将乐毅半年内接连攻下齐国七十多座城池，最后只剩了莒城和即墨两个地方。奉命守城的田单跟兵士们同甘共苦，坚守即墨达三年之久。后来田单用反间计使燕王赶走了乐毅，又乘燕人不备，准备了一千多头牛，牛角上扎两把尖刀，尾巴上系一捆浸透了油的苇束。一天午夜，田单下令凿开十几处城墙，把牛队赶到城外，在牛尾巴上点上火，一千多头牛被烧得牛性大发，朝着燕军兵营猛冲过去。齐军的五千名"敢死队"员拿着大刀长矛，紧跟着牛队冲杀上去，燕军大败。齐军乘胜反攻，不到几个月工夫就收复了所有失地。

樊 fán

[郡望] 上党

胡 hú

[郡望] 安定

> 樊姓出自周王室。周太王古公亶父次子虞仲后裔为周卿士，食采于樊，其后人以樊为氏。
>
> 胡姓出自舜。舜之子商均居妫，以妫为姓。商均的三十二世孙名满，生于周武王时期，被封于陈，谥号胡公，其后人有以胡为氏的。

樊哙 沛县（今属江苏）人，西汉开国功臣，大将，汉高祖刘邦的心腹，封舞阳侯，以勇猛著称。在《史记》中，司马迁写鸿门宴时对樊哙的描写深入人心，是一个勇猛、直率、忠诚的可爱武将。然而，在西汉初年的复杂政治斗争中，樊哙并不总是一个受人喜爱的角色。樊哙和刘邦另有一层亲戚关系，樊哙的妻子，是吕后的妹妹。所以，燕王卢绾叛乱时，派樊哙以相国的身份率军去讨伐。樊哙走后，有人对刘邦说樊哙有意图谋不轨。高祖对吕后干预朝政早已不满，一听此话，便命陈平、周勃去军前传诏，将樊哙人头带回。但是陈平思考缜密，二人只是拿下了樊哙而没敢杀他，将他押解回京。走到半路，听说刘邦病故，陈平立即一人策马赶到长安，在汉高祖的灵前汇报自己没杀樊哙。吕后姐妹听说樊哙没死，都松了一口气。于是释放了樊哙，并恢复了他的爵位和封邑。

胡林翼 字贶生，号润芝，湖南益阳人，晚清中兴名臣之一，湘军重要首领。他是一个很有才气的人，文武双全，既能从政安民，巧治一方，又能带兵打仗，清除祸患。他忠贞爱国，严于律己，道德品质十分出色。他晚年任湖北巡抚，一次去安庆和曾国藩会面，返回武昌时路过长江，正好见湘军水师浩浩荡荡逆流上行，很是壮观。这时，突然开来一艘英国的火轮船，也是逆流，但迅速超越了湘军水师，而且激起的波浪把湘军的一条船都掀翻了。见此情景，胡林翼当时一个跟头就从马上摔下来，口吐鲜血昏了过去。周围人把他弄醒，问怎么了，胡林翼醒来第一句话就是"天要变了"。他很快就去世了，临终前他嘱托曾国藩等人一定要注意洋人的坚船利炮，由此催生了清朝末年的洋务运动。

凌 líng

[郡望] 渤海

霍 huò

[郡望] 太原

凌姓出自周王室。周文王之子康叔封的后裔有担任凌人一职的，其后人以凌为氏。凌人主管冬季藏冰，供夏天使用。

霍姓出自周王室。周文王第六子叔处封于霍，与管叔、蔡叔合称三监，后因叛乱被废，其子继任霍君，其后人以霍为氏。

凌濛初 字玄房，号初成，明朝著名文学家、雕版印书家，编有小说集《初刻拍案惊奇》、《二刻拍案惊奇》。凌家是当时江南刻书世家，技艺精湛，有双色、多色套印，与湖州闵家齐名于世。其刻书重于各种体裁的文学作品，有《孟浩然诗集》、《孟东野集》、《西厢记》、《琵琶记》、《红拂记》、《虬髯客传》、《东坡书传》等，多达20馀种。至于凌濛初本人，也是多才多艺，而其小说《拍案惊奇》最为后人称道。这是一部短篇小说集，内容涉及男女自由恋爱、商人、社会、官员等。小说中的青年男女都大胆追求爱情，商人与商业都展现出与传统观念迥然不同的开放，反映了当时社会的生活风貌，表现了尊重个性，反抗封建礼教、争取个性自由的精神。这种现实主义精神是小说最可贵之处。

霍去病 河东平阳（今山西临汾西南）人，西汉著名大将，卫青外甥。霍去病擅长骑射，元朔六年随大将军卫青参加漠南之战，率八百轻骑远离大军数百里寻歼匈奴，斩获二千馀人，战绩卓著，被封冠军侯，后来又成为骠骑将军，率万馀骑兵出陇西郡，转战六日，深入千馀里，斩获近九千人，又袭破匈奴浑邪王、休屠王两部，斩获三万馀人，从此与卫青地位相等。他的名言"匈奴未灭，无以家为"一直被后人传颂。在河西战役期间，汉武帝特地从京城送来一坛美酒，霍去病没有独自享用，而是将酒倒入泉水中，让全军将士共享，后来，此泉就称为酒泉，当地也以泉命名。

百家姓

81

虞 yú

[郡望] 会稽

万 wàn

[郡望] 扶风

虞姓出自舜。舜之子商均居妫，以妫为姓，因舜号有虞氏，所以商均又以虞为氏。又周武王封古公亶父的庶孙于虞，建立虞国，其后人以虞为氏。又武王幼子始封于唐，为晋国祖先，其后人也有以虞为氏的。

万姓出自春秋时晋国。晋国大夫毕万是周文王之子毕公高的后裔，其后人有以万为氏的。又周初有卿士芮良夫封于芮，至春秋时有芮伯万，其后人以芮为氏。

虞世南 字伯施，越州馀姚（今属浙江）人，唐初名臣、书法家。虞氏出身世家，其祖、父、叔、兄俱有重名，少年时受学于大儒顾野王，入唐后，为弘文馆学士，官至秘书监，唐贞观七年封永兴县子，所以后人称之"虞永兴"。虞世南幼年跟从王羲之七世孙、著名书法家僧智永学习书法，受其亲传，所以他的字笔致圆融丰腴，外柔内刚，血脉畅通，与当时的欧阳询、褚遂良、薛稷合称唐初四大书法家，而虞世南又是四人中最优秀的。唐太宗曾经称赞虞世南有五绝：德行，忠直，博学，文章，书法。

万斯同 字季野，鄞州（今浙江宁波）人，清朝史学家，博通诸史，尤精明史。他受老师黄宗羲影响，很有民族气节。康熙十七年，清廷诏请黄宗羲修《明史》，被黄宗羲拒绝。朝中大臣便推举万斯同为博学鸿词科，万斯同也坚辞不就。之后，大学士徐元文出任修《明史》总裁，又荐他入史局。黄宗羲觉得修《明史》，事关忠奸评判和子孙后世的大业，有万斯同参加，可以放心，便动员万斯同赴京。当时，凡入史局者署翰林院纂修衔，授七品俸禄。万斯同遵黄宗羲嘱咐，上京后宁愿寓居于徐元文家，不署衔，不受俸，以布衣入史局，坚决不愿在清朝为官。万斯同晚年时候双目失明，只能凭借口授的方式编史。而由他口授，温睿临操笔的《南疆逸史》因为没有刊印，而逃过了雍正、乾隆年间的文字狱，为史学界留下了一笔宝贵的财富。万斯同还著有《历代年表》、《群书辨疑》等，又曾参与编纂《二十四史》、《读礼通考》等。

支 zhī

［郡望］琅琊

柯 kē

［郡望］钱塘

支姓出自月支。月支是西域古国名，其后人入中国者以支为姓。一说周王室有支子后人以支为氏。

柯姓出自周王室。周太王古公亶父之子泰伯为吴国始祖，其后裔柯相、柯卢均为吴国国君，后人以柯为氏。

支景山

字慕贤，丹徒（今属江苏镇江）人，清朝民间慈善家。在家乡，他热心公益事业，对家族祠堂以及当地的学校、城池、考场、孤儿院等公益机构设施的维护，无不尽心竭力。嘉庆十年，当地遭遇多重天灾，他设点为灾民提供食物药品。十九年大旱，他又联合当地富家全力赈灾。支景山的义举不仅局限于家乡，道光十七年，江汉流域遭遇水灾，受灾人数多达数十万，支景山在家乡听说后，迅速召集同仁捐款救灾。又由此考虑到武昌汉口有大江阻隔，摆渡往来者每天数以千计，经常遭遇风浪翻沉，于是又为其设立救生船，挽救了许多生命。另外在武陟、南昌等地，他也为各种公益事业出过大力。为此，各地百姓都十分感激，政府也对之进行褒奖。他平时生活简朴，不事佛道，只是听说别人有急难时，便如切肤之痛，必定出手相助。道光十九年卒于家中，享年八十六岁。

柯劭忞

字凤荪，号蓼园，胶州（今属山东）人，近现代著名学者，独力编著《新元史》，负责总成《清史稿》。中国历代都有正史，从《史记》至《明史》总共二十四部，合称"二十四史"。历代正史不少都由多人参与修订，而明朝初年修订的《元史》错误百出，一直受到学者的批评。柯劭忞以个人的力量潜心四十馀年，综合前人有关蒙古汗国和元史研究的成果，撰成二百馀卷的《新元史》，在当时的学术界引起了不小的轰动，日本东京帝国大学赠与他名誉文学博士的殊荣，1921年徐世昌又以北洋政府大总统名义下令将此书也列入"正史"，于是有了"二十五史"之称。后来，赵尔巽领衔、柯劭忞负责的《清史稿》问世，便又有了"二十六史"的说法。

昝
zǎn

〔郡望〕太原

管
gǎn

〔郡望〕平原

> 昝姓源头不详。一说源自五胡乱华时期的蜀地少数民族。
>
> 管姓出自周王室。周文王第三子叔鲜被封于管，与霍叔处、蔡叔度合称三监，后因反叛，管国被灭，其后人以管为氏。

昝殷 成都（今属四川）人，著名唐朝医学家，撰《产宝》一书，后增辑成《经效产宝》三卷，是现存最早的妇产科专著。当时有个故事，说韦皋在担任剑南西川节度使的时候，院子里有一棵柑橘树，满树的果子都成熟了，却忽然一夜之间都落光了，只剩下树梢上有一个大柑橘，而且比其他果子都长得好。管院子的官员把这怪事告诉了韦皋，韦皋亲自去看，说："这不是一般的果子，我们做大臣的不该吃，得进表上贡。"于是让人带了一尺左右的树枝折下来，不想这果子居然就自行从蒂脱落了。当时昝殷正好也在场，他对韦皋说："凡果实没到时间自己落下的，都是果实自身有病。不信的话，我用针来验证一下。"韦皋一心想拿这果子进贡，在昝殷再三恳请下才允许他一试。昝殷拿过针在果蒂上一刺，果子竟然随之转了起来，昝殷立刻跟进一针，果子里喷出了血，沾了他一袖子。韦皋大惊，连忙命人将果子剖开，原来果子里藏着一条两头蛇。

管宁 字幼安，北海郡朱虚（今山东临朐东南）人，东汉末年著名学者。管宁和华歆年轻时是一对非常要好的朋友，但志趣并不一致，管宁清心淡泊，而华歆醉心功利。有一次，两人坐在一张席子上读书，忽然外面一阵喧哗，于是两人就起身走到窗前去察看。原来是一位达官显贵乘车从这里经过，一大队随从佩带着武器前呼后拥地保卫着车子，威风凛凛。管宁很快回到坐处捧起书专心致志地读起来，而华歆却完全被吸引住了，急急忙忙地跑到街上去，跟着人群尾随车队细看。管宁目睹了华歆的所作所为，再也抑制不住心中的失望，等华歆回来后，管宁就拿刀子当着华歆的面把席子从中间割成两半，痛心而决绝地宣布："我们两人的志向和情趣太不一样了，从今以后，我们就像这被割开的草席一样，再也不是朋友了。"

卢 （lú）

[郡望] 范阳

莫 （mò）

[郡望] 巨鹿

卢姓出自西周时齐国。齐文公是姜尚六世孙，其子名子高，子高的孙子傒，封邑在卢，其后人有高氏、卢氏。

莫姓出自春秋时楚国。楚有官名莫敖，担任莫敖之职者，其后人有以莫为氏的。

卢植 字子干，涿郡（今河北保定涿州）人，东汉大臣、学者，为人正直，声誉很高。奸臣董卓篡权，掌握朝政，朝廷会议上公然提出要废除少帝刘辩。文武百官慑于董卓的淫威都不敢吱声，唯独卢植大声表示反对。董卓很不高兴，会后就想杀掉他。卢植的朋友蔡邕劝说道："卢尚书是海内大儒，天下人望所归，如果加害于他，恐怕对明公的事业名誉都有不利啊！"董卓觉得也有道理，就把卢植免官，卢植也就顺势告老还乡。卢植很清楚自己的处境，知道董卓是个出尔反尔的人，所以回家之后又躲起来隐居了，等到董卓再次想起来要杀他时早已找不到他了。

莫是龙 字云卿，明代藏书家、书法家，松江华亭（今上海松江）人，八岁读书，十岁作文，有神童之称。他擅长书画，喜爱藏书，舅父杨仪是当时一位藏书家，杨仪去世后，所藏之书多归他所有。他藏书都必先仔细考较真伪，然后才能入库。在书画艺术方面，莫是龙受董其昌影响最深，所以在《明史·文苑传》中，他的小传也是附于董其昌之后的。他最长于模仿黄公望，另得蹊径，有一番特别的雅致。他临摹黄作时，必须一人独居秘室，任何人不能旁观，只有做到自己满意了，才会拿出来示人。他曾说："我作画总是以让自己满意为原则，偶然有了满意的作品，也往往敝帚自珍，不肯轻易给人看。"在绘画理论上，他仿拟禅宗立派，以五代画家李成的着色山水为北宗，发展至宋代有马远、夏珪等；以王维的淡墨渲染为南宗，传至董源、巨然、米芾、元四家。他注重皴法的运用，曾说："有轮廓而无皴法谓之无笔，有皴法而无轻重、向背、明晦谓之无墨。"其理论颇得历来画家的认同。

经 jīng 　　　房 fáng

［郡望］平阳　　　　　　［郡望］清河

经姓源头不详。一说以战国时魏人经侯为祖先，其人见于《说苑》。
房姓出自尧。尧禅位于舜，舜封尧子丹朱于房，其后人以房为氏。

经元善 字莲山，浙江上虞人，清末著名社会活动家，中国近代电报业奠基人，首创协赈公所，组织、领导江浙沪绅商赈灾，持续十余年，募款数百万。他忠心爱国，甲午战争中，北洋水师败于大东沟，卧病在床的经元善响应李鸿章"募义饷兴义兵"的号召，驰书各路旧友，出资共赴国难。《马关条约》签订后，他结识了当时旅居上海的康有为、梁启超等人，并常与康、梁交流时局，探讨强国之策。经元善虽赞同康、梁先从上层政治着手，实行立宪，开制度局，推行新政的主张，但更强调多办学堂以开通民智，尤其要先办女学堂。在他看来，"有淑女而后有贤子，有贤子而后有人才，有人才而后可致国富强"，因此康、梁北上以后，经元善即与赵凤昌、何眉孙等联名呈请总理事务衙门，准许在上海开办学堂。除了力佐何眉孙筹建上海南洋公学外，他自己还在上海高昌庙创办了经正书院。光绪二十四年经正书院改为经正女学，因此经元善不仅是近代沪上兴学的重要功臣，更成为开中国女学先河的鼻祖。其子经亨颐、孙经叔平均为著名商界人物，孙女经普椿则是廖承志夫人。

房玄龄 名乔，字玄龄，临淄（今属山东淄博）人，唐朝开国功臣。贞观年间，他辅佐李世民选贤任能，审定法律，治理天下，尤其重视为朝廷选拔各类贤才俊士。例如，杜如晦起初还只是负责训练士兵的小小参军，即将调往外地时，房玄龄了解到杜文武双全，便急忙向李世民建议说："杜如晦是个智能识大局、才可安天下的大才，您想取得天下，非此人不可。"李世民听从了房玄龄的推荐，当即撤消了调令，破格提升杜如晦为自己的重要幕僚。由于房玄龄为朝廷广揽了诸如著名的"十八学士"等英才，唐朝才出现了"贞观之治"这样的盛世。

裘
qiú

[郡望] 渤海

缪
miào

[郡望] 兰陵

> 裘姓源头不详。一说春秋时卫国有大夫封于裘地，因以裘为姓。。一说仇氏因避难改为裘氏。
>
> 缪姓出自春秋时秦国。秦穆公后人以祖先谥号为氏，故为缪氏。穆、缪二字通用。据此，则缪姓当读mù，今读作miào。

裘曰修 字叔度，南昌新建（今属江西）人，清代乾隆时期著名大臣，多次到各地治理河道，很有成绩。乾隆二十二年，裘曰修奉命往山东、河南、安徽会勘水道疏浚事宜。六月，由山东查勘至河南，七月，由河南至上江。为避免赈灾遗漏和灾情扩大化，奏请赈灾"唯通行以村庄为率"，获准。八月，偕安徽巡抚高晋赴宿州、灵璧、虹县实地勘察，提出治理方案，当年秋季开工，经一冬春竣工。九月，复至河南，偕巡抚胡宝琠奏筹豫省疏浚事。是月，复至山东，偕总河张师载于济宁上下查勘后，奏报疏通以除水患；又奏山东运河情形，谕曰，所奏皆善，可妥协办理。上江河工告竣后，民情高昂，议请修相山庙以纪念，为请于朝，御书"惠我南黎"颁挂神庙，并摹刻于石。裘曰修也是名重一时的学者，曾任《清令典》总裁、《四库全书》总裁。奉敕撰修《西清古鉴》、《石渠宝笈》等大型传世名著。

缪肜 字豫公，东汉时期汝南召陵（今属河南漯河）人，从小是个孤儿，和三个弟弟相依为命。缪肜从小喜爱读书，特别崇尚儒家思想，立志要做一个品德高尚的君子。后来，兄弟四人各自成了家，慢慢出现了各种矛盾，甚至发展到几乎互相打斗的地步。缪肜一直保持克制和忍让，但无法阻止家庭纷争。在一次争吵之后，兄弟们提出要分家。缪肜听了，一言未发就进了屋。外面的人吵了半天发现大哥没了，便纷纷趴在门口看个究竟，这才发现缪肜一个人躲在屋子里正责打自己，一边打一边骂："缪肜啊缪肜，你读了那么多书，还想要教化百姓、治理天下，可作为哥哥你连一个家都治不好，你还能干什么！"于是弟弟、弟媳们开始各自反省，纷纷进去劝住缪肜。此后缪家渐渐成为当地有名的和睦大家庭。

干
gān

[郡望] 荥阳

解
xiè

[郡望] 雁门

干姓出自春秋时宋国。宋有大夫干犨，其后人以干为氏。一说春秋时工匠干将是以职业为氏，干本义是盾牌。

解姓出自周王室。周武王之子叔虞封于唐，为晋国始祖。叔虞之子良采食于解，其后人以解为氏。

字令升，新蔡（今属河南）人，东晋时期著名的史学家、文学家，志怪小说的创始人，著有《搜神记》。干宝出身于官宦世家，自幼博览群书，对多种学问都有研究，尤其喜欢阴阳数术之学。干宝的父亲有个爱妾，受到其母的妒忌，在干父去世后，其母将妾推入墓室之中。干宝兄弟当时年龄小，并不知道这件事。十多年后，其母去世，打开父亲坟墓准备合葬，竟发现小妾还趴在父亲棺材上，面色如生。于是用车把她拉回家，过了一天就醒了，说在地下生活挺好，干父经常拿吃的给她，和活着时候没什么不同。后来干家将这个妾嫁了出去，还生了孩子。干宝的哥哥也曾因为生病而咽气，但过了好多天身体也没有冷下来。这些事对干宝很有触动，于是他搜罗了许多传闻，写成志怪小说《搜神记》三十卷，成为中国文学史上一部不朽的名著。

字大绅，江西吉水人，明代学者，曾主持编纂《永乐大典》。据说他从小聪明过人，民间流传的多是关于他机智敏捷的传说。比如他有一次上街，时值春雨连绵，不小心跌倒了。路上行人见了大笑，他随口吟诗回敬："春雨贵如油，下得满街流。滑倒解学士，笑杀一群牛。"还有那副著名的对联"墙上芦苇，头重脚轻根基浅；山中竹笋，嘴尖皮厚腹中空"也是出自他的手笔。解缙以才高好直言为人所忌，后因私自谒见太子，以"无人臣礼"罪入狱，最终被拖到积雪中活活冻死。

应 yīng　　宗 zōng

[郡望] 汝南　　　　　　[郡望] 河东

> 应姓出自周王室。周武王第四子应叔食邑在应，其后人以应为氏。
> 宗姓出自周朝。周有官名宗伯，相当于后世礼部尚书，其后人以祖先官名为氏。

应劭 字仲瑗，汝南南顿（今河南项城西）人，东汉学者，著有《风俗通义》、《汉官仪》等。应劭学识渊博，对历史、风俗、法律、制度等都十分精通。当时尹次和史玉两个人犯了杀人罪，被判死刑。尹次的哥哥和史玉的母亲提出代死，因而双双殒命。尚书陈忠提出，这种情况下可以免去尹次、史玉的死刑。应劭表示反对，并专门著文，从法理角度说明，尹、史二人是真正应该受到惩罚的罪犯，而二人的兄、母并无罪过，不该死的死了，已经不正常了，再让该死的活下来，那就是败法乱政了。应劭生值汉末乱世，战乱频仍，当时很多历史上的典章制度和文献损毁严重，于是他根据自己的见闻编纂《汉官仪》，记录两汉的官制。又有《风俗通义》一书，考证历代名物制度、风俗、传闻，对两汉民间的风俗迷信、奇闻怪谈多有涉及，关于泰山封禅也有比较详细的记述，其他零散的音乐、山泽、姓氏等方面资料也为数不少，是后世研究历史、民俗、神话等方面的重要参考书。只是应劭的著作虽然流传至今，但与原始记载相比，今本的卷数缺少很多，已不完整，这也是很遗憾的事。

宗炳 字少文，南朝画家，最喜欢游览名山大川，一生游历过许多景色优美的地方，在南岳衡山游览时被美丽的景色吸引，他甚至打算干脆建一座房子就住在那里了，后来因为身体不好只得悻悻而归。回去以后他反思了一下，觉得自己真的老了，身体也不好，还有许多想去的地方可能去不成了。于是他索性换了一种更合适的生活方式，每天躲在家里弹琴读书，并且把自己游历过的山水一一画成图画挂在屋子里。这样一来，他不用出门甚至躺在床上也能享受山水的美景，同时又可以休养身体，真是一举两得。

丁 dīng

[郡望] 济阳

宣 xuān

[郡望] 东郡

丁姓出自西周时齐国。齐太公姜尚之子名伋，谥号丁，史称齐丁公伋，其后人以丁为氏。

宣姓出自春秋时鲁国。鲁大夫叔孙侨如，叔孙氏宗主，谥号宣，其后人以宣为氏。又宋宣公后人亦有以宣为氏。一说出自周宣王后人。

丁令威 汉朝辽东（今辽宁辽阳）人，传说他原是一位州官，为政廉洁，爱民如子，为官之余，最大乐趣就是养鹤。他任职时期，适逢大旱饥荒，于是私自下令开仓放粮，因此获罪被杀。黎民百姓为了纪念这位开仓济民的好官，在丁令威的家乡立了一个两丈有馀的华表，上面镌刻着"丁令威华表仙庄"七个醒目大字，以表千古追思。好多年以后，有一只雪白的仙鹤落在华表柱上久久凝望。有一位少年看见了，觉得蹊跷，拿起弓，搭上箭，就要射那鹤。这时，白鹤飞起，一边低空盘旋，一边作人语吟诵道："有鸟有鸟丁令威，离家千年今始归。城郭如故人民非，何不学仙冢累累。"

宣秉 字巨公，东汉光武朝的首任御史中丞，以生活俭朴受到时人的尊重，身居高位，平日里却总是布被蔬食，光武帝到他家里，不由感叹："楚国二龚，不如云阳宣巨公。"临走时还特地赏了他一些生活用品。他的俸禄不低，但基本上都给亲族中的孤弱家庭，自己没有多少积蓄。早先在西汉哀帝、平帝时，他看到王氏专政，政坛黑暗混乱，便弃官不做，隐遁深山。地方官征召他，一律以病推辞。王莽掌权后，也没有把他请出山。等王莽做了皇帝，他还是继续称疾不仕。直到更始帝刘玄即位，他才应征做了侍中。光武帝建武元年，拜为御史中丞，皇帝特命御史中丞与司隶校尉、尚书令在朝会时专席而坐，当时京师号称"三独坐"，这也是光武帝对这位有节操、有修养的大臣的特殊礼遇。光武六年，他在任上去世，光武帝深感惋惜，荫封其子宣彪为郎官。

贲 bēn　　邓 dèng

[郡望] 南阳

贲姓源头不详。一说出自秦国始祖非子的后裔。一说出自鲁国的县贲父，其人见诸《礼记》。

邓姓出自商朝邓国。邓国是殷商时期的侯国，曼姓，少昊金天氏后裔，其后人以国号为氏。

贲赫

历史上的贲姓人物不多。西汉初年有贲赫，是刘邦时候的大臣。当时淮阴侯韩信刚刚伏诛，梁王彭越也被杀了，同样是功臣的淮南王英布有很强烈的不安全感，命手下提高警戒。英布的一个妾身体不好，常去看医生，而贲赫就住在医生家对门，贲赫为了讨好英布，就送给英布的妾不少东西，还请她在医生家喝酒。英布知道后，怀疑妾与他有不正当关系，派人去抓他，结果贲赫逃到长安去告英布谋反，最后弄假成真，真把英布逼反，而且最后被刘邦消灭。又有贲光，汉代汝南郡人，任郎中。光武帝时，贲光曾上书，其中褒美西汉初年的文景之治，称"孝文皇帝时，居明光宫，天下断狱三人"。光武帝看了，只是淡淡地回答他：孝文皇帝不住明光宫，天下断狱也不止三人。王充在《论衡》里记载了这个故事，用以说明自古以来的说法未必都准确。

邓艾

字士载，河南新野人，三国时期著名的军事家和政治家。魏军攻打蜀军时，他从阴平出发，开山通路，修桥筑道。由于山路艰险，运输困难，最后粮食快用完时，邓艾就用毛毡将自己裹住，沿山坡向下滚，将士们也都攀着树木贴着悬崖一个个接着前进，终于出其不意袭取成都，为翦灭蜀汉立下汗马功劳。邓艾有口吃的毛病，跟司马昭说话本来自称"艾"，结果他"艾"起来常常没个完，司马昭开玩笑地问他："你到底有几个艾啊？"邓艾马上用一句"凤兮凤兮，固是一凤"巧妙地回答了司马昭。而汉朝的周昌也口吃，一次说话用到一个"期"字也是不断重复，后来人们把他们二人的故事合起来组成了一个成语——期期艾艾。

百家姓

郁
yù

[郡望] 黎阳

单
shàn

[郡望] 河南

郁单杭洪

郁姓出自春秋时鲁国。鲁相郁贡的后人以郁为氏。又别有郁姓，今已统一写作郁。

单姓出自周王室。周成王封少子臻于单邑，其后人以单为氏。

郁永河 字沧浪，清代地理学家。康熙三十五年，福建福州火药库爆炸，典守者被责求偿还，派人到台湾采集硫黄。永河是其幕客，自告奋勇前往。次年正月起程，二月廿五日抵台南府备办用具。四月初七北上，经各个台湾少数民族部落，抵甘答门。最终，完成炼硫任务，十月初七离台。他沿途以诗文记录见闻，写就《裨海纪游》，又称《采硫日记》，详细记载台湾地方的地理气候、风俗民情、产物历史。此书文笔细腻，是最早也是内容最丰富的一本台湾地方游记文献。虽说当时施琅率军占领台湾已有十多年，汉人移民的数量不断增多，但许多地方仍十室九空，甚至一路上看不到一人一屋，要找口水喝都很困难，新竹、淡水一带仍保留着原始森林的景观。郁永河与随从在那里待了几个月，原始的环境、自然形成的瘴气都给他们带来很多的危险与不便。此外，他还著有《海上纪略》，论述了欧洲、东南亚、日本等国家和地区的政治和地理情况，以及中国在世界上的地理位置、与亚洲各国之间的航线，还保留了很多清朝初年的地理资料。

单雄信 隋末瓦岗起义军著名首领，祖籍山东。传说单雄信幼年曾经亲手种过一棵枣树，等他年满十八岁的时候用它造了一支重七十斤的长枪号称"寒骨白"。后来单雄信不愿屈从李唐，投靠了李世民的敌人王世充并撕毁了李世民的劝降书，表示与李唐誓不两立。有一次李世民出猎，单雄信领人偷袭，挺枪拍马直取李世民，那支宝枪被大将尉迟恭折为两段。单雄信在历史上虽然是一个失败者，但在百姓心中他是一个英雄，京剧《锁五龙》就是赞颂他的经典剧目。

杭
háng

[郡望] 丹阳

洪
hóng

[郡望] 敦煌

> 杭姓源头不详。一说出自余杭,秦始皇巡游会稽,舍舟航于此,故名余航,后改为余杭,当地人以杭为姓。
> 洪姓出自共工氏。共工氏后人为避仇,取"共"加水旁,以洪为氏。

杭世骏 字大宗,号堇浦,仁和(今属浙江杭州)人,清乾隆年间著名学者、教育家、书画家、藏书家。雍正二年中举,乾隆元年举鸿博,授编修,官御史,曾主持修纂《浙江通志·经籍志》,校勘武英殿本十三经、二十四史等。乾隆八年,久旱无雨,乾隆帝循例下诏求直言,开御史试。杭世骏以为当今皇上纳谏入流,于是贸然上了一篇洋洋洒洒数千字的《时务策》,大谈朝廷用人不可带有满汉偏见,正触时忌,因此被革职。八年后平反,官复原职,但他只管著书讲学,对于官场的事情再没有兴趣。一次,吏部尚书兼协办大学士刘纶去扬州安定书院看望他,他问刘纶:"现在做什么官?"刘纶回答说:"实不相瞒,已经做了很多年大学士了。"杭世骏感到非常惊讶。与他同一年考中"博学鸿词科"的许多人都做了高官,惟独他一人被遣放回家,但是他所著作却是这些人当中最多的,其中以史学方面的最多著名,如《诸史疑然》、《史记考证》等。

洪皓 字光弼,饶州鄱阳(今属江西)人,北宋政和五年进士,南宋时出使金国,陈王完颜希尹请他教授子弟,因缺少纸,他便取桦树叶书写《论语》、《孟子》、《大学》、《中庸》作为教材,称为《桦叶四书》。洪皓出使时长子洪适刚刚十三岁,不仅勤奋读书,而且同时能把家事料理得井井有条。他和二弟洪遵、三弟洪迈都高中博学宏词科,成为有名的学者。当时人们都说,由于洪皓孤身一人在远方为国效力,所以他家才有这么好的福报。后来,洪适的《隶释》成为研究汉代隶书的主要学术著作,洪遵的《泉志》则是现存最早的钱币学著作,而洪迈的《容斋随笔》更是古今闻名的学术笔记,兄弟三人同是备受后人推崇的大学者。

包 bāo

［郡望］丹阳

诸 zhū

［郡望］琅琊

包姓出自春秋时楚国。楚有大夫申包胥，其后人以包为氏。
诸姓源头不详。一说出自越国大夫诸稽郢。

包拯 字希仁，庐州（今安徽合肥）人，北宋名臣。在范仲淹的新政失败以后任开封府尹，后升任龙图阁大学士。由于一生做官清廉，不但生前得到人们的赞扬，在他死后，人们也把他当作清官的典型，尊称他"包公"，或者叫他"包待制"（包拯曾任天章阁待制）、"包龙图"。民间流传着许多包公铁面无私、打击权贵的故事，不少都被编成戏曲和小说，以至于包拯的大名在民间远远高于其在正史上的地位。虽然其中大都是虚构的传说，但是也反映了人们对清官的敬慕。包拯的诗作流传至今的并不多，但其中一首《书端州郡斋壁》却正是他一生很好的写照："清心为治本，直道是身谋。秀干终成栋，精钢不做钩。仓充鼠雀喜，草尽兔狐愁。史册有遗训，无贻来者羞。"

诸锦 字襄七，号草庐，清代秀水（今属浙江嘉兴）人，著名的学者、诗人。诸锦年轻时家里很穷，喜欢读书却没有钱买书，听说苏州有个书商热情好客，于是就去拜访阅读，连续几天，书商对他孜孜不倦的勤学精神很是敬佩，便问他："看你这架势，是准备把我这些书架上的书都读光喽？"诸锦微笑点头。后来，果然于雍正二年高中进士，任金华府教授。乾隆元年，举博学鸿词，召试一等三名，授编修。但诸锦对做官没有任何兴趣，自顾闭门读书，甘守寂寞。他作诗师法黄庭坚、陈师道，在当时颇有盛名，主要作品都收录于《绛跗阁诗集》中。他博闻强记，相比于诗歌方面的成就，在经学上造诣更深，擅长笺疏考证，其《毛诗说》、《飨礼补亡》、《夏小正诂》、《周易观象补义略》等，虽然篇幅都不大，但是都能就一类问题进行深入研究，既采集旧义，又旁证疏通，时而补充自己的观点。

包 诸 左 石

左
zuǒ

[郡望] 济阳

石
shí

[郡望] 武威

> 左姓出自出自春秋时齐国。齐国公族有左、右公子，其后人有以左为氏的。
>
> 石姓出自春秋时卫国。卫国有大夫石碏，是康叔封的后裔。石碏的孙子石骀仲以祖父字为氏。

左思 字太冲，临淄（今属山东淄博）人，西晋文学家。左思家承儒学，少年时曾学书法和鼓琴而都没有什么成就，后来他父亲逢人就说这个儿子不如自己小时候。受到刺激的左思发愤勤学，终于显示出非凡的文学天赋。左思相貌丑陋，说话有点口吃，但写出来的文章却十分华美，他曾用一年的时间写成《齐都赋》，初步显示了才华。后来他又计划以三国时魏、蜀、吴首都的风土、人情、物产为内容，撰写《三都赋》。他潜心研究，精心撰写，废寝忘食，用了整整十年，终于写成了百科全书式的文学巨篇《三都赋》。《三都赋》通过铺张的描写汇集了大量名物、词藻，受到人们热烈的推崇，因为当时没有印刷术，人们竞相买纸抄写，导致洛阳纸价都为之上涨，留下了"洛阳纸贵"的佳话。

石介 字守道，一字公操，兖州奉符（今山东泰安）人，宋代著名文学家、教育家。他是宋初古文运动的提倡者之一，对宋初浮华文风的批判和古文运动的提倡，在文学理论批评史上起过一定的积极作用。他的道统与文统一致的观点，对以后理学家们的文学批评论有直接的影响。石介的一生大多数时间是从事教育活动，开办书院，主持地方学官，终其一生不遗余力。景祐二年石介在东岳庙东南隅的柏林地兴建学馆，孙复名其为"信道堂"。其旧址在今泰安岱庙汉柏院的南部。后来由于岱庙扩建，信道堂并入岱庙院内，于是石介又到泰山中麓凌汉峰下重整院落，修葺房舍，构筑厅室，聚徒讲学，这就是"泰山书院"，又称"泰山上书院"。康定元年，石介在徂徕山长春岭创建"徂徕书院"，以《易》教授诸生。

崔 cuī
[郡望] 清河

吉 jí
[郡望] 冯翊

> 崔姓出自西周时的齐国。齐太公姜尚之子丁公伋，丁公伋的嫡子名季子，让位于弟弟叔乙，自己采食于崔，其后人以崔为氏。
>
> 吉姓出自黄帝。黄帝后裔伯鯈，姞姓，其后人去掉女字旁，以吉为氏。又周朝名臣尹吉甫的后人也以吉为氏。

崔颢 唐代诗人，开元十一年进士，天宝年间任尚书司勋员外郎。崔颢年轻时才华出众，为人轻浮，写了很多艳体诗。他曾经应邀拜见前辈李邕，按当时晚辈拜见前辈的规矩先递上自己的诗作，第一首就是《王家少妇》。李邕看了很不高兴，说："这孩子好生无礼！"便拒不接见。然而后来崔颢的诗风发生了改变，写了不少雄壮的边塞诗，风骨凛然，格调直追南北朝大诗人鲍照。崔颢曾经游历武昌，在黄鹤楼题诗："昔人已乘白云去，此地空余黄鹤楼。黄鹤一去不复返，白云千载空悠悠。晴川历历汉阳树，芳草萋萋鹦鹉洲。日暮乡关何处是，烟波江上使人愁。"后来李白也来到黄鹤楼，说："眼前有景道不得，崔颢题诗在上头。"认为自己再写诗也比不过崔颢的名篇，索性什么也不写就走了。

吉中孚 唐代诗人，与卢纶、钱起等另外九位诗人并称为"大历十才子"。吉中孚早年曾做过道士，后来因为世外生活太过寂寞，又还俗了。为此，朋友李端曾赠诗："闻道华阳客，儒裳谒紫微。旧山连药卖，孤鹤带云归。柳市名犹在，桃源梦已稀。还乡见鸥鸟，应愧背船飞。"还俗后，吉中孚来到长安，拜访当朝权贵，得以被推荐给皇帝，时常往来于当时名流之间。不多久，他就中了进士，又登博学宏词科，任翰林学士、户部侍郎、中书舍人等职。初入仕途时，因为双亲年迈在家，一度辞官回家尽孝。双亲去世后，又重新出仕。或许因为做过道士的缘故，有记载说他神骨清虚，吟咏高雅，如神仙中人。但当时也有人讥讽他作的公文水平低劣，义理不通。而作为诗人，他也只是因为捆绑在"大历十才子"中才为人所知，因为在《全唐诗》中，他的作品只有一首。

钮 niǔ

[郡望] 吴兴

龚 gōng

[郡望] 武陵

> 钮姓源头不详。一说改自纽姓。
> 龚姓出自共工氏。共工氏的后裔为避仇,将"共"改为"龚",以龚为氏,与洪姓起源类似。

钮琇 字玉樵,江苏吴江县人,清代文学家,工于诗文,著有《临野堂集》及笔记小说《觚賸》等。钮琇出身于一个极不得志的读书人家庭,清康熙十一年壬子拔贡生。曾任河南项城知县,对项城的人文地理相当熟知,曾对当地人作出"自古项城多旷士"的评语。当时项城百姓为免赋税大都逃逸,钮琇捐俸添置牛、种、耕具等,劝百姓复业。又任陕西白水知县兼摄蒲城事,当地盗贼丛生,钮琇捕杀贼首,惩治奸吏,地方治安大为改善。又任广东高明县令,他将捕获的盗贼组织起来,命他们守御城池以赎罪,平息了匪患,百姓得以安居乐业。又大力支持教育,设义塾,勉励士子读书,对当地文化发展有很大贡献。康熙四十三年病卒于高明县县令任上,由于素来清贫,无钱将棺椁运回,数年后方得归葬。高明县百姓祀钮琇于名宦祠。《觚賸》所记为诗文杂事,多明末清初史料,由于涉及清朝初年一些敏感事件,乾隆时期这本书一度被禁。

龚遂 字少卿,山东人,为人忠厚,刚正不阿,是西汉时一名能干的官吏。当时渤海一带灾害连年,百姓聚众造反,当地官员束手无策,汉宣帝派年已七十馀岁的龚遂去任渤海太守。当地衙门听说新太守要到了,发兵迎出老远,龚遂摇摇头把士兵全打发回去,并下令:"凡是手持农具的都是农民,不得随意当作盗贼抓捕。"就这样独自到了衙门。上任后,龚遂亲自教百姓种植农桑、养殖牲畜,有时看见带牛佩犊的农民也只是开玩笑地劝说:"卖了刀剑换头牛犊好好过日子吧!这样佩牛带犊实在没有道理啊!"龚遂政策宽松,当地治安状况和百姓生活却越来越好,几年后,渤海从一个兵荒马乱的地方一变而成全国数得上的富裕安定的地区。

程 chéng
[郡望] 广平

嵇 jī
[郡望] 河南

程姓出自颛顼。颛顼的孙子重的后裔封于程，称程伯，其后以程为氏。
嵇姓出自夏王室。夏王少康有子名季杼，封于会稽，为会稽氏。其后人改为嵇氏。

程颢 字伯淳，号明道，河南洛阳人，北宋著名儒家学者，与其弟程颐同为宋代理学的主要奠基者，世称"二程"。因二程兄弟长期讲学于洛阳，故世称其学为"洛学"。二程以"理"或"道"作为全部学说的基础，认为"理"是先于万物的"天理"，"万物皆只是一个天理"，"万事皆出于理"，"有理则有气"。现行社会秩序为天理所定，遵循它便合天理，否则是逆天理。提出了事物"有对"的朴素辩证法思想。强调人性本善，"性即理也"，由于气禀不同，因而人性有善有恶。所以浊气和恶性，其实都是人欲。人欲蒙蔽了本心，便会损害天理，"无人欲即皆天理"。因此教人"存天理、灭人欲"。要"存天理"，必须先"明天理"。而要"明天理"，便要即物穷理，逐日认识事物之理，积累多了，就能豁然贯通。主张"涵养须用敬，进学在致知"的修养方法。二程的理学思想体系，是北宋时期理学初创阶段比较典型的形态，它勾勒出了程朱理学的基本轮廓，为朱熹思想的产生提供了理论基础。

嵇康 字叔夜，谯国铚县（今安徽宿州西南）人，三国时文学家、音乐家，"竹林七贤"之一。嵇康是"正始文学"的代表作家，文风犀利，泼辣洒脱，他的诗文在我国古代文学史上有较高地位。嵇康从小喜欢音乐，对音乐有特殊的感知能力。嵇康性格正直，面对司马氏的黑暗统治，他经常逃隐山林。正因为嵇康这种愤世嫉俗的表现，导致他最终被杀。临刑前，他要了一张琴，弹了一曲《广陵散》，并感叹道："《广陵散》于今绝矣！"从此，这首古琴曲名声大振。但他所谓"于今绝矣"则有些夸张，事实上，琴曲《广陵散》经明朝的《神奇秘谱》保存至今。

邢
xíng

［郡望］河间

滑
huá

［郡望］京兆

邢姓出自周王室。周公第四子靖渊封于邢，其后人以邢为氏。

滑姓出自周王室。西周诸侯国有滑国，姬姓，春秋时为晋国所灭，其后人以滑为氏。

邢邵 字子才，河间鄚（今河北任丘）人，北朝思想家、文学家。邢邵十岁就能写一手好文章，而且读书的记忆力超强，每天能精读一万字以上的古书，八十万字的《汉书》他粗略读了五天，居然就能把大概内容全记在心里了。有一次在一个朋友家几人一起喝酒欢宴，大家纷纷做诗，一共写了几十首，玩到很晚各自去睡觉了。第二天起来发现诗稿都被仆人收起来了，一时又不知道仆人到哪里去了。邢邵便凭着记忆把昨晚的诗一一默写出来分给每个作者各自保存。后来仆人保存的稿子找到了，大家拿来一对，竟然一字不差。

滑寿 字伯仁，晚号撄宁生，浙江馀姚人，元末明初医学家，著有《十四经发挥》，提出奇经八脉的任督二脉与其他奇经不同，应与十二经脉相提并论而成十四经，并在《素问》、《灵枢》的基础上，通考腧穴657个，考正其阴阳之往来，推其骨孔之所驻会，详加训释。元朝时他曾为乡举，对做官从政无兴趣，而攻读医籍，一生行医济世。滑寿不仅医术卓绝，而且还有文人风骨。他与当时文人名士朱右、戴良、丁鹤年、宋濂、宋禧等交往甚密。元末农民起义军领袖方国珍的秘书刘仁本驻兵馀姚，对滑寿很敬重。还有一种说法，滑寿原本姓刘，因从医而改名易姓，在淮南叫滑寿，在吴中叫伯仁氏，在鄞城叫撄宁生。撄宁，是道家追求的修养境界，谓心神宁静，不为外界所扰。传说滑寿实际上是朱元璋手下功臣刘基的哥哥，刘基曾到馀姚看望滑寿，劝他弃医从官，但滑寿重视气节，以元朝遗老自居，刘基劝说无效，只好回京。洪武八年四月，刘基病逝，滑寿曾作《望卷悲》十章，采办祭祀所需的蒿草赴京奔丧。

裴 péi

[郡望] 河东

陆 lù

[郡望] 平原

裴姓出自西周时秦国。秦国首任君主秦非子的孙子被封为裴乡侯，其后人以裴为氏。一说秦非子的孙子本封于邑乡，其后人改为裴。

陆姓出自战国时齐国。齐宣王少子名通，字季达，封于平原般县陆乡，其后人以陆为氏。相传陆乡本是颛顼曾孙陆终的居住地，由此得名。

裴度 字中立，河东闻喜（今属山西运城）人，唐代著名宰相，主要致力于同地方割据势力进行斗争。裴度是朝廷中力主削除藩镇、平定割据势力的代表人物。唐元和七年，他以知制诰的身份，成功地完成了安抚河北魏博镇田兴势力，使之归顺朝廷，得到了宪宗的嘉奖，拜中书舍人。元和十年五月，因讨吴元济诸军久未有功，他又以中丞的身份受命赴蔡州行营宣慰，了解军情。回朝后，他向宪宗详细地述说了淮西之现状，并推荐了忠武节度使李光颜为统兵，说他"勇而知义，必能立功"。宪宗听后，非常高兴。后来李光颜统兵后不久，便大破吴军于陈州溵水县西南之时曲。而就在此时，吴元济等派人刺杀了主张讨平淮西的宰相武元衡，裴度也因此受伤。宪宗皇帝不为所动，坚决任用裴度为宰相，最终才获得胜利。

陆贾 汉初政论家，以幕僚宾客的身份随汉高祖刘邦平定天下，是一个以言辞见长的说客，曾出使南越，不费一兵一卒收服了南越王，由此升为太中大夫。为引导汉高祖文化治国，陆贾著《新语》论述了国家兴衰存亡的征兆和原因，一共写了十二篇，每写一篇，就令皇帝赞不绝口。陆贾把出使南越所得的一千两黄金平均分给五个儿子，让他们从事生产。自己则时常坐着车子，带着歌女侍从，佩着价值百金的宝剑到处游玩。他对儿子们说："我和你们约定好，当我出游经过你们家时，要让我的人马吃饱喝足，十天换一家。我死在谁家，宝剑、车马以及侍从人员就归谁所有。"陆贾和陈平等老臣曾共同平定了吕氏叛乱，成功维护了刘氏王朝，后来又再度为汉文帝成功出使南越。

róng

荣

[郡望] 上谷

wēng

翁

[郡望] 钱塘

> 荣姓出自周王室。西周时有荣国，姬姓，史籍中关于荣国的具体信息很少。一说黄帝有臣子荣将，是吕姓始祖。
> 翁姓出自周王室。周昭王庶子采食翁山，其后人以翁为氏。

荣启期 名期，字启期，春秋时代鲁国人，心胸坦荡，旷达超脱，不慕名利，喜欢遨游，擅长鼓琴，精通音律，是中国最早的音乐家之一。荣启期被后人记住，主要是因为他和孔子的一番对话。孔子路遇老迈而快乐的荣启期，穿着鹿皮衣，边走边弹琴唱歌。孔子问他为什么快乐，他说："我有三大快乐。第一，天生万物，以人为贵，我得以生身为人，所以我快乐。第二，作为人，男女有别而男尊女卑，男贵女贱，我能够做一个男人，所以我快乐。第三，有的人生下来还没睁眼，或者在婴儿时候就早早夭折了，而我已经活了九十岁了，所以我快乐。"孔子对他这番话大加赞赏，认为他想得开，是个豁达的人。就这样，荣启期随着他的"三乐"名垂后世，后来的文人把他收入《高士传》，又在诗词歌赋中不断吟咏赞颂。最有趣的是南朝时候一幅砖画把他和几百年后的"竹林七贤"画在一起，大概是因为他们同为高士，又都懂得音乐吧。

翁同龢 字声甫，号叔平，江苏常熟人，父亲翁心存是同治皇帝的老师。同治四年，翁同龢接替父业，做了同治皇帝九年老师。同治病逝后，光绪继位，他又成为光绪皇帝的老师。大清王朝共出了一百一十四名状元，其中入阁拜相，官至大学士，并荣膺太傅、太保头衔的仅三人；而状元出身的汉族大臣得以位列枢垣、权参机要的也只三人，翁同和便是其中之一。因此，翁同和的官场步履可谓是一帆风顺。在他任刑部右侍郎时，著名的"杨乃武与小白菜"一案就是由他发现诸多疑窦并提出重审，最后使此案冤情得以昭雪的。后来，由于翁同龢支持"戊戌变法"，失败后被革职，在贫困潦倒中结束了一生。

荀 xún

［郡望］河内

羊 yáng

［郡望］泰山

荀姓出自周王室。周文王第十七子封于郇，其后人去邑旁加草字头，以荀为氏。今亦有郇姓。

羊姓出自春秋时晋国。晋靖侯的曾孙被封于羊舌邑，其后人以羊舌为氏，后单称羊氏。

荀况 又称孙卿，战国末期赵国人，先秦儒家思想的集大成者。他在继承前期儒家学说的基础上，又吸收了各家的长处加以综合、改造，建立起自己的思想体系，发展了古代唯物主义传统。现存的《荀子》三十二篇，涉及哲学、逻辑、政治、道德许多方面的内容。在自然观方面，他反对信仰天命鬼神，肯定自然规律是不以人的意志为转移的。在人性问题上，他提出"性恶论"，主张人性有"性"和"伪"两部分，性是恶的动物本能，伪是善的礼乐教化，否认天赋的道德观念，强调后天环境和教育对人的影响。在政治思想上，他坚持儒家的礼治原则，同时重视人的物质需求，主张发展经济和礼治法治相结合。在认识论上，他承认人的思维能反映现实，但有轻视感官作用的倾向。同时他强调学习的重要性，指出学习必须联系实际，态度要精诚专一。他非常重视教师的作用，认为国家兴衰与其息息相关，教师也要给学生作出榜样，否则，学生是不能躬行实践的。

羊祜 字叔子，泰山南城（今山东费县）人。羊祜出身名门而且从小好学，长大后学问渊博，言谈爽利，待人彬彬有礼。晋武帝时，他被拜为征南大将军，担任荆州都督驻守军事要地襄阳。羊祜到襄阳后，首先巩固自己的基地。他用反间计，调走了经常扰边的吴国守将。又用一半兵士巡逻戍守，一半兵士垦田，并获得丰收。一年就使军中储粮够十年之用。接着，羊祜开办多所学校，让农民的孩子也能上学读书。他死后，襄阳的百姓为了纪念他，募资在岘山建了一座碑，每当岁时腊月或者清明时节，都到碑前祭飨一番，以致望碑涕下，因此羊祜的继任者、另一位西晋名臣杜预把它称作"堕泪碑"。

於
yū
[郡望] 广陵

惠
huì
[郡望] 琅琊

> 於姓源头不详。一说是黄帝臣子於则之后。一说齐国有於丘，其地有称於丘氏的，后单称於氏。
>
> 惠姓出自周王室。周惠王的子孙以祖先谥号为氏，称惠氏。

於敖 字伯度，号叠川，岷州（今甘肃定西岷县）人，明正德十一年丙子科进士。任户部浙江主事，升山西大同府知府，直隶霸州副使。旋升山西布政使参政，调湖广廉访使，分察各道。寻任山西右布政使，拜金都御史，经略易州，转右副都御史，巡抚辽东、昌平、大同等处。於敖为人孝义，克己奉公，对下宽仁厚德，所过之处，人皆赞扬。嘉靖时，分守冀南，驻汾州。时强宗在内作乱，骄敌伺机入侵，人心惶惶，於敖创立外域及四方堡寨，外敌不敢来侵，百姓得以安宁。岷州百姓称他"於都堂"。去世后，葬于今秦许乡阿阳村山上。

惠士奇 字天牧，一字仲孺，晚号半农居士，人称"红豆先生"，江苏吴县（今属江苏苏州）人，清初著名学者，他的父亲惠周惕、儿子惠栋也都是著名学者。惠士奇壮年始治经史，晚年深研经学，撰《易说》六卷、《礼说》十四卷、《春秋说》十五卷、《大学说》一卷，都有很多独到的见解。雍正年间他曾经在广东督学三年，悉心培养了很多莘莘学子，他离任时大批学生前来送行，之后又为他建立生祠，和广东历代供奉的两位大文豪韩愈、苏轼一起祭拜。民间传说，潮州的南岩古寺庭前原有一棵古木叫"红豆"，十二年才结一次果实，每荚只有一粒，颜色朱红，非常坚硬，用斧头槌击也不碎。将红豆带在身上，如身体健康，红豆光泽闪闪；如有疾病，红豆则无光泽。而这红豆便是惠士奇种的。后来惠士奇就在南岩寺隐居下来，教出的十一名弟子一同金榜题名。故事虽然是虚构的，但也充分说明了当地人民对他的爱戴之情。

甄
zhēn

[郡望] 中山

麴
qū

[郡望] 吴兴

> 甄姓出自舜。传说舜曾经在黄河之滨参与制陶工作，其后世子孙有以甄为氏的。甄字本义就是制陶。
>
> 麴姓出自鞠姓。汉有尚书令鞠谭，其子鞠閟避难改姓麴。麴即酒曲的"曲"，推行简化字后麴姓一般都写作"曲"。

甄彬 南北朝人。甄彬心地善良，懂得自尊自爱。有一年春荒时节，甄彬家里断了炊，仅剩下一捆苎麻，是留着打算织成夏布做夏衣用的。如今为了糊口，只好拿到当铺里去当了钱来买米下锅。秋收后，甄彬凑足了钱，到当铺里赎回了那捆苎麻。回家打开看时，发现里面夹带了一个手巾包，里面竟是黄灿灿的金子。甄彬没有犹豫，立刻到当铺退还了金子。当铺里的人终于想起：那是不久前，有人用这包金子来抵押换钱，当时没有来得及放好，顺手塞进麻捆里，事后也就忘了。当铺里的人见金子失而复得，非常感激甄彬，执意要把一半金子分给甄彬，可甄彬说啥也不肯要。他说："我虽然家境贫寒，但不能见利忘义。"

麴绍 南北朝术士。将军侯景曾经将他和另一个术士郭生叫到一起，来测试他们的占卜能力。于是，命人牵来两头牛，一青一红，叫牛都趴下，然后让二人占卜哪头牛先爬起来。二人卜得到的结果相同，都是火。于是，郭生说："红牛先起来。"麴绍说："青牛先起来。"侯景问郭生是如何推定的，郭生说："火的颜色是红的，既然卜得火，那自然是红牛先起。"侯景又问麴绍，麴绍说："烧火的时候是烟先起，烟色青，所以我说青牛先起。"过了一会儿，果然青牛先站了起来。古人信奉占卜，用来趋吉避凶，但因为要与现实相对应，所以占卜技术中很大的成分在于诠释占卜结果的能力，而麴绍能够胜出，也正在于他的诠释能力高过郭生一筹。当然，这只是术士之间的较量，对于不相信方术的人而言，毫无意义。另外，还有一个曲姓，本与麴姓是不同的，但现在"麴"简化成了"曲"，麴、曲二姓就很难区分了。

家

[郡望] 南安

封

[郡望] 渤海

> 家姓出自周王室。周幽王时有大夫家父，其后世子孙以家为氏。
> 封姓出自炎帝。炎帝后人有封钜，为黄帝师，其子孙以封为氏，至夏时有封父国。

家铉翁 号则堂，眉山（今属四川）人。南宋末年，京城临安陷落，端明殿学士、位居签书枢密院事的家铉翁，也因为出使元朝谈判而被迫居留大都。当他听到临安陷落时悲痛万分，终日痛哭，绝食数日。当宋恭帝被押解到大都时，他又率领南宋故臣前去迎驾，老泪纵横，长跪不起。元朝人看他是个忠义之士，便许以高官厚禄想让他投降，也可以给继续抵抗的南宋人树立一个榜样。没想到，家铉翁一点不绕弯子，直接告诉元人："忠臣不事二主。"后来，家铉翁仍然坚决不做元朝的官、不接受元朝的任何封赏，隐居乡里著述授徒，撰写了《春秋集传详说》。

封隆之 后魏大臣，有谋略，知大体，先后侍奉五帝，官历侍中，再为吏部尚书，始终能尽职尽责，享有美誉，受到时人的尊重。北魏武泰元年，孝明帝元诩死后，大都督尔朱荣拥兵进入洛阳，立元子攸为帝，同时杀死胡太后、少帝元钊及王公大臣两千馀人。封隆之父亲封回也同时被害。因此，封隆之怀着家仇国耻，成为高欢的坚定支持者，在与尔朱氏斗争中，他首参经略，奇谋妙算。高欢嘉其忠信谨慎，计多听从。东魏天平初年，封隆之任侍中，参预迁都之议。孝静帝即位后，任吏部尚书兼理冀州。武定初，北豫州刺史高仲密密谋反叛，暗中遣使联络冀州望族以为内应。帝命隆之速往招抚，高欢之子高澄却密书其"尽灭其党"。封隆之以为，抚慰之旨既已公布，再除杀必失信于民，危害更大。于是呈请高欢阻止了一场大捕杀。封隆之故世后，高欢专程到冀州追悼，并令参军以太牢祭奠。吏民亦为其立碑颂德。

芮 羿

rui　　　　　　　　　　　yì

[郡望] 扶风

芮姓出自周王室。西周初年有同姓小诸侯芮国，国君有芮良夫、芮伯万等，其后人以芮为氏。

羿姓出自后羿。后羿是夏朝时候有穷氏部落首领，后为亲信寒浞所杀，其后人以羿为氏。

芮烨 字国器，宋代湖州（今属浙江）人，绍兴十八年进士，出任仁和尉。当时秦桧久专朝政，那些急于进身的士大夫多用心揣摩秦桧的心思，然后抓住别人的片言只语，说成是诽谤之词，以此讨得秦桧的欢心。当时常州通判沈长卿对秦桧的和议政策十分不满，曾与同僚多次说起，早已引起秦桧的反感。绍兴二十五年，沈长卿与芮烨私下饮宴，席间一起赋诗助兴，诗题是咏牡丹。不想这样一件日常小事，被别有用心的人拿来做文章，邻居将他们告发，说芮烨的诗句里有"宁知汉社稷，变作莽乾坤"，是讥讽朝政的话，因此，芮烨被抓进监狱，随后被除名编管化州。秦桧死后始官复原职，后以右文殿修撰致仕。芮烨为人正直，修养深厚，处处能恪守儒家修身之道。他的女婿吕祖谦说他每次与人说话之后，必定要进屋静默反思。在他担任仁和尉的时候，当地有个长河堰，上有龙王庙，当地人很是崇信，每到祭祀时总会有小蛇出现，在香炉杯盘上乱爬，也没人敢动它。而这条堤堰每年都会出问题，动辄酿成水灾，百姓们都习以为常，说那是龙干的。而芮烨到任后，也是忙于修筑堤堰的事。有一天，又是焚香祭祀龙王的日子，小蛇果然又出现了。芮烨拿着笏板对着蛇训斥道："有功于民者方能得到祭祀。你这龙在这里享受供奉，却总是在毁坏堤堰，白白耗费百姓的精力，你无功而有罪。有罪就当杀！"手起笏落，击杀了小蛇。当晚，狂风大作，许多树木都被连根拔起，人们都认为这是芮烨杀了龙惹出来的祸，感到十分害怕。芮烨却泰然自若，后来果然也没有别的事情发生。

羿忠 明代湘阴（今属湖南岳阳）人，洪武初年为遂宁知县，爱护百姓，深受爱戴。羿姓在史籍中十分罕见。

储
chǔ

［郡望］河东

靳
jīn

［郡望］河西

储姓出自战国时齐国。齐国有大夫储子，见于《孟子》，其后人以储为氏。

靳姓出自战国时楚国。楚有宠臣靳尚，是屈原的政敌，因封于靳，其后人以靳为氏。

储光羲 江苏金坛人，自幼刻苦好学，是盛唐山水田园诗派的重要诗人之一，后人常常把他跟王维、孟浩然、韦应物、柳宗元并称。储光羲是开元十四年进士，曾任监察御史。后来安史之乱，安禄山攻陷长安，储光羲曾接受伪职。叛乱平定后，被贬岭南而死。储光羲的诗格调高逸，趣远情深，极力效法魏晋，而摈弃六朝绮丽之风，形式多五言古体，内容也丰富多样。尤其在田园诗的创作上，史载他有诗70卷，现存的仅有5卷，但就现存作品来说，他的田园诗数量也多于王维和孟浩然，而且整体质量很高，风格上承陶渊明，下启范成大，是唐代颇有成就的诗人之一。宋代苏辙就十分推崇储光羲，当时韩驹写得一手好诗，苏辙十分赞赏，于是在他的诗卷后题道："唐朝文士例能诗，李杜高深到者稀。我读君诗笑无语，恍然再见储光羲。"

靳学颜 字子愚，山东济宁人。靳学颜是一个很有经济头脑的官员，他曾经专门上书皇帝谈论银子和铜钱在经济流通中的作用，认为：老百姓缺的不是布匹和粮食，而是银子。但银子既不能吃也不能穿，只是一种交易用的货币，那为什么非要用银子而不强调用铜钱呢？强调使用银子，只能使银子越来越贵，使粮食和布帛越来越不值钱，豪门大族再在其中囤积居奇，长此以往终会伤害百姓、动摇国本。货币问题是从宋代以来一直困扰政府的大问题，在明朝，中国并没有成体系的经济学理论，靳学颜也不可能提出完整周密的解决方案，但他的意见表现了一个官员应有的思考深度和远见。

汲
jí

[郡望] 濮阳

邴
bǐng

[郡望] 鲁国

汲姓出自春秋时卫国。卫宣公的太子名伋，被封于汲地，其后人以汲为氏。

邴姓出自春秋时晋国。晋有大夫邴豫，采食于邴，其后人以邴为氏。一说邴豫的祖先是齐国大夫。

汲黯 字长孺，西汉濮阳(今属河南)人，位列九卿。汲黯为政，以民为本，同情民众的疾苦，秉公办事，敢于犯颜直谏。酷吏张汤刚以更改制定刑律法令做了廷尉，汲黯就曾多次在皇帝面前指责张汤，说："你身为正卿，却对上不能弘扬先帝的功业，对下不能遏止百姓的邪恶欲念。安国富民、使监狱空无罪犯，这两方面你都一事无成。相反，错事你竭力去做，大肆破坏律令，以成就自己的事业，尤为甚者，你怎么竟敢把高祖皇帝定下的规章制度也乱改一气呢? 你这样做会断子绝孙的。"汲黯时常和张汤争辩，张汤辩论起来，总爱故意深究条文，苛求细节。汲黯则出言刚直严肃，志气昂奋，不肯屈服，他怒不可遏地骂张汤说："天下人都说绝不能让刀笔之吏身居公卿之位，果真如此。如果非依张汤之法行事不可，必令天下人恐惧得双足并拢站立而不敢迈步，眼睛也不敢正视了! "

邴原 字根矩，东汉北海朱虚(今山东临朐东南)人。邴原幼时丧父，一次从书塾经过，听见书声琅琅，忍不住哭了。书塾的老师问他说："小孩子为啥哭泣? "邴原答道："孤儿容易悲哀，穷人容易感伤。那些能读书学习的人，必然都是有父母的孩子。我一来羡慕他们不孤单，二来羡慕他们能够上学，内心感伤，因此而哭泣。"老师被他的一席话感动了："你想读书就来吧! "邴原说："可我没有钱交学费啊。"老师说："只要你真心想学，我不收你学费。"就这样，邴原进了学堂，学习异常努力。后来，邴原成了有名的大学者，在偏远的辽东住了一年，竟有几百人跟随他求学。后来曹操听说他的大名后，请他出山做官，结果邴原一到军中又有几百人慕名前来拜见，可见他的品德名望之高非同一般。

汲邴糜松

縻
mí

[郡望] 东海

松
sōng

[郡望] 东莞

縻姓源头不详。这个姓过去至少有三种写法：縻、靡、麋。这三种写法常常不加区分，加之这是一个小姓，更少有人深究。一说春秋时楚国有大夫封于縻亭，其后人以縻为氏。

松姓源头不详。一说秦始皇封禅泰山时曾封五大夫松，由此当地人有以松为姓的。

縻信 三国时期魏国人，曾任乐平太守，精于五经，著有《春秋说要》、《春秋汉议》、《春秋穀梁传注》。有一次，縻信和朋友一起读书讨论问题，说到《礼记》上有"仲夏之月，反舌无声"的话，縻信说："郑玄的注解说'反舌'就是百舌鸟，但我读书曾见过有人说'反舌'就是蛤蟆。后来我特地领着学生到长安城北的水塘里抓来蛤蟆，剖开一看，蛤蟆的舌头果然舌根在前舌尖在后，是反着长的，所以说郑玄的注解是错的。"朋友说："不对啊，五月仲夏时节，蛤蟆在水里没命地叫，怎么会'无声'呢？所以，至少《礼记》里的反舌绝对不是蛤蟆！"虽然縻信并没有在这个问题上说对，但是他却用实证的办法了解了一个生物常识，这种求知的精神和方法还是值得赞赏的。

松赟 隋代北海（今山东潍坊昌乐）人，武官。松赟性格刚烈，为人重气节。大业末年，有贼人杨厚率众围攻北海，松赟跟随郡兵前往讨贼，担任侦察任务，只身前往阵营窥探敌情，不幸被俘。杨厚命松赟到城下，对城内守兵说，郡兵已经被击溃，希望以此迫使北海投降。松赟假装答应，等来到城下，他高呼："我是松赟，官军派我来侦查敌情被抓，不是战败被俘。现在官军大队人马已到，贼人寡不敌众，很快就会被消灭……"贼人发现不对，连忙把他拖回阵营，一阵痛打。松赟依然骂不绝口，话音未落，贼兵已将其腰斩。城中守兵远远望见，无不悲痛流泪，在英雄的感召下，城内士气大振，北海得以保全。后来，大军将贼兵击溃，主将对松赟的死深为惋惜，上表隋炀帝说明经过，隋炀帝下诏褒奖，追封松赟为朝散大夫、本郡通守。

井
jǐng

［郡望］扶风

段
duàn

［郡望］武威

井姓出自春秋时虞国。虞国有大夫被封于井，称井伯，其后人有以井为氏的。

段姓出自春秋时郑国。郑武公有子名段，其后人以段为氏。

井丹 字大春，扶风郿（今陕西眉县）人，东汉太学生。博通五经，生性清高，不结交权豪，闭门隐居，以读书自娱。井丹早年进入太学学习，由于精通五经，又善于谈论辩说，在京城小有名气，人称"五经纷纶井大春"，以形容他的学识渊博。井丹的不事权贵也是出了名的，由于五个王爷都请不动他，在上层社会中，慢慢形成了一种印象，谁能把井丹请出来，那是很有面子的事情。于是就有了一个好事者，他叫阴就，是光武帝皇后阴丽华的弟弟，也是一个以外戚身份而跻身上流社会的暴发户。为了炫耀自己的能力，他去找五个王爷，声称自己能替他们请出井丹，还讨要了一大笔经费。随后，阴就另外派人，用胁迫手段，总算是把井丹叫到了府上。井丹虽然不得已来了，却并没有把阴就放在眼里，索性开始调笑王侯。阴就故意让人给他送上简陋的食物，就是葱叶子加饭，井丹不屑一顾，说："我是听说君侯这里伙食好才来的，怎么就吃这个啊？"于是阴就命人换上丰盛的食物，井丹才开始吃饭。吃完后，阴就要外出，手下人抬来轿子，井丹笑嘻嘻地说："书上说，夏桀用人替他拉车，原来就是这样的啊！"这种半开玩笑的讥讽让阴就下不了台，只好命人撤走了轿子。

段秀实 字成公，汧阳（今陕西千阳）人，唐代名臣，以治军严厉著称。唐德宗时，朱泚谋反，想拉拢段秀实作为帮手，所以特地请他到府上议事。段秀实收到邀请后和家人作了诀别，然后到了朱泚府上，假装和他合作，暗中联络了几个朋友准备除掉朱泚。后来事情紧急，段秀实只得直接动手，用象牙笏板把朱泚额头打得血流如注，而段秀实也在大骂反贼声中壮烈殉国。

井段富巫

富 ^{fù}

[郡望] 齐郡

巫 ^{wū}

[郡望] 平阳

> 富姓出自周王室。春秋时周襄王有大夫富辰，其后人以富为氏。
> 巫姓出自巫的职业。文献中常见的巫咸、巫彭等都是以巫为职业的人，其子孙遂有以巫为氏的。

富弼 字彦国，洛阳（今属河南）人，北宋名臣，曾与范仲淹等共同推行庆历新政，至和二年，与文彦博同时被任为宰相，后进封郑国公，因竭力反对王安石变法，称疾求退。富弼少年勤学，提笔能文，胸有大度，又性情至孝，与人相处恭敬有加。富弼还没有做宰相的时候，辽国的使臣来朝见时就会顺便问一句："富弼大人最近还好吗？"可见其声名远扬。后来，仁宗皇帝问端明殿学士王素："你看朝廷中谁能做宰相？"王素想了想，巧妙地回答道："要做宰相，最合适的就是宫里的宦官姜妇都没听说过的人。"仁宗皇帝大笑："不错，能做到这一点就说明人品绝对差不了，那也只有富弼一个人了。"

巫凯 明代句容（今属江苏镇江）人，性刚毅，多智谋。宣宗时任辽东总兵官三十馀年，很有声望，边关事务整治得有条不紊。宣德年间，巫凯刚到辽东，当时有很多流亡塞外的百姓逃回来，按规矩，凡是这样的人都要送到京城，等候亲属认领。巫凯提出，辽东到京师，路途遥远，人员押送进京会有很多麻烦，也会使想要逃回的百姓望而却步。政府采纳了他的建议，下令只将自带马匹逃回的和年轻力壮的送进京师，其他普通百姓，允许就地安置。后来，皇帝又想到要在松花江建造舰队来收服当地部落，但这个计划显然不具备充分的实施条件，松花江路途遥远，后勤完全不能保障，巫凯极力阻止了这项工程，但士兵已经因此叛逃了五百多人。到正统年间，巫凯已升为主将，向朝廷提出了从优抚恤死难者家属、加强戍边士官待遇、允许招商补贴军用等建议，都得到采纳。后来兵部尚书王骥上书弹劾巫凯，但巫凯多年的表现深得朝廷信任，因此并未获罪。

乌 wū

[郡望] 颍川

焦 jiāo

[郡望] 中山

乌姓出自少昊。少昊以百鸟命官，乌姓出自乌鸟氏。

焦姓出自神农。周武王灭商后，分封古圣贤后裔，神农氏后裔被封于焦，其子孙以焦为氏。

乌焦巴弓

乌斯道 字继善，号春草，浙江慈溪人，元末明初书画家、诗人。乌斯道小楷行草，各臻其妙，善画山水，亦擅长画竹，远近求其字画者络绎不绝。乌斯道的诗兴寄高远，清洒出尘，没有元人过于纤巧的弊病，宋濂曾称赞他"俊洁如明月珠，汹涌如春江涛"。乌斯道自幼与哥哥乌本良一起读书、作诗、习字，深得长辈青睐。后来，乌本良得慈湖先生杨简的著作，十分爱读，认为有"如坐春风中"的感觉，于是将书斋命名为春风。而乌斯道则有感于谢灵运"池塘生春草，园柳变鸣禽"的名句，写过《春草赋》。于是人们便称哥哥为春风先生，弟弟为春草先生。明朝建国后，乌斯道被荐举，做过石龙、永新等地的县令。

焦竑 字弱侯，号澹园，南京人，明朝著名学者，著述丰富。他继承并发展了王艮开创的泰州学派，又曾任考官，慧眼识才，从落选卷中发掘出了徐光启。同时，他又是当时著名的藏书家，既有自己的私人藏书目录，又曾主持编纂《国史经籍志》，在目录学领域有一定影响。焦竑曾经担任皇太子的老师，教书本来不易，教皇子更是困难，明朝人给皇子讲书历来都是照本宣科讲完了事。焦竑却不是这样。首先，他告诉太子，学习要善于疑问，皇太子只说"好、好"，却没有问题可提。过了一段时间，焦竑又告诉太子："殿下什么也不说，难道是怕出错吗？回答问题有错，提问总没什么错的，希望殿下能不耻下问。"太子还是只说"好"，并没有提问。再后来，焦竑向太子提问，反复训练之后，十三岁的太子就慢慢能和焦竑一问一答顺畅交流了。后来，焦竑专门编了一本历代太子故事集《养正图解》，使太子从中受益匪浅。

巴 _{bā}

[郡望] 高平

弓 _{gōng}

[郡望] 太原

> 巴姓出自周王室。周有巴国，其子孙以巴为氏。
>
> 弓姓出自春秋时鲁国。鲁有大夫叔弓，其后人以弓为氏。一说弓姓与张姓同源，是弓正的后人。

巴肃 字恭祖，东汉人。品行高洁，号称"天下卧虎巴恭祖"。当时，外戚与宦官交替把持朝政，皇帝形同虚设，政治黑暗，社会动荡，忧国忧民的清官廉吏开始对时政提出尖锐的批评，逐渐形成了所谓的"清议"之风。宦官由于害怕，便出手镇压，酿成了历史上有名的"党锢"之祸。巴肃也受到牵连被捕。负责此案的县令对巴肃的品行崇拜已久，对巴肃说："我不能处理您这样高尚的君子，我愿跟随您一起远走高飞！"巴肃十分感激县令的举动，但他说："作为人臣，应该有想法就努力实践，有过错也不能隐瞒。我既然努力实践，为了汉朝的社稷去和宦官外戚进行斗争，那我又有什么不敢面对罪责的呢？"最后，他大义凛然地走向了刑场。

弓汝恒 字子贞，深州安平（今属河北衡水）人，清代学者，桐城吴汝纶弟子。弓汝恒由于父亲晚年腿脚不便，专心在家侍奉，刻意读书，自题其书斋曰书隐楼。后来，吴汝纶任深州知州，弓汝恒便拜他为师。吴汝纶编纂《深州风土记》，弓汝恒为其收集资料。后来吴汝纶离职，他又带着藏书相随，始终守护着书稿，中间屡经离乱，三十年后方才成书，书中几个重要部分都是依据弓汝恒收集的资料编写的。弓汝恒精于地理学，穷数十年精力，详考当时各府县的沿革，列为长表，共六十四卷。成书之后，他还时时不忘进行各种补缀修订，临终前一晚说梦话，还在提及"第三十二页……"，家人问他时，已阖然而逝。弓汝恒早年丧母，弟妹幼时都由他抚养，小弟弟被捻匪带走，他只身一人去找了两个月未果，回家后大病一场。直到临终前还遗嘱后人，将家中田地割出一块，立一块碑，上面记下弟弟被掠的时间，以示后世子孙。

牧 mù

[郡望]弘农

隗 wěi

[郡望]西河

> 牧姓源头不详。一说出自黄帝臣子力牧。
> 隗姓出自春秋时翟国。翟即狄，春秋时为晋国所灭，翟国隗姓，其后人有以隗为姓。

牧偁 字竹田，宁国（今属安徽）人，清义士。咸丰三年，太平军攻陷金陵，上游军事指挥失当，使太平军得以回攻安徽、江西、湖北，呈蔓延之势，而芜湖、繁昌、铜陵是其最活跃的地区，而牧偁家所在的南陵县牧家亭正是扼制这三县的要冲。当时江南州县百姓都害怕太平军，虽然地方官都组织团练自卫助剿，但地方上多因畏惧而只是应付。而牧偁则与哥哥牧侨、弟弟牧佺、牧俊挺身而出，召集族人道："我牧姓在江南很不知名，我们要杀贼立功，光显我族。万一不幸战死，也足以让那些贪生怕死的大家显姓羞愧，而我牧姓家族也可以一举成名！"族人受到鼓舞，纷纷响应。牧偁、牧俊先后三次带人前往繁昌协助官军，以战功得封六品衔，从此牧家的团练名闻江南，也遭到太平军的忌恨。咸丰四年，太平军从繁昌兵分三路攻打南陵，牧偁率兵抵抗，不幸战死。五天以后，太平军又攻打牧亭，由于兵力悬殊，牧家兵溃败，牧佺、牧俊被杀，全村二百馀户悉数被毁。而此前，牧侨去庐州请求官军协助，回来的路上遇阻，所以滞留在舒城，得到家书，方知兄弟都已阵亡，家乡也被毁，自己已经成为幸存者。

隗相 三国时僰道（今四川宜宾西南）人。他对母亲非常孝顺。他的母亲因为嫌脏不愿喝江边的水，必须得是江心的水才喝。于是，隗相就每次撑小船到江心汲水，但江流太急，小船又没有依靠，每次汲水都很困难。有一天，江心中突然生出一块大石，隗相的小船依到石边，再不愁水急浪大了。人们都说是隗相的孝心感动了上天，并把这块石头称为"孝子石"。皇帝听说这事情后，特地请他出来做了郎官。

山 shān

[郡望] 河内

谷 gǔ

[郡望] 上谷

山姓出自周代职官山师。周朝设有山师之官，掌管山林，其后人以山为氏。一说是远古部落烈山氏之后。

谷姓源头不详。汉代才有明确记载的谷姓者，当与其郡望上谷有关。此外，还有穀姓，是春秋时穀国的后裔，过去二字常通用，如今"穀"已简化为"谷"，所以很少还有穀姓者了。

山涛 字巨源，西晋河内怀县（今河南武陟）人，"竹林七贤"之一。山涛早孤，家境贫寒，喜爱老庄学说，与嵇康、阮籍等交游。司马炎代魏称帝时，任山涛为大鸿胪，后任吏部尚书，司职选拔官吏。每次选用，他都先揣测司马炎的意旨，然后推举若干人，并逐一亲作评论，时称"山公启事"，这个做法后来逐渐演变成用人制度中的官员档案，山涛也可以说是这一制度的创始人。后来，山涛即将离任，推荐朋友嵇康代之，秉性刚直的嵇康极度厌恶司马氏，并因山涛的出仕而对他产生很大的反感，于是嵇康写了著名的《与山巨源绝交书》。

谷永 字子云，长安（今陕西西安）人，西汉后期著名政论家和社会活动家，以敢于直斥皇帝的失德行为而著称。汉成帝二十岁做皇帝，到四十多岁还没有孩子。他听信方士的话，热衷于祭祀鬼神，许多向他上书谈论祭祀鬼神或谈论仙道的人，都轻而易举地得到高官厚禄。成帝听信他们的话，在长安郊外的上林苑大搞祭祀，祈求上天赐福，花了很大的费用，但并没有什么效验。谷永向汉成帝上书说："我听说对于明了天地本性的人，不可能用神怪去迷惑他；懂得世上万物之理的人，不可能受行为不正的人蒙蔽。现在有些人大谈神仙鬼怪，宣扬祭祀的方法，还说什么世上有仙人，服不死的药，寿高得像南山一样。听他们说的话，满耳都是美好的景象，好像马上就能遇见神仙一样；可是，你要寻找它，却虚无缥缈，好像要缚住风、捉住影子一样不可能得到。所以古代贤明的君王不听这些话，圣人绝对不说这种话。"

车 chē

[郡望] 鲁国

侯 hóu

[郡望] 上谷

车姓出自汉丞相田千秋。田千秋德高望重，年老后，享有乘车入朝觐见的特殊待遇，时人称为"车丞相"，其子孙遂有以车为氏的。

侯姓出自春秋时晋国。晋侯缗的后人逃亡他国，有以侯为氏的。

车胤 字武子，东晋南平（今湖南津市）人，历任中书侍郎、侍中、国子监博学、骠骑长史、太常、护军将军、丹阳尹、吏部尚书。为人公正、不畏强权，后被会稽王司马道子世子元显逼令自杀，死后追谥忠烈王。车胤小时候家境贫寒，只能捉萤火虫放在囊中当灯火来照明读书，被后人视为勤奋学习的典范。车胤博学多识，任国子监博士时，恰逢商议郊庙明堂之事，他发表"明堂的制度难以详尽，况且音乐表达平和，礼仪表示敬意，因此内容和文采不同，声音和器具也不同，既然茅舍和大厦不能统一规格，何必死守它的形式规格，而不顺应时代大势"的见解，得到一致赞同。

侯方域 字朝宗，河南商丘人，明末文学家、诗人，少年时就有才名，参加复社，与东南名士交游，时人以他和方以智、冒襄、陈贞慧为"四公子"，曾在扬州做过史可法的幕僚。入清以后，他委曲求全参加了新朝代的殿试，没有取得好成绩，反而受到舆论的讥刺和自己内心的谴责，于是把自己的书房命名为"壮悔堂"，取壮年而知悔的寓意，专注于学问的研究和诗文的创作。在这里，完成了他的两部文集。其散文往往能将班、马传记，韩、欧古文和传奇小说手法熔为一炉，形成一种清新奇峭的风格。他的个人感情生活也很不顺利，以他和李香君的爱情故事为题材的《桃花扇》是戏剧史上著名的悲剧之一。三十七岁时，因悲愤国事和思念香君，不幸染病身亡。

宓
fú

[郡望] 太原

蓬
péng

[郡望] 北海

宓姓出自西周部落密国。周恭王时有密康公，古字密、宓通用，其后人以宓为氏。一说宓姓出自伏羲，伏羲亦写作宓羲。主前说者字当读mì，主后说者字当读fú。

蓬姓出自西周时蓬国。蓬国是巴国的附庸小国，其后人以蓬为氏。

宓不齐

字子贱，春秋时期鲁国人，孔子的学生，曾在单父（今山东单县）任地方官。为了解宓不齐三年的政绩，孔子派另一个学生巫马期到当地微服考察。巫马期来到单父境内，碰到一个渔人，见他捕到不少鱼，又放掉了很多。巫马期觉得很奇怪，便问："你打鱼就是为了得到鱼，为什么抓到了又放回去呢？"渔人说："我们宓大人说了，大鱼要保护，好让它多产仔；小鱼要留着它，等长大些再捕捞，所以我就把它们都放了，只捕中等个头的。"于是，巫马期赞叹道："宓子贱之德能使百姓私下做事中规中矩，就像严刑峻法在身边一样！"孔子听了巫马期的汇报也很高兴，说："我说过，做事只要有诚敬之心，必然能在各种细节上得到体现。宓子贱是把这个话用到治理民众的工作中去了！"

蓬球

字伯坚，西晋时期著名道士。贝丘县西有一座玉女山，据说晋太始年间蓬球进山伐木，忽然闻到浓烈的异香，于是顺着风向找过去，发现了这座山。山上宫殿盘郁，楼台宏丽。走近之后，蓬球看到五棵玉树，再往前，有四个姿色美丽的妇女正在厅堂上玩弹棋的游戏，见到蓬球，她们都惊讶不已，问道："你是怎么到这里来的？"蓬球告诉她们，自己是顺着香气来的。妇女们便接着玩她们的游戏，而其中一个年龄最小的，独自上楼弹琴去了。几个玩游戏的便在楼下呼喊："元晖，你怎么自己跑到楼上去了啊？"蓬球在树下站了很久，觉得肚子有点饿，于是用舌尖舔着树叶上的露水。正在此时，一个女子乘鹤而至，看到蓬球，她很生气地说："玉华，你们这里为什么有这个俗人在？王母正派王方平巡视各仙室呢。"蓬球觉得害怕，就退了出来，回头看时，一切都消失了。

全
quán

［郡望］京兆

郗
xī

［郡望］高平

全姓源头不详。一说全氏出自泉氏，泉，即古"钱"字，西周时有泉府执掌货币流通，其后人以泉为氏，后改为全。

郗姓出自西周时苏忿生。苏忿生为周武王开国功臣，任大司寇，其庶孙有封于郗邑者，后人遂以郗为氏。

全祖望 字绍衣，号谢山，鄞县（今浙江宁波）人，清代学者、文学家、历史学家，浙东学派代表人物。全祖望是雍正七年贡生，乾隆元年举荐博学鸿词，同年中进士，选翰林院庶吉士。次年即返故里，后未出仕，专事著作。曾主讲于浙江蕺山书院、广东端溪书院。上承清初黄宗羲经世致用之学，博通经史，在学术上推崇黄宗羲、万斯同，于南明史实广为搜罗纂述，贡献甚大。其著作极为丰富，达35部，400多卷，主要有：《鲒埼亭集》、《困学纪闻三笺》、《续甬上耆旧诗》、《经史问答》、《汉书地理志稽疑》、《古今通史年表》等。全祖望以卓越的成就奠定了他在中国史学史上的崇高地位，是继司马迁之后最有文采的传记史家。其人生虽仕途坎坷，但为人耿直清正的品格和卓越的才能，使他成为浙东人民敬仰的先贤。

郗超 字景兴，高平金乡（今属山东）人，东晋大臣。当时有个大臣叫桓温，为人高傲而且很有野心，很少有人能得到他的赞赏。在与郗超交谈后，桓温却对他非常钦佩，并与之结下了深交。桓温升为大司马，郗超也被升为参军。当时郗超的父亲郗愔正领兵在徐州驻扎，因为徐州的兵十分善战，所以桓温很想把郗愔赶走，而郗愔浑然不觉，还傻乎乎写信约桓温一起出兵。碰巧送信的使臣路上被郗超截住了，他把信撕了个粉碎，回家替父亲另写一封，大意说自己年老多病，申请要一块地养老。桓温收到信后，以为郗愔已经不中用了，非常高兴，郗愔也就被糊里糊涂迁为会稽太守。郗超这一招可以说暗中保护了父亲免受桓温的暗算，但后因桓温谋反，而郗超又是桓温的党羽，忠于晋朝的郗愔一直没有原谅儿子。

班
bān

[郡望] 扶风

仰
yǎng

[郡望] 汝南

> 班姓出自春秋时楚国。斗伯比之子字子文，出生后被弃于云梦泽，为母虎乳养，后来子文做了楚国令尹，因为老虎的特征是身上有斑纹，古斑、班通用，所以其后人以班为氏。
>
> 仰姓源头不详。一说舜时有贤人仰延，将乐器瑟从八弦改制为二十五弦，其后人以仰为氏。

班超 字仲升，扶风平陵（今陕西咸阳东北）人，东汉著名的军事家和外交家，史学家班彪之子，班固的弟弟。班超从小就很用功，对未来也充满了理想。早年他曾去找相面的人看相，相面的人说："你的先辈虽是平民百姓，但你日后定当在万里之外封侯。"班超问他原因，相面的人说："你额头如燕，颈脖如虎，飞翔食肉，这是万里封侯的相貌啊！"后来，汉明帝问班固说："你弟弟现在哪里呢？"班固说："在替官府写书，用挣来的钱奉养老母亲。"于是明帝就任命班超为兰台令史，掌管奏章和文书。有一天，他正在抄写文件，写着写着，突然觉得很闷，忍不住站起来，丢下笔说："大丈夫应该像傅介子、张骞那样，在战场上立下功劳，怎么可以在这种抄抄写写的小事中浪费生命呢！"傅介子和张骞是西汉人，曾经出使西域立下无数功劳。此后，班超当上了一名军官，在对匈奴的战争中屡立战功。以后三十多年中，他奉命出使西域，靠着智慧和胆量，渡过各式各样的危机；一生总共到过五十多个国家，和这些国家建立了友好关系，也宣扬了大汉的国威。后来，人们把班超的这个故事化作一个成语"投笔从戎"。

仰瞻 字宗亮，长洲（今苏州苏州）人。明代大臣，永乐中任虎贲卫经历，后迁大理寺丞，以执法严厉著称。正统年间，宦官王振掌权，当朝百官多巴结投靠，而仰瞻和大理寺卿薛瑄都不予理会。后来因事得罪王振，仰瞻入狱，随即谪戍大同。景泰初年被召回，担任右寺丞，执法更为严厉，在朝的实权人物对他多有不满，后来以病辞官。

秋 _{qiū}

[郡望] 天水

仲 _{zhòng}

[郡望] 乐安

秋姓源头不详。一说源于少昊。少昊之后有秋氏，其后人以秋为姓。

仲姓出自春秋时宋国，宋庄公之子字仲子，其后人以仲为氏。一说高辛氏有才子八人，称为"八元"，其中的仲堪、仲熊二人是后来仲姓的始祖。

秋瑾 字璇卿，自号鉴湖女侠，清末绍兴（今属浙江）人，我国民主主义革命家，妇女解放运动的先驱。秋瑾出生于福建省云霄县城紫阳书院，自幼蔑视封建礼法，提倡男女平等，常以花木兰，秦良玉自喻。性豪侠，习文练武，喜男装。光绪二十年，其父秋信候任湘乡县督销总办时，将秋瑾许配给今湖南省双峰县荷叶镇人王廷钧为妻，其后育有一子一女。光绪三十年，在丈夫王廷钧的支持下，自费东渡日本留学。次年回国后，经徐锡麟介绍，加入光复会。七月，再赴日本，加入同盟会，被推为评议部评议员和浙江主盟人。翌年归国，在上海创办中国公学。光绪三十三年，接任大通学堂督办。不久与徐锡麟分头准备在浙江、安徽两省同时举事。因消息泄露，于7月13日在大通学堂被捕。7月15日，从容就义于浙江绍兴轩亭口。1912年，湘人在长沙建秋瑾烈士祠，又经湘、浙两省商定，迎送其遗骨至浙，复葬西湖原墓地。

仲由 字子路，孔子的学生。仲由早年家境贫困，常靠吃野菜度日。仲由想要孝敬父母，让父母吃几餐米饭，便要跋山涉水，走上百里的路程，才能背些米粮回家奉养双亲。后来，父母相继去世，仲由则已享有高官厚禄，随从的车辆数以百计，家中积存的米粮有好几万钟。回想往事，仲由不禁长叹道："现在我还是想回到从前，过那种吃着野菜替父母去背米的日子。世间事都像挂在绳子上的干鱼一样很快腐朽消失了，能伺候父母共享天伦之乐的日子就那么短暂！"说罢，潸然泪下。孔子安慰着仲由，并对其他学生说："像子路这样才是真正的孝——父母健在时，为之尽力；父母去世了，为之尽思。"

伊 yī
[郡望] 陈留

宫 gōng
[郡望] 河东

伊姓出自尧。传说尧又号伊耆氏或伊祁氏，其后人以伊为氏。

宫姓出自周朝。周朝有掌管宫中事务的宫人，其后人有以宫为氏的。

伊秉绶

字组似，号墨卿，福建宁化人，清代著名的书法家。他曾任惠州、扬州知府，深受百姓爱戴。伊秉绶最擅长隶书，融先秦篆籀、汉魏砖瓦及颜体气象于一体，而自成一家。作为地方官，他的口碑极佳，任扬州知府时，因父丧去职，扬州数万百姓洒泪送别。伊秉绶病逝后，扬州人为仰慕其遗德，在当地供奉欧阳修、苏轼、王士禛的三贤祠中并祀伊秉绶，改称"四贤祠"。此外，还有一种美食与他有关。在广东时，他家中常聚集文人墨客吟咏唱和，厨师往往忙不过来。于是伊秉绶让厨师用面粉加鸡蛋掺水和匀后，制成面条，卷曲成团，晾干后炸至金黄，储存备用。客人来了，只要把这种面加上佐料，放到水中一煮即可招待客人。一次，诗人、书法家宋湘尝过觉得非常美味，又知道它还没有名字，便说："如此美食，竟无芳名，未免委屈。不若取名'伊府面'如何？"从此，伊府面流传开来，简称为"伊面"。这伊面就是现代方便面的鼻祖。

宫之奇

春秋时期虞国大夫。晋是春秋时的大国，它南面有两个小国家，一个叫虞，一个叫虢。这两国相处得十分和睦，可是虢国的国君狂妄自大，经常到晋国边界闹事，袭扰晋国。晋献公总想除掉虢国，但担心虞、虢团结起来，很难对付。于是想了个办法，派人给虞公送上重礼，然后要求虞国借给晋国一条路去讨伐虢国。虞公是个贪心很重的人，面对重礼心动不已。这时，宫之奇说："虢、虞两国好比嘴唇和牙齿，如果没了嘴唇，牙齿就会受冻。虢国灭了，咱们虞国还能够生存吗？"但虞公根本听不进去，宫之奇知道多说无益，带着全家老小悄悄地逃跑了。后来，晋国借着虞国开的绿灯消灭了虢国，回兵之际顺手把虞国也灭了。

宁
níng

[郡望] 齐郡

仇
qiú

[郡望] 南阳

> 宁姓出自春秋时卫国。卫武公之子季亹食采于宁，其后人以宁为氏。
> 仇姓出自春秋时宋国。宋愍公时有大夫仇牧，死于南宫万之乱，其后人以仇为氏。

宁戚 春秋时齐国大夫，早年怀才不遇，想见齐桓公，但自己只是一个替人赶车的，根本没有指望。一天，机会来了，齐桓公出城迎客，租用了他主人的车子去拉东西。到了晚上，宁戚看到齐桓公领着很多人来了，便一边在车下喂牛，一边高唱他自己编的歌。歌的内容历史上有几种不同的说法，但大意都是表达自己高尚的情怀和为国出力的愿望，而且节奏十分优美激昂，所以齐桓公一下子就被他吸引住了。通过交谈，齐桓公认定这个宁戚是有才华的人，拜他为大夫。有了施展才干的舞台，宁戚终于可以实现自己的梦想。他管理农事，奖励垦种，薄取租赋，为齐国的富强和齐桓公的霸业起到重要作用。

仇英 字实父，一作实甫，号十洲，江苏太仓人，明代画家，与沈周、文徵明和唐寅被后世并称为"明四家"。仇英擅长画人物、山水、花鸟、楼阁，尤长于临摹。仇英的人物画，尤工仕女，重视对历史题材的刻画和描绘，吸收南宋马和之及元人技法，笔力刚健，特擅临摹，粉图黄纸，落笔乱真。至于发翠豪金，综丹缕素，精丽绝逸，无愧古人，尤善于用粗细不同的笔法表现不同的对象，或圆转流畅，或顿挫劲利，既长设色，又善白描。人物造型准确，概括力强，形象秀美，线条流畅，有别于时流的板刻习气，对后来的尤求、禹之鼎以及清宫仕女画都有很大影响，成为时代仕女美的典范。他的山水画多学赵伯驹、刘松年，发展南宋"院体画"传统，综合融会前代各家之长，既保持工整精艳的古典传统，又融入了文雅清新的趣味，形成工而不板、妍而不甜的新典范。还有一种水墨画，从李唐风格变化而来；有时作界画楼阁，尤为细密。

栾
luán

[郡望] 西河

暴
bào

[郡望] 河东

栾姓出自西周时晋国。晋靖侯的孙子名宾，食邑在栾，其后人以栾为氏。

暴姓出自周王室。周朝有卿士名辛，被封于暴，称暴辛公，其后人以暴为氏。

栾巴 东汉人，曾在当时很偏远的桂阳、豫章等地任太守，制定礼仪、兴办学校、整顿吏治，为地方建设作出了很多贡献，由此进京做了尚书。栾巴学问博杂，既喜欢读正经的儒家经书，也喜欢读各种杂书，而且民间传说他会法术。他在京城做尚书时，有一次赶上朝廷大会，栾巴姗姗来迟。后来大家一起喝酒，栾巴喝了一口，突然冲着西南墙角把酒全喷了出去。当时就有人受不了他这古怪的举动，向皇帝告状说他在正式场合太失礼。栾巴辩解说："不是我无礼，是我老家成都着火了，我救火呢！"大家都不相信。过了好多天，四川的消息传过来，说那一天成都集市上果然着了大火，到了中午，东北方向来了一片乌云，带来一阵大雨把火浇灭了，就是不知道为什么这雨有一股酒味儿。

暴胜之 字公子，西汉御史大夫，能干而心胸广阔，治理地方很有办法，抵制盗贼有方，经常很高调地穿着华丽的衣服，手执利斧抓捕盗贼，因而威震州郡。暴胜之有知人之誉，曾经访求贤人隽不疑，为感其诚，隽不疑对他提出坦诚的告诫："做官太刚易折，太柔则废，必须刚柔相济，既有刑杀之威，又不失恩惠，才能长久善终。"暴胜之虚心接受。后来，戾太子谋反兵败，南逃到长安城覆盎门。司直田仁的属下把守城门，按兵不动，坐视太子得以逃出城外。丞相刘屈氂要杀田仁，时任御史大夫的暴胜之对丞相说："司直为朝廷二千石大员，理应先行奏请，怎能擅自斩杀呢！"汉武帝听说后大发雷霆，将暴胜之逮捕治罪，责问他道："司直放走谋反的人，丞相杀他，是执行国家的法律，你为什么要擅加阻止？"暴胜之惶恐不安，自杀而死。

百家姓

123

甘
gān

[郡望] 渤海

钭
dǒu

[郡望] 临海

甘姓出自春秋时周王室。王子带，周惠王之子，食采于甘，称甘昭公，其后人以甘为氏。

钭姓源头不详。其姓氏始见于五代十国。

甘宁

字兴霸，巴郡（今重庆）人，三国时期大将。甘宁年轻的时候是个长江上的盗贼，为人很有个性。他武艺高强，不像别的盗贼那样偷偷摸摸，平时带着弓箭刀剑领着小兄弟们四处游荡，专门打抱不平、劫富济贫。他身上还挂了一串铜铃铛，走到哪里都哗啦啦直响，人在老远就知道甘宁来了。好在甘宁不欺负普通老百姓，只和富人豪强作对，所以只有官府对他很头疼。更多的时候，甘宁是在江面上劫掠富商的船只。一般的船靠岸的时候都用普通的绳子拴在岸边，离开时收起来；为了显示自己的富有，他的船一靠岸就用一匹锦缎当绳子拴在岸边，离开的时候就把锦缎扔掉。后来到了壮年，甘宁不愿意再这样了，就改行读书，最终成为东吴著名的水军大将。后来，孙曹两军在濡须口对峙，孙权派甘宁率三千人为前部督。孙权密令甘宁夜袭曹营，挫其锐气，为此特赐米酒。甘宁选精锐一百多人共食。随后，甘宁用银碗斟酒，自己先饮两碗，然后斟酒给士兵，每人一银碗。至二更时，甘宁率其裹甲衔枚，潜至曹操营下，拔掉鹿角，冲入曹营，斩得数十级还。孙权大喜，赏甘宁绢一千匹，战刀一百口，并增兵二千。

钭滔

五代末年处州刺史。钭滔是吴越国的武官，为大将军胡进思党羽。天福十三年，胡进思发动政变，废吴越国国王钱弘倧，立钱弘俶为吴越国国王。后来有人进谗言，称钭滔为胡进思党羽，参与了谋反。然而，事涉其弟钱弘亿，所以钱弘俶并未深究此事，钭滔只是被贬为处州刺史。不久，吴越国归于大宋王朝。钭姓在历史上十分罕见，钭滔是唯一稍有名气的人物。

厉 lì

[郡望] 范阳

戎 róng

[郡望] 江宁

> 厉姓出自春秋时厉国。厉国是春秋时小国，其后人有以厉为氏的。又西周时齐国有齐厉公，其子孙有以祖先谥号为氏的。
>
> 戎姓源头不详。旧说多以齐人戎夷为戎姓始祖，亦有称源自戎族、戎国的。

厉鹗 字太鸿，号樊榭，钱塘（今浙江杭州）人。清代诗人，诗词均多纪游、写景之作，风格幽逸奇隽，著有《樊榭山房集》、《宋诗纪事》。在诗歌创作上，和当时许多诗人一样，以苏轼、黄庭坚、陈师道等为标本学习宋诗，与推崇唐诗的作家有着很大区别。厉鹗自幼生活贫困，成年后又治生乏术，科考不顺，终生不离穷愁二字，生活经历也显得比较单一，所以他的作品中山水题材为多，风格雅致但偏于清冷，词句精于雕琢却稍嫌靡弱，自有章法却不免受宋人影响，多用奇字僻典。由于对宋诗的喜爱，厉鹗在宋史研究上反倒无形中成了名家，诗坛耆宿沈德潜也承认他"尤熟精两宋典实，人无敢难者"。因此后来人们更看重的未必是他的诗词，反倒是他的《宋诗纪事》和《南宋杂事诗》，虽然不是原创作品，却是很好的宋史资料汇编，对史学研究有极大的帮助。

戎昱 荆南（今湖北江陵）人，一说扶风（今属陕西宝鸡）人，唐代诗人。京兆尹李銮对他的诗才一见倾心，正好李銮有个国色天香的女儿待字闺中，于是便有意要把女儿许配给他。但是李銮对戎昱有一点小小的不满意，就是他这个"戎"姓。也不知道李銮是不喜欢这个字的读音还是含义，反正他直截了当告诉戎昱：只要改姓，女儿就嫁给你！唐朝本来就是一个多民族融和的时代，很多外国、外族人加入汉人的生活之后随便找一个姓的事情屡见不鲜，又有不少人被皇家贵族"赐姓"，也是作为一种荣耀的事情。可是戎昱就是不肯，写诗回答道："千金未必能移姓，一诺从来许杀身。莫道书生无感激，寸心还是报恩人。"

祖
[zǔ]

[郡望] 范阳

武
[wǔ]

[郡望] 太原

祖姓出自商王室。商代帝王庙号多以祖、大、小等字加一个天干字构成，所以有祖甲、祖乙等，其后人以祖为氏。

武姓出自周王室。周平王少子生而有"武"字纹在手，其后人以武为氏。又宋武公的后人也有以武为氏的。

祖咏 洛阳（今属河南）人，唐朝诗人。唐朝诗歌发达，科举考试也有写诗的项目，但考试的要求总是很死板，必须写五言排律，字数、平仄、押韵、对仗等都有严格的要求，所以很多后来有名的大诗人考试时写的作品往往都很是一般。祖咏在长安考试的时候，考官出的题目是《终南望馀雪》。终南山就在长安城南，北麓的馀雪可以尽收眼底。于是祖咏写道："终南阴岭秀，积雪浮云端。林表明霁色，城中增暮寒。"写到这里，祖咏感到题目的五个字已经全部落实，如果按要求再写下去肯定都是废话，于是他就把卷子交了。考官问他为什么不写够字数，他回答："已经意尽。"当然，祖咏没有被录取，但一千多年过去了，和祖咏一起考试的那些凑够了字数的作品却一首也没有流传下来。

武则天 自名曌，并州文水（今属山西）人，唐中宗时自称皇帝，改国号曰周，在位二十二年。贞观十一年十一月，武则天十四岁时，唐太宗听说她仪容举止美，召她入宫，封为五品才人，赐号"武媚"，后世讹称武媚娘。贞观二十三年，唐太宗驾崩，武则天依唐后宫之例，和部分没有子女的嫔妃们一起入长安感业寺为尼。永徽二年，因无子而失宠的王皇后主动向高宗李治请求将武则天纳入宫中，企图以此打击她的情敌萧淑妃。永徽二年五月，高宗的孝服已满，已怀孕的武则天便再度入宫，生下儿子李弘。麟德元年，高宗因健康原因，和武则天一起上朝，临朝听政，合称二圣。上元元年八月，久病不愈的李治称天皇，武则天称天后，太子李弘监国。永淳二年，李治驾崩，李显即位，即唐中宗。武则天随即废李显，立李旦，同时临朝称制。长寿元年，武则天称皇。神龙元年病逝。

符
fú

[郡望] 琅琊

刘
liú

[郡望] 彭城

> 符姓出自战国时鲁国。鲁顷公是鲁国的末代国君，其孙名雅，仕秦，任符玺郎，其后人遂以符为氏。
>
> 刘姓出自尧。传说尧的后人有一支受封于刘，到夏朝时，有刘累为夏王孔甲驯养龙，称御龙氏。经历了商朝、西周，直到春秋时，有晋国的士会，其后人是刘氏的先祖之一。又有说周大夫有受封于刘者，其后人以刘为氏。

符彦卿

五代将军，出身将门，其父符存审是后唐名将，符彦卿排行第四，所以军中称其为"符第四"，深受百姓爱戴。他十三岁就精于骑射，跟随李存勖征战多年。后晋时，因与少帝石重贵自幼相交，官至武宁军节度、同平章事。后因战败降辽，又转事汉、周，至北宋建国，他又加太师头衔。在数十年的五代乱世，符彦卿除了没有为后梁服务过，其馀四朝他都曾侍奉，而北宋太祖赵匡胤对他来说，既是后周时代的同僚，也是晚辈。加上他是名将之后，在战功和资历的共同作用下，他竟有三个皇后女儿，两个嫁给后周世宗柴荣，一个嫁给了宋太宗赵光义。而他本人，也因为深厚的资历、威望和复杂的裙带关系，在五个朝代都受到皇帝的恩宠，同时也得到世人的尊重，这样的情形在历史上是极为罕见的，符彦卿一共兄弟九人，虽然都做到将军、节度使的高位，但仍以他最为富贵双全，而享年将近八十，也算高寿。

刘安

汉高祖刘邦的孙子，承袭父亲刘长的爵位任淮南王，与他父亲一样最终因谋反的罪名被迫自杀。刘安是一个在政治上很不成功的人物，然而他一生却自有他的魅力。刘安从小聪明过人，喜爱读书，礼贤下士，又喜爱道家的炼丹术。他和门客一起编写的《淮南子》，有丰富的史料价值和文学价值。他带领号称"八公"的八个方士在寿春北山研究炼丹术，结果误打误撞做出了后来的豆腐，北山由此改名八公山，八公山豆腐也名闻天下。后来刘安自杀也被传说为升仙而去，留下"一人得道，鸡犬升天"的典故。

景 jǐng

［郡望］晋阳

詹 zhān

［郡望］河间

景姓源头主要有两个，北方是春秋时齐景公的后人，以谥为氏；南方是芈姓的后裔，战国时，屈、景、昭为楚国三大家族。

詹姓出自周宣王，其支子封为詹侯，后人以詹为氏。

景丹 字孙卿，冯翊栎阳（今陕西西安阎良区武屯镇）人，东汉的开国元勋之一，封栎阳侯、骠骑大将军，刘秀的"云台二十八将"之一。景丹生于西汉末年，少年时曾游学长安，学业优良，应王莽征召，到上谷太守耿况手下任职。更始元年，刘秀受更始帝委派巡行河北，此时王昌在邯郸称帝，下令捉拿刘秀。耿况决定支持刘秀，于是派长子耿弇和景丹、寇恂等属下增援刘秀，经过战斗，一举消灭王昌。而这些增援者后来也都成为刘秀手下的骨干。此后，景丹又随刘秀征战了一年多，积功升为骠骑大将军，次年封为栎阳侯。不久，陕西弘农郡被贼兵攻破，太守被俘，刘秀任命景丹为新的弘农太守，去平定乱局。当时景丹正在患病，但刘秀需要他的威望和能力，勉励他说："这种情况下，只有你这样的大将才能压住局面，你只管养病，躺在床上也能镇守弘农。"但是，景丹在到达弘农后十几天就去世了。

詹天佑 字眷诚，江西婺源人，1861年出生在一个普通茶商家庭。1872年，年仅十二岁的詹天佑考取了清政府在香港筹办的"幼童出洋预习班"。父亲在一张写明"倘有疾病生死，各安天命"的出洋证明书上画押后，他就怀着学习西方"技艺"的理想，来到美国就读。1876年，詹天佑以优异的成绩毕业于纽海文中学，同年5月考入耶鲁大学土木工程系，专攻铁路工程。在大学的四年中，詹天佑刻苦学习，以突出成绩在毕业考试中名列第一。1881年，在一百二十名回国的中国留学生中，获得学位的只有两人，詹天佑就是其中之一。1905至1909年詹天佑任总工程师主持修建我国自建的第一条铁路——京张铁路，创造"竖井施工法"和"人"字形线路，震惊中外。

束
shù
[郡望] 南阳

龙
lóng
[郡望] 武陵

束姓出自西汉名臣疏广。西汉末年，疏广子孙为避王莽之乱，改姓为束。由于"疏"过去也常写成"疎"，所以取其右半即成"束"字。

龙姓出自舜的大臣龙，相传龙是舜的纳言。又古代传说有专门司职养龙的职业，有所谓豢龙氏、御龙氏等，也被认为是龙姓的源头。

束皙 字广微，阳平元城（今河北大名）人，西晋文学家，学识广博，精通古文字，曾整理当时汲冢出土的《竹书纪年》和《穆天子传》。太康二年，汲郡人盗掘魏襄王墓，也有人说是安釐王的墓，一共得到几十车的竹书。其中有《纪年》十三篇，记载夏朝以来大事，估计是魏国的史书。又有《易经》两篇、《国语》三篇、《穆天子传》五篇等，有些即便是当时尚存的古书，也有较大的文字出入。竹书的文字古老，很难辨识，而且盗墓者曾烧掉一些竹简照明，等到官方收缴这些东西时，已经一片狼藉了。晋武帝把这批竹书交给秘书监处理，束皙时任著作郎，所以能见到这些竹书，并为其做了许多整理工作。另外，现存《诗经》的目录有311首，而诗作只有305首，于是有很多文人为其做"补亡"工作，束皙所补的6首诗就保存在《昭明文选》中，最为后人熟悉认可。

龙复本 唐朝相术士，精通相术。据说龙复本看相不一定看本人，只要有当事人常用的东西就行。一个叫宋祁的官员很有才华，在官场上也正处于上升的势头。一日，他和同僚萧相置各自拿了常用的笏板请龙复本去看。龙复本先摸萧相置的笏板，说："此人他日定为宰相。"接着又摸宋祁的，说："这人只能做中下级的小官。"宋祁不大高兴，因为从当时来看他比萧相置的前途光明得多。一个多月后，两人一起去见宰相李德裕，在外面等候的时候彼此互相说笑。李德裕突然走出来，宋祁猝不及防忙用笏板挡住脸，但仍然失声笑了出来。这个失误使李德裕对宋祁有些不满，不久就调他去做了个小县令，宋祁郁闷不乐，很快死于任上。而萧相置却鬼使神差地青云直上，真做到了宰相。

叶
yè

[郡望] 下邳

幸
xing

[郡望] 南昌

叶姓出自春秋时楚国。楚国左司马沈尹戌之子沈诸梁，字子高，封地在叶邑，所以也称叶公或叶公子高，其后人有以叶为氏的。

幸姓源头不详。一说出自周文王之子偃公，周成王时赐偃公幸姓。

叶澄衷 字成忠，清末资本家，浙江慈溪人，1854年到上海，因为粗通英语，结识一些外国人，所以在商贩中获利独厚。1862年叶澄衷在虹口开设老顺记商号，经销五金零件，因经营有方，很快总号移于百老汇，并在长江中下游各商埠遍设分号，遂成巨富。1896年盛宣怀筹办成立中国通商银行，叶澄衷被指派担任总董，势力渗入近代银行业。成为巨富名流后的叶澄衷热心社会公益与慈善事业，在家乡和上海设立慈善救济机构，多次出资赈济浙、鲁、豫、直等省灾区，受到清廷嘉奖。1899年病重，念及少时失学之痛，决定捐道契二十五亩、现银十万两兴建中国第一所私立新式学校澄衷学堂。同年11月在上海病故。

幸南容 字惕微，以文学著名，曾任国子监祭酒。幸南容生于官宦之家，自幼聪颖，读书过目不忘。年轻时，才名远播，得到县乡推重和举荐。唐贞元九年中进士，与柳宗元、刘禹锡等交往甚密。元和四年，擢国子监祭酒兼太子宾客，执掌国家教育行政。其间，吐蕃起兵犯境，幸南容奉命出使，凭智慧和勇气说服了吐蕃退兵请和。在国子监任上，他革弊除陋，教育风气焕然一新，恢复了太宗时所开创的教育秩序。元和九年，幸南容致仕返乡。京城官宦士大夫集聚都门唱和诗歌为他送行，柳宗元作《送筠州大司成幸南容归序》，赞其"虽枚生之节，长卿之道，无以尚也"。回归故里后，幸南容倾心教育，在洪城择地出资兴建桂岩书院，招徒授业，为家乡培养人才。元和十四年去世，追赠渤海郡公、开国子，谥文贞。柳宗元为其撰写墓志铭。

司 *sī*

[郡望] 顿丘

韶 *sháo*

[郡望] 太原

司姓出自郑国大夫司臣。一说由司马、司徒等复姓简化而来。

韶姓源头不详。一说出自舜，舜时有乐曲名《韶》，其后人有以韶为姓的。

司九韶 清初内黄人，由拔贡生授陕西潞安府推官。顺治五年，总兵姜瓖在大同反叛，派遣姜建勋、刘炳业等数万人进犯汾州，被端重亲王博洛击退。次年，又进攻潞安，参将周焰在褫亭驿迎战，由于材官李桐自行逃逸降贼，派去侦查敌情的士兵罗贞也投降敌军，而且还为敌人做向导，周焰只得退守留屯，不料把总郭天佑又开门迎敌，最终全营俱陷，周焰被迫投降。贼兵随即攻打府城，司九韶率兵坚守六昼夜，后由于手下把总李世雄、张国威等暗中通敌，贼兵从西门攻入，城池被攻破，司九韶被关在秘室中，他咬破手指写请援信，被敌人发现，遂处死。同时殉难的还有长治知县靳秉璋，贼兵攻破城池后，在衙署搜索，靳秉璋趁机逃跑，被贼兵追赶杀害。又原河间府推官姜汝俶，顺治二年调任潞安，已迁为怀庆通判，但尚未离职。贼兵前来进攻时，他本负责押运粮草，已走到宁郭驿，听说贼兵已经攻下府城，便返回拒敌，战至力尽身亡。攻下潞安府之后，贼兵士气更加旺盛，黎城知县李云起逃离职守，被贼兵捕杀。姜瓖移兵进攻蒲州，知州钱法裕、典史周茂觉等均遇害。顺治八年，巡抚祝世昌将司九韶等人的事迹上报朝廷，诏赠钱法裕布政司参议，司九韶按察司佥事，赐祭葬。司九韶之子司琨荫封国子监学录，后升迁为兵部郎中，分巡淮徐道。适逢吴三桂叛乱，司琨积劳成疾，病逝于军中。后来朝廷又议，靳秉璋并非死于御敌，李云起不能与城池共存亡，都不应与司九韶等受到同样级别的封赏。

韶护 陕西岐山人，明初官员，洪武二十九年以户部主事谪昆山典史，为官尽心尽职，后升为仁和知县。

郜
gào

[郡望] 京兆

黎
lí

[郡望] 京兆

郜姓出自周王室。周文王第十一子封于郜，其子孙以郜为氏。
黎姓出自商周时期的诸侯国黎国。商诸侯黎国被周文王消灭，后来武王分封又重新建了一个黎国，其后人有以黎为氏的。

郜黎蓟薄

郜焕元

字凌玉，号雪岚，长垣（今属河南）人，顺治四年进士，任太原县令，上任之初，即以修葺城墙为要务，旁人多不理解，但不久姜瓖叛于大同，而城墙还有三百丈没有修补好，郜焕元下令昼夜赶工，并捐银三百两，终于在三日内完成。此后，他率众坚守孤城六个月，成为当时山西境内唯一没有陷落的重镇。后迁刑部贵州司主事、湖广提学。在学官任上，他厘正文体，拒绝请托，提拔有才能的贫寒子弟，经他赏识，日后成为名臣的不可胜数，后来的礼部尚书熊赐履就是其一。某抚军因请托不成，怀恨在心，编造谣言诬告他，虽经朝廷勘察无罪，抚军也受到应有的责罚，但他依旧弃官归隐。康熙初年，追录晋中防守功臣，他依旧拒绝出仕，过着著述自娱、寄情山水的生活，足迹遍布全国各地。郜焕元青年时就以诗闻名，时人将其与申涵光、宋琬等合称"江北七子"。徐世昌编《晚晴簃诗汇》，收入他的诗作十馀首。

黎庶昌

字莼斋，贵州遵义人，我国晚清时著名的外交家和散文家。黎庶昌六岁丧父，家贫多疾，但却刻苦攻读，寒暑不懈，十四五岁时赋诗作文就已驾轻就熟，在府、县考试中屡获第一，二十一岁时成为府学廪贡生。1862年，因应诏上万言书论说时事，受到朝廷重视，被赏为知县，派往安庆听候曾国藩调遣。于是，黎庶昌便与张裕钊、吴汝纶、薛福成共同成为"曾门四弟子"。1876至1880年，黎庶昌以参赞身份先后随郭嵩焘、陈兰彬出使英、法、西班牙等国，后两次以道员身份出任中国驻日本国大臣，为促进中日友好作出了卓越贡献。离任时，日本送行的人塞巷盈途，饯行至数百里外。西方各国使臣啧啧称赞，说这是使臣返国从来没有过的现象。

蓟^{jì}　　　　　　薄^{bó}

[郡望] 内黄　　　　　　[郡望] 雁门

蓟姓源头不详。蓟为古地名，在今北京附近，一说其姓氏由地名而来。
薄姓出自商王室。一说春秋时宋国有大夫封于薄，其后人以薄为氏。

蓟子训

东汉人，有神仙之术，人称"蓟先生"。蓟子训在汉末三国时期出现于济阴，经常进行一些神通表演。有一次，他把邻居家的婴儿抱在手里，故意失手把孩子摔死了，孩子的父母悲伤愤怒，痛不欲生，但蓟子训只是以失误为由进行道歉而已，随后将孩子埋葬了，过了一个多月，蓟子训又抱着孩子回来了，父母大为惊恐，说："我们是很想念孩子，可阴阳两途，不见也罢。"孩子见了母亲却很高兴，伸手要抱，母亲不觉将孩子抱在手里，发现实实在在，并非鬼魂。后来，他们将孩子的坟墓挖开，发现里面只有衣被，才相信孩子真的没死。从此，蓟子训的名声远扬。后来，蓟子训又神秘消失了，有人曾看到蓟子训和一个老人在一起，抚摸着一个铜人说："才看到铸造它，不想一晃就五百年了。"忽然，他们发现有人，就匆匆离开了。那人连忙喊道："蓟先生留步！"蓟子训边答应边走，看着不快，但是骑马也追不上。此后，就再也没有他的音讯了。

薄太后

汉高祖刘邦的妃子，出身卑微，刘邦和她生了后来的汉文帝刘恒之后也很少见她，正因为如此，刘邦去世之后，吕后逐一幽禁当初得宠的嫔妃，却惟独让薄氏跟着儿子去了封地。多年之后，朝中政变，一批刘邦手下的老臣推翻了吕后政权，拥立皇子刘恒为帝，即汉文帝，而薄氏也成了皇太后。刘恒母子都过过苦日子，所以他们很懂得体谅民间疾苦，汉文帝成了历史上少有的节俭皇帝，而薄太后也以仁慈宽厚闻名。有一次，有人告发周勃要谋反，刘恒想处治他。周勃是当年铲除吕氏的主要人物，对汉室忠心不二。所以薄太后一见到儿子刘恒，扯下头巾就掷向他，并责问道："周勃当年手握重兵的时候不造反，现在会呆在一个小县城里反？"刘恒这才醒悟过来，下令放了周勃。

133

印 yìn

［郡望］冯翊

宿 sù

［郡望］东平

印姓出自春秋时郑国。郑穆公之子字子印，其后人以印为氏。

宿姓出自伏羲。周武王灭商后，封伏羲后人于宿，其后以宿为氏。

印有模 字锡璋，嘉定（今属上海）人，实业家，出版家。他少年时随父在上海日新盛布号学习经商，清光绪九年在上海、娄塘等地开办纱厂、农场。后赴欧美考察，回国后，从事印刷业。时值商务印书馆扩大规模，印有模与张元济等出巨资成为该馆的主要股东，家族经营的商务印书馆开始成为有限公司。光绪二十九年，商务印书馆与日本金港堂合资经营，并发展成为国内规模最大、设备最先进的印刷所。民国元年（1912），在考察国外电报业后，印有模萌发了创立汉语电报编码系统的设想，于是招集人才，耗资数万，费时三年，以语词的相互关联为条件，编成10万馀言的电报编码书，为国内电讯界普遍采用。民国二年，商务印书馆总经理夏粹芳被暗杀，董事会一致推举印有模担任总经理，他招募人才大量编译西学著作，并创办商务印书馆发行所，向全国发行图书，成为一代出版巨头。民国四年，现代意义上的第一部大型语文工具书《辞源》出版，印有模就是发行人。同年，由于积劳成疾，去日本治病，客死异国。

宿进 字孺忠，夹江（今属四川）人，明正德进士，刑部员外郎。刘瑾倒台后，宿进曾上书提出六件事，大意是对于那些因忤逆刘瑾而死的大臣如王岳、许天锡等应从优抚恤，对于依附刘瑾的大臣如兵部尚书王敞等，都应革职贬官。接到奏疏后，皇帝大怒，要亲自审问宿进，当即命宦官张永宣召阁老李东阳。李东阳认为宿进没什么过错，但也知道正德皇帝喜怒无常，于是便用拖延战术，对张永说："这个宿进年纪轻，不知天高地厚。不过现在天色已晚，我进宫面君也不是时候。这事情还是从宽吧。"张永回宫汇报，不一会儿，宿进被抓到午门，被责杖五十，削职发回原籍。嘉靖皇帝即位后为他平反，追赠光禄少卿。

印宿白怀

白 bái

[郡望] 南阳

怀 huái

[郡望] 河内

> 白姓出自春秋时秦国。秦大夫白乙丙，蹇叔之子，其后人以白为氏。又楚国有白公胜，其后人亦有以白为氏的。
>
> 怀姓源头不详。一说出自古帝王无怀氏。

白居易

字乐天，号香山居士，新郑（今属河南）人，唐代著名诗人。著有《白氏长庆集》，其中《长恨歌》、《琵琶行》等都是后人十分熟悉的佳作。他与元稹共同倡导新乐府运动，主张恢复古代的采诗制度，发扬《诗经》和汉魏乐府讽喻时事的传统，使诗歌起到"补察时政"、"泄导人情"的作用，强调以自创的新的乐府题目咏写时事，对后世影响很大。其作品紧扣现实，直接取材于现实生活中的各种事件，反映时代的社会政治状况，尤其强调诗歌的社会作用，对现实中的矛盾和社会的黑暗予以无情的揭露，对百姓的疾苦表现出深刻的同情，发扬了《诗经》、汉魏乐府和杜甫以来的优良的诗歌传统，在文学史上有着十分重要的地位。据说白居易早年刚到长安的时候，拿着自己的作品去拜见诗坛前辈顾况。仆人通禀进去，顾况先看了一眼名字，便半开玩笑地说："白居易……长安米贵，要居住下来可不大容易呢！"过了一会儿，顾况坐下来仔细看白居易的作品，读到"离离原上草，一岁一枯荣。野火烧不尽，春风吹又生"，不禁大为赞赏，说道："能写这样的好诗，别说居长安，就是居天下又有何难！"

怀履中

字庸安，号兰坡居士，清代诗人、书画家、医生。怀履中自幼聪慧过人，在私塾上学时能日诵千言，博览群书，文章流畅而说理深邃。后来进入金山卫学学习，凡有考试，都能名列前茅。但是他的运气不佳，参加科举考试屡试不第，感叹自己不能救贫济世，于是转而学医，精研《内经》、《素问》，并对元代名医李东垣、朱丹溪等人的著作仔细研究，遂成一方名医，救人无数。他还擅长作诗，作品以山水诗为主，颇得储光羲、王维的神韵。又能书画，长于花鸟，精通六书，兼通篆刻。

135

蒲 邰

_{pú} 蒲 　　　　　邰 _{tái}

[郡望] 河东

> 蒲姓出自东晋蒲洪。蒲洪是东晋时候的氐族人，传说其先人梦见家中池塘中的蒲长达三丈，于是以蒲为姓。后来蒲洪为了应和当时流传的谶语，将"蒲"改为"苻"。
>
> 邰姓出自后稷。后稷是尧的农官，周朝的祖先。后稷因功受封于邰，其后人有以邰为氏的。

蒲松龄 字留仙，又字剑臣，别号柳泉居士，世称聊斋先生，山东淄川县（今属淄博）蒲家庄人，清代杰出文学家。他19岁时就考中秀才，但之后连续四次参加举人考试，却全部落榜，直到七十二岁才得到了一个贡生。然而，他却完成了一部了不起的短篇小说集《聊斋志异》。淄川有很多优美的民间传说，蒲松龄年轻时就开始写《聊斋志异》，好友张笃庆见这影响到了蒲松龄考举人，就写诗劝他"聊斋且莫竟谈空"，意思是别写小说了，专心去考试吧。但是蒲松龄不听，不管听到什么奇闻轶事，他都要了解一下，以补充自己作品的素材。他的天才和勤奋最终造就了这部和《红楼梦》齐名的小说。蒲松龄一生贫困潦倒，但这样的经历恰好对他创作《聊斋志异》这样的文学巨著十分有利。他去南方一年的幕僚生活也为创作《聊斋志异》作了一定准备。南方的自然山水和风俗民情开阔了他的眼界，幕僚的身份使他有机会接触社会各阶层人物，特别是官僚缙绅和下层歌妓，为他在《聊斋》中塑造各种官僚豪绅和众多女性形象打下重要基础。此外，蒲松龄从小就喜爱民间文学，喜好搜集民间奇闻异事。他不仅从民间文学中汲取艺术营养，而且直接在民间传说的基础上进行加工创造。这是他采用充满奇幻色彩的花妖狐魅故事来反映现实的重要原因。

邰格之 安徽休宁人，明代制墨家，休宁派的创始人，也是成套丛墨——集锦墨的创始人。现存有"文玩"、"世宝"、"蟠螭"等款墨。

从
cóng

[郡望] 东莞

鄂
è

[郡望] 武昌

> 从姓源头不详。一说出自汉将军从成公。
> 鄂姓出自春秋时的晋鄂侯。此外，鄂又是古代巴陵蛮姓之一。

从大雄 芷江（今属湖南）人，清代武将，行伍出身，乾隆三十七年随征大小金川，多次负伤，功勋卓著，被提拔为外委。三十九年，升任靖州协把总。四十一年，迁千总。五十四年，升镇筸镇标右营守备。六十年，随征黔楚苗乱。当时，镇筸镇总兵明安图在永绥厅的鸦酉被围，提督刘君辅派从大雄前往救援。从大雄率部从西路包抄夹攻敌军，斩敌八人，夺攻城梯三十多架、马三匹以及大量兵器。后来因为隆团附近苗人滋扰，聚散无常，从大雄带兵追捕，遭遇突袭合围，中枪阵亡。后追封云骑尉，其子从镇鳌荫袭。

鄂千秋 汉初功臣。刘邦平定天下之后，和众大臣一起论功行赏，刘邦认为萧何功劳最高，其他人不服气，认为身负七十多处伤的曹参应该功居第一。只有鄂千秋上书提出：曹参功劳虽大，但这些攻城掠地的成果都是一时的、局部的，陛下和楚汉抗衡五年，经历的败仗和溃逃不在少数，而萧何多年以来镇守关中，不必陛下下诏，数万兵力就补充上来。陛下军中断粮，又是萧何从关中不断转运，才使军粮得以为继。陛下屡次丢失山东，萧何总是保全关中以待陛下，这才是万世之功。大汉就是缺了一百个曹参也不会有什么太大影响，有了一个曹参也不能保全一个根据地以待陛下。现在怎么会将一旦之功置于万世之功的上面呢？于是，萧何被列为第一功臣，曹参位列第二。刘邦又说："能够举贤荐能的人，应该受到丰厚的奖赏。萧何功高，有了鄂千秋的分析才更加明晰。"鄂千秋的食邑在安平县，于是封他为安平侯。鄂千秋是《资治通鉴》所记载的名字，在《汉书》上，他只被称为鄂秋。

索 suǒ

［郡望］武威

咸 xián

［郡望］汝南

索姓出自商王室。武王灭商后，将其遗民七族分给康叔管理，索氏是其中之一。

咸姓出自巫咸。上古巫医不分，巫咸就是以巫为职业名咸者。至于传说中提到的巫咸，时代和事迹各有不同，但都是一个备受推崇的人物。另外，此姓有xián、jiǎn二音。

索靖 字幼安，西晋敦煌龙勒（今甘肃敦煌西南）人，著名书法家。流传后世的书法作品有《出师颂》、《月仪帖》、《急就章》等。索靖的祖母是东汉大书法家张芝的妹妹，天赋和家学使得索靖的书法名动一时，后人认为他的成就和著名的王羲之、王献之父子不相上下。唐初的欧阳询也是历史上的大书法家，独创"欧体"。有一次欧阳询外出，路边看到一块古碑，出自索靖的手笔。欧阳询被索靖的书法迷住了，骑在马上看了很久才离去。走出很远还觉得意犹未尽，又回来看，边看边用手指比划。天色渐晚，欧阳询累了，索性取出毯子在古碑旁睡了一觉，等天亮了继续研究索靖的字。就这样，一块古碑让欧阳询足足揣摩了三天，可见索靖书法功力之深。

咸宣 河东杨（今山西洪洞）人，西汉官吏，执法严峻。咸宣早年在家乡做小吏，大将军卫青曾指派他在河东买马，见他办事公正，便向朝廷举荐他。后来，他做了近二十年的御史丞和中丞，处理过主父偃和淮南王谋反这样的大案，依法处死了很多人，而咸宣也由此锻炼成长为一个老辣的执法者。又曾担任左内史，处理事情时对各种细节都亲自过问，严格规定，任何人不得擅自变更。几年下来，各类事务的细节都井井有条，而咸宣特有一种以小见大的能力，并不流于细碎琐屑，这是其他人所不能及的。后来，手下一个小吏名叫成信的，因事得罪了咸宣，他盛怒之下要责罚成信，结果成信因为害怕，逃进了皇家园林上林苑。咸宣派郿县令带兵闯入上林苑，杀死成信，其中还一箭射中了苑门。事后，咸宣被下狱治罪，经审理，此举犯有灭族的大罪，于是咸宣就在狱中自杀了。

籍
jí

[郡望] 广平

赖
lài

[郡望] 颍川

> 籍姓出自春秋时晋国。晋国有大夫籍谈，世代管理晋国典籍，其后人以籍为氏。后因避项羽讳，有改为席氏的。
>
> 赖姓出自周王室。周文王第十三子叔颖被封于赖，到春秋时，赖国为楚所灭，其后人有以赖为氏的。

籍谈 春秋时晋国大夫，其家族世代掌管晋国典籍，所以以"籍"为姓。一次，籍谈作为使者朝见周天子。宴席间，天子问籍谈，为什么晋国没有贡物。籍谈答道，晋从未受过王室的赏赐，又哪里来的贡物。周天子就列举从晋的始祖唐叔开始王室不断赐予晋国器物的旧典，并责问籍谈，身为晋国司典的后代，怎么能"数典而忘其祖"，也就是说怎么列举古代的典制而忘了祖先的职掌呢？后来这个成语用来比喻忘了事物的根本，也常用来讥刺对本国历史的无知。

赖其肖 广东镇平人，明末抗清义士。镇平即今梅州蕉岭，地处万山丛中，但由于地处江西、福建和广东的交界处，位置十分重要。当时这一带匪患丛生，赖其肖训练乡兵自卫，人称赖公子。南明时，唐王在福州称帝，大将张家玉的部下张穆与赖其肖结识相交，张家玉亲自致书邀请，赖其肖带领一万馀人投奔，授兵部职方主事之职。后来，唐王军队在上杭不战自溃，张家玉与赖其肖商议进入广东，赖其肖引兵出迎，在赤山遭遇清兵。当时兵粮短缺，士气低迷，赖其肖鼓励士卒："主上蒙尘，正是我辈效死立功的时机。这些敌兵很好对付！"随即将敌军派来招降的四个人斩首，并绕道敌军后方设伏，斩获十馀人，敌军溃退。而赖其肖治军最严，即使军粮严重短缺，也严禁士兵抢掠，随后军粮耗尽，张家玉、赖其肖各回家乡。第二年，张家玉又从家乡起兵，赖其肖也随之相应。数月后，张家玉战死。后来，郑鸿逵攻打揭阳，赖其肖又追随明宗室朱慈督兵进平和，战事不利，又听说李成栋已以广东全省投降明朝，潮州、惠州等地守将也纷纷投降，便停止了进攻。此后，再无关于赖其肖的消息，此人不知所终。

卓 zhuō

[郡望] 西河

蔺 lìn

[郡望] 中山

卓姓源头不详。《史记》记载，蜀有大族卓氏，因冶铁致富。
蔺姓出自春秋时晋国。晋穆侯有后裔封于蔺，其子孙以蔺为氏。

卓文君 西汉临邛（今四川邛崃）人，汉代才女，貌美有才气，善鼓琴，是富商卓王孙之女，丧夫后家居。许多名流向她求婚，她却看中了穷书生司马相如。司马相如能弹琴作诗，卓文君从中领会到他的才华和情感，倾心相爱。司马相如家里一无所有，卓文君随他私奔后，就开了个酒铺，亲自当掌柜，文君当垆卖酒（垆，就是古时酒店里放酒坛的土台子），相如打杂，毫不在意别人的讥笑。卓王孙却碍于面子，只得接济二人，从此二人生活富足。后来司马相如终于靠文才成名天下，而卓文君、司马相如的故事也流行民间，很多小说、戏曲都以此为题材。

蔺相如 战国时期著名的政治家、外交家、军事家，曾使赵国国宝和氏璧"完璧归赵"，在赵王、秦王的渑池相会中为赵国保全尊严。赵国得到了和氏璧，秦昭王提出用十五座城池来交换，但军事力量上秦国远强于赵国，这个提议带有严重的欺诈嫌疑，即秦国很可能拿璧不给城。于是赵国派遣蔺相如为外交使节，全权负责此事。到秦国后，蔺相如与秦王斗智斗勇，在秦王假意给城的情况下，将和氏璧安全护送回国。后来，秦昭王又与赵惠文王在渑池会见，其间，秦王提出要赵王鼓瑟，赵王勉强应付了一下，秦王命史官记下：某年月日，赵王为秦王鼓瑟。蔺相如当即针锋相对，提出要秦王击缶，在蔺相如的威逼下，秦王只得答应，于是，赵国史官同样记下：某年月日，秦王为赵王击缶。因为在这些事件中的出色表现，蔺相如被封为上卿，地位高于老将廉颇，这引起廉颇的不满，处处找茬，而蔺相如一再回避。后来，廉颇听说蔺相如回避自己是从国家利益的角度考虑，不愿使赵国重臣之间出现内讧，他深感不安，亲自到蔺相如家负荆请罪，二人重归于好，共同辅佐赵国。

屠
tú

[郡望] 广平

蒙
méng

[郡望] 安定

> 屠姓出自职业。从事屠宰业者，其后人有以屠为氏的。
>
> 蒙姓出自春秋时鲁国。鲁有附庸国名颛臾，司职祭祀东蒙山山神，其后人有以蒙为氏的。

屠隆 字长卿，又字纬真，号赤水，别号由拳山人、一衲道人，蓬莱仙客，晚年又号鸿苞居士，鄞县（今浙江宁波）人，明代戏曲家、文学家。屠隆是万历五年进士，官至礼部主事、郎中。在文学史上，他首先是一个戏曲家，为人豪放，纵情诗酒，专门爱结交天下名士，名列"中兴五子"。他在诗文上都有不凡的造诣，而剧作《昙花记》、《修文记》、《彩毫记》更是大行于世，叫座京城，其知名度和影响力甚至超过了汤显祖。屠隆精通音律，家有戏班，常亲自登场献艺，还曾校订《西厢记》，颇多独创之处。《昙花记》写唐木清泰弃官求道，苦修十年，与妻妾均成正果之事。《修文记》写蒙曜的女儿学道成仙，封"修文仙史"，在她劝导下，一家潜心修道，共占仙班的故事。《彩毫记》主要写大诗人李白，配以唐玄宗杨贵妃故事。其中也有崇尚道释内容，但主要人物李白藐视权贵的性格和气质，刻画得比较成功，体现了作者恃才傲世的创作心理。此外，他在戏曲创作上还有很多创新，比如他尝试过整出戏中没有曲，只有宾白，类似后来的话剧。

蒙恬 秦国大将，为秦始皇统一天下立下赫赫战功，后被赵高陷害而死。在历代的记载中，蒙恬却不仅仅是一个武将，至少有三样中国著名的事物与他有关：长城、毛笔和筝。蒙恬主持修筑长城是历史上明确记载的，可信度比较高，其馀两件多少有些传闻的成分。对于蒙恬造笔，古人很怀疑，因为在蒙恬之前早有写在竹木简上的文字流传，那显然也是要用笔的。有人对此的解释是蒙恬之前的笔是木质笔管，用鹿毫、羊毫为笔头，到了蒙恬改为竹管兔毫。

池
chí

[郡望] 西平

乔
qiáo

[郡望] 梁国

> 池姓源头不详。一说以居处有池为氏，一说以掌管池沼的职业为氏。
> 乔姓本是桥姓。相传黄帝葬于桥山，其子孙有为其守灵者，终不愿离去，于是以桥为氏。

池乔阴鬱

池生春 字籲庭，一字剑芝，楚雄（今属云南）人，清代学官。池生春自幼聪明好学，十二岁即进入县学学习。当时云南地处偏远，交通闭塞，文化落后。乾隆年间，云南布政使陈宏谋到任后，办学刻书，使其文化面貌发生了很大改观，而池生春正是受益者之一，所以，他一生为人处世都以陈宏谋为榜样，尤其是道光十三年担任广西学政之后，由于陈宏谋就是广西临桂人，所以他更加勤勉工作，唯恐愧对先贤。在担任学官其间，他教导士子总是以品德为先，以文章为次，先立志、修身，而后才是穷经、讲学。学生求见讨教，或议论学问，他都耐心接待，但如有行为不检点的，也必严惩不贷。主持考试，不仅自己杜绝请托，对手下属吏也严加管束。池生春天生瘦弱，饭量极小，但工作时却精力旺盛，监考阅卷都亲力亲为，即便是手下人批阅的优秀卷子，也要亲自过目，定其等次。池生春又擅长书法，楷书学柳公权，时人评论，字如其人，他方正严谨的为人正与柳公权类似。由于长年体弱，积劳成疾，嘉庆三年，池生春病逝，年仅三十九岁。

乔玄 字公祖，梁国睢阳（今属河南商丘）人，汉朝末年曾任太尉。曹操年轻的时候还是一个默默无闻的小人物，乔玄慧眼识才，鼓励曹操要以天下为己任，所以曹操一直非常感激这位知己的长辈。后来曹操经过乔玄的墓还亲自把酒祭奠，并回忆当初和乔玄的交往。曹操曾经发誓说："如果以后乔玄过世后我忘了这个老朋友，路过他的坟墓不拿上一斗酒、一只鸡亲自祭奠一番，那走不多远一定叫我肚子疼！"虽说是个半开玩笑的誓约，但从中也能看出他们真挚的友情。"乔"、"桥"古字相通，本是一姓，所以《后汉书》写作"桥玄"，南北朝之后便多写成"乔"了。后来《三国演义》又把这个乔玄说成是吴国"二乔"的父亲乔国老，其实他们是两个人。

阴 yīn　　　　鬱 yù

[郡望] 南阳

百家姓

阴姓出自春秋时管仲。管仲后人有投奔楚国，任阴大夫，其后人以阴为氏。一说古帝王有阴康氏，其后人以阴为氏。

鬱姓源头不详。一说即蔚姓。"鬱"现在简化为"郁"，但是在古代，"鬱"和"郁"是两个姓。

阴铿　字子坚，南朝著名诗人。阴铿诗歌以写景见长，尤善于描写江上景色，展现了江陵、洞庭、武昌一带长江风物。他善于锻炼字句，在修辞上、声律上颇见用心的佳句。同时，他也讲究谋篇，注意到通篇的完整，他的很多作品在格律上与唐代律诗十分接近，是文学史上古体诗向近体诗转变的过程中一位重要的作家，对后来很多唐代的大诗人有着深远的影响。阴铿的艺术风格同何逊相似，后人将他们二人并称为"阴何"。杜甫诗云"李侯有佳句，往往似阴铿"，就是赞美李白的诗很有阴铿的味道，这既是对李白诗歌的正面评价，也足以说明杜甫对阴铿的推崇。阴铿年轻的时候在梁做官，有一次冬天约了几个朋友一起喝酒，由下人伺候着，当然，倒酒、端菜的仆人们没有跟着一起吃的份儿。阴铿出道不久，又是诗人的心性，仆人给他倒满酒之后，他想了想，拿过酒壶也给仆人倒了一杯请他喝下去，又拿了一块烤肉给他下酒，仆人愣愣地接受了。一起喝酒的朋友们都笑阴铿冒呆气，他却一本正经地说："我们三天两头在一起喝酒，他们倒酒的尝都没尝过，也太不近人情了。"事情就这么过去了。几年以后，叛贼侯景作乱，阴铿也被乱军抓住。正在绝望之际，有一个小兵趁夜色偷偷把他放了，并指给他逃跑的路。阴铿问："你为什么放我？"小兵说："大人还记得多年以前请仆人喝酒的事吗？您让我知道酒的味道，也让我知道做人的味道，所以今天老天给我机会报答您了。"

鬱让　山东人，明正德中任颍川卫知事。鬱姓本来就很罕见，现在又简化为郁，所以已趋于消失了。

胥 (xū)

[郡望] 吴兴

能 (nài)

[郡望] 太原

胥姓源头不详。一说出自古帝王赫胥氏。

能姓出自西周时楚王室。楚王熊挚的后人因避难改为能氏。古代能、耐通用，所以作为姓氏，能读作nài。

胥偃 字安道，长沙（今属湖南）人，北宋进士，授大理评事、通判湖、舒二州，直集贤院、同判吏部南曹、知太常礼院，再迁太常丞、知开封县。胥偃有文才，当时古文大家柳开看了他的文章后说："这个人日后必能成名于天下。"胥偃生平行事多很奇怪，年轻时尚未做官，家里有良田数十顷，做官后就将其全部送给族人。因与御史高升主持府试，违反规定，擅自将糊名的卷子拆启，把有名气的考生置于上等，遂被贬官。后又逐渐升迁，成翰林学士，权知开封府。又曾与谢绛一起受诏负责中书吏员的考试，有大臣写信请托，胥偃不敢拆开，直接把信烧了。胥偃年轻时对欧阳修的文章十分推崇，后来欧阳修见到他，便收他为学生，还把女儿许配给他。后来胥偃掌管司法工作，当时的开封府尹是范仲淹，胥偃在工作中经常指责范仲淹的做法不合规定。但当时欧阳修和范仲淹正是政治上的亲密伙伴，关系十分密切，胥偃的做法让欧阳修十分反感，翁婿二人的关系也从此变得冷淡。据说他参加科举考试之前做了一个梦，梦见被一个自称徐将军的人砍下了脑袋，徐将军还作诗道："昔作树头花，今为冢下骨。"胥偃觉得这个梦很不吉利，第二年考试，他是第二名，第一名叫徐奭，原来徐将军是他，只不过是抢走了第一名，胥偃虚惊了一场。胥偃文章写得好，但有时也因此会显出迂腐。他成名之后，有一个晚辈写了一篇赋请他指教，他读了之后说："写得挺好，就是典故用得少了点。"这个晚辈很不开心，回去写诗发牢骚道："寄语交朋须细认，主司头脑太冬烘。"

能仁甫 宋代画师，名不详，以字行，画院出身，官至县令。擅长画佛像及山水。

苍
cāng

[郡望] 武陵

双
shuāng

[郡望] 天水

> 苍姓出自古才子苍舒。古帝王高阳氏手下有八位才子，号称八恺，苍舒是其中之一，其后人以苍为氏。
>
> 双姓出自古帝王颛顼。颛顼后人有封于双蒙城的，其后人以双为氏。

苍慈 字孝仁，三国时曾任敦煌太守，打击豪强，抚恤百姓，深受爱戴。

双泰真 南朝宋随郡（今湖北随州）人，因为身有武艺，将军沈攸之听说后想让他参军，双泰真不愿意去，沈攸之就派了二十个全副武装的武士去抓他。双泰真情急之下和武士动起手来，箭术高明的双泰真射杀了几个武士之后夺路就逃。在路过家门的时候，双泰真想把家里的老母亲带上一起逃，但是追兵追得急，没来得及，只好只身逃掉了。士兵们没追到双泰真，只得抓了他的老母亲回去交差，沈攸之也只有把老太太先软禁起来。逃跑了的双泰真听说母亲被扣押，没过多久自己又回来自首，请沈攸之放掉他的母亲，自己愿意接受惩罚。沈攸之是读书明理的将军，认为他是个孝子，把他先前杀人的事情一笔勾销，赏钱一万，并任以官职。

闻
wén

[郡望] 吴兴

莘
shēn

[郡望] 天水

闻姓源头不详。史籍中闻姓人物出现很晚，一般认为是复姓闻人或文姓变化而来。

莘姓出自夏王室。夏后启庶子封于莘，其后人以莘为氏。

闻启祥 字子将，钱塘（今浙江杭州）人，明万历年间举人。他从小生活在西湖边，对西湖情有独钟，在凤凰岭上盖了园子，名为龙泓山居。但是，他对山居还是不够满意，觉得要领略西湖之胜，固然山居的方式很好，但船也是令人不能舍弃的。山居的话，饮食寝处都是固定不动的，有了船就是活的。山居看山不管从哪个角度，总是固定不变的，在船上就变幻多姿了。他还说："苏东坡认为杭州有西湖如同人有眉眼而神采奕奕，我则认为西湖只是眼睛，西湖上花柳繁茂的白堤、苏堤才是眉毛，而满湖滋生的茭白根则是眼睛上的瘢痕。所以，对眼睛来说最重要的是除去茭白根，对眉毛来说最重要的是种花植柳并禁止人们随意采折。"

莘开 字季张，号芹圃，归安（今浙江湖州）人，清代画家。莘开生于武人家庭，自幼习武，但是在武科举考试中并不顺利，于是他弃武不习，专意读书，而文学即经史又不能有成，只是喜好隶篆等古书体，兼善工笔画及花卉、墨竹。由于他学画有成，受到名画家沈宗骞的青睐，收为入室弟子。沈宗骞门下有女弟子徐莒，字湘生，很小就跟着他学画，也是绘画高手，绝无一般女性的脂粉气。沈宗骞便撮合二人成为夫妻，此后夫唱妇随，也是当时画坛一段佳话，令很多人羡慕不已。莘开家境十分贫寒，一度租房居住。后来，得到了他祖上莘野的莲花庄旧宅，才重新收拾之后搬进去居住。由于莘开的书画都小有名气，所以登门求书画者络绎不绝，而莘开为谋生计，也是每日勤于创作，由于太过辛苦，不到五十岁的年纪就已须发皆白，看上去像七八十岁的老人，最终因操劳过度而病逝。莘开去世后，徐莒依旧靠作画为生，直到八十多岁，仍能画仕女图及工笔山水这样的精细作品。

党

dǎng

[郡望] 冯翊

翟

zhái

[郡望] 汝南

> 党姓出自春秋时鲁国。鲁有大夫党氏，这个党氏繁体字写作"黨"。另有"党"姓，是五胡乱华时候羌人的姓氏。
>
> 翟姓出自黄帝。黄帝后裔中有一支世居翟地，其后人以翟为氏。

党怀英 字世杰，号竹溪，冯翊（今属陕西）人，生长于山东泰安，金代文学家、书法家，工篆、籀、隶书，时称第一。党怀英少年时代和辛弃疾是同学，因为二人都很有才气，当时并称"辛党"。后来金兵南下，辛弃疾投身行伍，南下归宋，从事抗金活动，而党怀英则留下，成为金国的臣民。党怀英大定十年中进士，调任莒州军事判官，后累迁汝阴县尹、国史院编修官、应奉翰林文字、翰林侍制，兼同修国史。大定二十九年，与郝俣参与《辽史》刊修。金章宗明昌元年升直学士，担任国子监祭酒。时增修曲阜宣圣庙，奉圣命撰碑文。后迁侍讲学士、翰林学士等职，深受历任君主赏识，为当时金朝文坛领袖。他又擅长书法，尤精篆籀，许多著名碑石都出自他手，如颂扬金太祖武功的《大金得胜陀颂碑》，即由其篆额。灵岩寺中的《灵岩寺碑》也是他的作品。

翟方进 字子威，汝南上蔡（今属河南）人，西汉末年宰相。翟方进任宰相九年，刚直不阿，尤其不买外戚王莽的帐。后来，待诏李寻上奏说："我夜观天象，发现了一个极其不祥的征兆——荧惑守心（即火星运行到心宿二附近，古人视为兵灾的征兆）。"于是皇帝对翟方进说："朕不能明察民间疾苦，导致老天示警。你这个身为辅佐皇帝的宰相应当担负起主要责任。"于是，翟方进几天后就辞了官。很快，又接到李寻的信，斥责他说："你要全身而退是不可能的，这样势必会遭到众人的一致斥责，要想保全你的宗族，唯有自己了断！"翟方进只好服毒自杀。他的儿子翟义赶回奔丧，随后拜访了父亲的一个朋友，对方替他分析：肯定是手握重权的王莽指使李寻假造的荧惑守心天象，然后怂恿皇帝下诏让丞相替他挡灾，用这个办法置翟方进于死地。

谭 tán
[郡望] 弘农

贡 gòng
[郡望] 广陵

谭姓出自禹。周初分封时，将禹的后人封于谭，其后以谭为氏。
贡姓源头不详。一说孔子弟子端木赐字子贡，其后人以贡为氏。

谭嗣同 字复生，号壮飞，湖南浏阳人，清末维新人士。少时博览群书，并致力于自然科学的探讨。1896年2月，谭嗣同入京，结交梁启超、翁同龢等人。1897年，协助湖南巡抚陈宝箴等人设立时务学堂，筹办内河轮船、开矿、修筑铁路等新政。1898年，创建南学会，主办《湘报》，积极宣传变法，成为维新运动的激进派。同年4月，得翰林院侍读学士徐致靖推荐，被征入京任四品卿衔军机章京，与林旭、杨锐等人参与新政，时号"军机四卿"。当宫中后党密谋政变，光绪帝传密诏命康有为等设法相救时，谭嗣同挺身而出。后于9月25日被捕，9月28日与林旭等5人同时被害，临刑写下绝命词："有心杀贼，无力回天，死得其所，快哉快哉！"

贡禹 字少翁，西汉琅琊（今山东诸城）人，曾任谏大夫，后迁光禄大夫、长信少府、御史大夫等。贡禹对当时社会中的经济问题、人口问题都多有建言。在汉武帝以前，百姓七岁到十四岁的，每年纳口赋二十三钱，十五岁至五十六岁的，每年纳算赋一百二十钱；而汉武帝以后口赋年龄改为三岁算起，赋税加重。加之富贵阶层奢侈无度，底层百姓生活压力巨大，人口随之锐减。而人口的减少，又直接导致农业生产力的降低，于是他提出应当将宫内和富贵人家的奴婢遣散，放归民间，以提高人口数量，同时用征收粮食、布帛而非货币的方式进行税收，以增加农业人口的比重。贡禹和王吉（字子阳）是很好的朋友，贡禹多次被免职，王吉在官场也很不得志。汉元帝时，王吉被召去当谏议大夫，贡禹听到这个消息很高兴，就把自己的官帽取出，弹去灰尘，准备戴用。果然没多久贡禹也被任命为谏议大夫。所以当时人说"王阳在位，贡公弹冠"。后来，"弹冠"就成为表示出仕做官的一个词语，而"弹冠相庆"则成为一个带贬义色彩的成语，表示相互庆贺。

劳
láo

[郡望] 松阳

逢
páng

[郡望] 北海

> 劳姓源头不详。一说世居东海劳山者以劳为姓，劳山即今青岛崂山。
>
> 逢姓源头不详。一说夏、商均有诸侯称逢公、逢伯，其后人以逢为氏。
> 一说古代神射手逢蒙后人以逢为氏。

劳乃宣 字季瑄，号玉初，原籍浙江桐乡，生于河北广平，近代音韵学家，曾任浙江求是大学堂总理、浙江大学堂总理。劳乃宣重视教育，主张普及等韵字母之学，推行汉语简字拼音，曾奏设简字学堂于南京，并长期从事于古代数学研究。他重视图书馆建设，1914年与德国人尉礼贤在山东尊孔文社内建立藏书楼，是为青岛第一座图书馆。楼内广收经、史、子、集、诸子之书，也收藏中外现代图书，外文图书以德文为多。这些都是他在文化方面的贡献，他同时也是一个政治人物，在清末和张勋复辟时期都曾参与过司法工作，但他是一个极度保守的人，对当时西方的法律常识概不接受，一切以大清律为本，坚持以三纲五常为法律的基本原则。他认为法律生于政体，政体生于礼教，礼教生于风俗，风俗生于生计。农桑、猎牧、工商三种生计产生三种类型的风俗礼教政体，从而产生出家法、军法、商法三种类型的法律。中国是"农桑之国"，产生家族宗法伦理，"人人亲其亲，长其长"则天下太平，由此产生家族主义的"家法"。因此，他也被法学界视为中国近代法律制度变革的阻挠者。

逢萌 字子康，北海都昌（今山东昌邑）人，西汉末曾任亭长，后离家去长安，正值战乱，儿子逢宇被王莽所杀。他对友人说："三纲（君为臣纲，父为子纲，夫为妻纲）到今天已经彻底完了，再不离开这是非之地，大祸就要临头了！"于是解下帽子挂在东都城门上，回乡带着家人渡海去了辽东。光武帝即位后，他又去了崂山，养心修道，朝中多次征聘，他都不去。老百姓也对他十分尊敬，北海太守因为请不动他，一怒之下派人去抓他，结果老百姓自发抵抗，把派去的官吏打得抱头鼠窜。

姬 ^{jī} 申 ^{shēn}

[郡望] 魏郡

姬姓出自黄帝。在上古，姬是姓而非氏，黄帝居于姬水，所以以姬为姓，后世一般推黄帝长子帝喾为姬姓先祖。
申姓出自炎帝。炎帝后人封于申，其子孙以申为氏。

姬昌

商朝末年周族的领袖，姬昌死后，他的儿子姬发灭了商，建立了周朝，并追称姬昌为文王。姬昌继承祖先后稷、公刘开创的事业，仿效祖父古公亶父和父亲季历制定的法度，实行仁政，敬老爱幼，礼贤下士，治理岐山下的周族根据地。他是很有作为的创业主，勤于政事，重视发展农业生产，礼贤下士，广罗人才，拜姜尚为军师，问以军国大计，使"天下三分，其二归周"。此外，姬昌在被纣王囚禁期间还将古老的八卦推演为六十四卦，为后世的重要经典《周易》的形成做出了重要贡献。由于年代久远，文献残缺，姬昌父子在中国一直是被抽象化、符号化的，所谓尧舜禹汤、文武周公，都只是完美君主的代表。

申包胥

春秋时楚国的大夫。伍子胥受到楚王的迫害而逃亡，临行前对申包胥说："我一定要颠覆楚国。"申包胥说："我一定要保存楚国。"等到吴兵攻进郢都，伍子胥搜寻昭王没有找到，就挖开楚平王的坟，拖出尸体鞭打了三百下才停手。申包胥逃到山里，派人去对伍子胥说："您这样报仇太过分了！我听说：人多可以胜天，天公降怒也能毁灭人。您原来是平王的臣子，如今弄到侮辱死人的地步，这难道不是伤天害理到极点了吗！"伍子胥对来人说："你替我告诉申包胥说：我就像太阳落山时候的赶路人，路途还很遥远，所以，我必须要逆情背理地行动。"于是申包胥跑到秦国去求救，秦国不答应。申包胥站在秦国的朝廷上，连哭了七天七夜。秦哀公同情他，说："楚王虽然是无道昏君，有这样的臣子，能不保存楚国吗？"就派遣了五百辆战车攻打吴国，吴国由此发生内乱，楚国也得救了。

扶
fú

［郡望］河南

堵
dǔ

［郡望］河南

> 扶姓源头不详。一说禹有臣子扶登氏，是扶姓先祖。
> 堵姓出自春秋时郑国。郑有大夫封于堵，其后人以堵为氏。

扶嘉 汉代廷尉。传说他母亲在溪边遇到龙之后生了他，所以这人总有些神秘色彩，也擅长占卜。汉高祖刘邦还在做汉王的时候，扶嘉曾进言劝刘邦平定三秦。后来刘邦做了皇帝，念及他有辅佐之志，就赐他姓了"扶"。然而百姓们记住他却是因为他临死前留下的遗言："三牛对马岭，不出贵人出盐井。"三牛和马岭是云阳县北的两座小山，后来扶嘉的女儿带人们挖出了盐井，为远离大海的人们解决了吃盐的问题，当地百姓也因此把扶嘉当作神来祭祀。

堵霞 字绮斋，号蓉湖女士，无锡（今属江苏）人，进士堵廷芳女，庠生吴元音妻。堵霞出身书香门第，自幼能读父亲的藏书，博通经史。她又擅长绘画，花木禽鱼、昆虫蔬果之类的作品她不用打底稿，直接落笔，信手画来，无不神形毕肖。她的画多用没骨画法，技法直追宋代徐崇嗣、黄筌等大家，又能加入自己女性特有的细腻艳丽，其翩翩韵致，出自天然而无半点优柔软媚之态。又工诗，能写蝇头小楷，有得意画作，则信笔题跋，求画者往往络绎不绝。当时著名学者毛奇龄曾赠诗云："清才能咏雪，妙笔自生花。"时人论其诗，以为"清婉韶秀，高出晚唐。有烟霞想，无脂粉气。"有《含烟阁词》、《三到堂稿》。

冉 ^{rǎn}

[郡望] 武陵

宰 ^{zǎi}

[郡望] 西河

冉姓出自古帝王高辛氏。一说出自春秋时楚大夫叔山冉。一说周文王封第十子季载于聃，聃又省写作冉，是为冉姓先祖。

宰姓出自周王室。西周有大夫宰孔，是周公的后裔，宰本是职官名称，相当于后世的管家，其后人遂以祖先职业为氏。

冉求 字子有，也被称为"冉有"，孔子的学生，擅长政务，多才多艺，尤擅长理财，曾担任季氏宰臣。前487年率左师抵抗入侵齐军，并身先士卒，以步兵执长矛的突击战术取得胜利，又趁机说服季康子迎回了在外流亡14年的孔子。因帮助季氏进行田赋改革，聚敛财富，受到孔子的严厉批评。鲁国当时由三家把持政权，季氏比周天子还要富有，而冉求做季氏的家臣，不能劝谏季氏，减低人民赋税，还替他搜括，使他更富有。孔子就说："非吾徒也，小子鸣鼓而攻之可也。"一方面指责冉有，同时也希望借此使季氏感悟。另有一次季氏将要攻打颛臾，冉有与子路去见孔子，孔子即指责他们，不能及时劝谏季氏。冉求是孔子弟子中颇具政治天赋的一个，他的政治能力和个人品行都受到过孔子的称赞，但在理念上又不完全附和孔子，在当时的社会环境中，他具有一定的代表新生政治力量的改革精神，所以他和孔子之间的关系显得比较复杂。

宰予 字子我，也被称为"宰我"，孔子的学生，以口才好而著称。在孔子的学生中，宰予是不断犯错误、经常被孔子批评的一个，比如大白天睡觉被孔子责骂"朽木不可雕"，提出缩短子女为父母服丧三年的期限被孔子责为"不仁"。孔子曾经拿另一个学生澹台灭明和宰予作比较，说澹台灭明长得丑，但品德才华都很出色，当初自己以貌取人，在澹台灭明身上犯了错误；而宰予口才出色，学问却跟不上，自己以言取人，又在宰予身上犯了错误。

郦
lí

[郡望] 新蔡

雍
yōng

[郡望] 京兆

郦姓出自黄帝。黄帝后裔有封于郦的，其后人以郦为氏。

雍姓出自周王室。周文王第十二子受封于雍，其后人以雍为氏。此外，春秋时宋国有雍伯，子姓，其后人以雍为氏。

郦道元

字善长，范阳（今河北涿州）人，北魏地理学家、散文家。郦道元从小就喜欢游览名山大川，还酷爱读书，一次，一位朋友从南朝回来，给他带了一本郭璞注解的《水经》，他一看之下大喜过望，接连几天手不释卷。郭璞是东晋时有名的文学家，《水经》是汉代桑钦所作的我国古代第一部系统记述全国河流状况的书，文字简略，而郭璞的注解也很粗略，于是郦道元想重新注解。他有目的地对一些山水进行了实地勘察，经常沿着一条河流，从上游一直走到尽头，足迹遍及内蒙古、河北、河南、山东、山西、安徽、江苏等广大地区。经过几十年坚持不懈的努力，终于写成了流传至今的地理学名著《水经注》。

雍陶

字国钧，成都（今属四川）人，唐代后期的重要诗人，尤以山水诗名噪一时，被称为"山水诗人"。雍陶太和八年中进士，作品受到时人推崇，但性格中颇有傲气。大中六年任国子监《毛诗》博士，有个秀才冯道明考试落第，便登门拜访雍陶，对门卫谎称是故交，雍陶出门迎接，却发现并不认识，便加以责问。冯道明说："我常读您的诗作，虽说不曾见过面，但也算得上熟人吧。"于是，当场背了许多雍陶的佳句。雍陶见他如此推崇自己的作品，便盛情款待，临别还送了他很多礼物。后来出任雅州刺史，城外有一座情尽桥，是当地人送客分别的地方。雍陶觉得大为不满，便下令在桥边造了房子，把桥改名折柳桥，取古乐府折杨柳送别的寓意，并题诗："从来只有情难尽，何事呼为情尽桥。自此改名为折柳，任他离恨一条条。"

郤 xì

［郡望］济阴

璩 qú

［郡望］黎明

> 郤姓出自春秋时晋国。晋大夫郤文之后以郤为氏。郤，过去常写作"却"，又同是退却的"却"的异体字，所以这两个姓氏虽说各有源头，但在现实中常常混淆不清。
>
> 璩姓源头不详。一说出自春秋时蘧伯。

郤诜 字广基，济阴单父（今山东菏泽单县）人。晋武帝广开言路，允许天下有才能的人提出合理化建议，郤诜应诏上书，深受青睐，于是被授为议郎，后来升任雍州刺史。上任之前，晋武帝召见郤诜，问他："你自我感觉如何啊？"郤诜答道："我当年对策名列第一，犹如桂树林中最芳香的一枝，昆山玉中最美的一片。"郤诜的话是真话，而且也不算吹牛，只是在皇帝面前口无遮拦，显得自负而放肆。一旁的侍中嫌他无礼，奏请罢免他的官职，晋武帝却笑着打圆场，说："我只是跟郤诜开开玩笑，不必当真嘛！"后来郤诜也没有辜负晋武帝，做官政绩斐然，声誉很好。因为郤诜自夸对策第一是"桂林之一枝"，所以后来人们用"折桂"一词来表示科举中第。

璩美斯 字昆星，号藏山，济源（今属河南）人，清代学者。璩美斯生于明末，很小的时候就非常懂事，他的父亲曾感慨地说："我家兴旺的希望一定在这孩子身上。"但由于家境窘困，到了年龄却因请不起老师而无法上学。于是他发奋自学，经常拿着书到学校里请教老先生，回家后日夜诵读。母亲心疼，经常呵斥制止，于是璩美斯就偷偷把灯扣在大锅底下，等母亲睡熟了之后再读书到天亮。至于乡间各种热闹的集会活动，是一般孩子最爱去的，他却从来没有光顾过。经过多年刻苦努力，璩美斯学有所成，对各种经史典籍都以十分熟悉，特别喜欢程朱理学。受他影响，他的孩子也酷爱读书，贫寒之家，总是书声琅琅，能传出很远。后来，家里的五个孩子都中了举人，在当地传为佳话，被认为是宋代窦禹钧"五子登科"的翻版。

桑
sāng

[郡望] 河南

桂
guì

[郡望] 天水

> 桑姓出自少昊。少昊号穷桑氏，其后人有以桑为氏的。一说春秋时秦国大夫公孙枝字子桑，其后人以桑为氏。
>
> 桂姓源头不详。一说后汉阳戻横被杀，其四子中之一徙居幽州，以桂为姓。

桑弘羊 洛阳人，西汉著名经济学家。桑弘羊十三岁就入侍宫中，他最拿手的本事就是心算。当时汉武帝对匈奴用兵，国家财力损耗很大，于是桑弘羊向武帝建议，仿照春秋时期齐相管仲的办法，实行"笼盐铁"，也就是推行盐铁专卖政策，所得的高额利润全部上交中央政府。盐铁的专卖迫使那些巨商大贾退出了盐铁生意，在一定程度上抑制了豪强兼并，延缓了平民贫困化的过程，对农业、手工业的生产都有较大的助益。而且这也使诸侯国境内的盐铁资源都收归中央政府，诸侯不能再依靠盐铁之利作为经济后盾，进一步消除了诸侯割据的隐患，大大加强了中央集权的封建政权的巩固。后来，桑弘羊任大司农，主持全国经济工作达二十二年之久。

桂馥 字冬卉，号未谷，山东曲阜人，清代文字学家。桂馥少承家学，博览典籍，特别精于金石六书之学，著有《说文解字义证》，是当时的《说文》四大家之一，与段玉裁齐名。桂馥治学严谨，讲求通经致用，虽终生致力于文字训诂，但不仅仅停留在寻章摘句，不斤斤于名物器械，而是发挥旁通，独立思考，精详辨证。他又擅长金石考据，篆刻、书法雅负盛名。尤擅隶书，直接汉人，工稳淳朴，厚重古拙，整严润健。《艺舟双辑》评其为"分书佳品上"。曾任长山训导，与周永年共同"买田筑借书园"，藏书万卷。他们在济南五龙潭畔修建了潭西精舍，桂馥撰《潭西精舍记》一文，刻石立于潭旁，今仍存。

濮 pú

[郡望] 鲁国

牛 niú

[郡望] 陇西

> 濮姓出自春秋时卫国。卫有大夫封于濮，其后人以濮为氏。
> 牛姓出自春秋时宋国。宋有司寇牛父，其后人以牛为氏。

濮澄 字仲谦，当涂（今属安徽）人，清初艺人，金陵派竹刻创始人。濮澄看起来只是一个粗鄙淳朴的乡下人，不像有什么特别的能力，但只要一小片竹子到了他手里，寥寥几刀便能巧夺天工，成为出奇的艺术品。不过，最让濮澄得意的，还是自己过人的艺术天赋，他最喜欢的是找到盘根错节的好竹，然后稍加刮磨，便能成为万众追捧的精品，当然，这是眼光、经验与技巧的巧妙结合，不是真的随意为之。在邻里之间，有几十人是靠他资助而生活的，但濮澄自己却始终淡然过着清贫的生活。和朋友闲坐，看到好的竹材他就会顺手拿来处置。至于他看不起的外人，就是出重金也别想得到他一件作品，这也就是身怀一技之长的人多有不同一般人之处的常理。

牛运震 字阶平，号真谷、空山，人称空山先生，是清代著名的循吏和学者，曾在甘肃任地方官达十年之久。当时甘肃十分落后，牛运震到那儿后，十分注意发展当地的经济文化。当地人连基本的种植技术都不懂，牛运震就亲自持耙示范给他们看。在平番县，当地人从不种棉，冬穿兽皮，夏天裸体。于是牛运震就买种请人推广种棉技术，使当地人用上了棉布。此外，兴修水利、推广纺织、发展贸易等都让百姓受益无穷。在文化落后的秦安，牛运震捐钱办了个陇川书院，工作之馀亲往授课，常和生徒们讨论学问到深夜。后来又捐俸买学田十五亩，使自己离任后书院的经费有所保证。在他的倡导下，当地渐渐地形成了读书向学的风气，几年中出了不少人才，有的还中了举人、进士。秦安从一个文化荒漠而逐渐文风大盛，被人称为"陇西邹鲁"。

寿

shòu

[郡望] 京兆

通

tōng

[郡望] 西河

寿姓出自春秋时吴国。吴王寿梦后人以寿为氏。

通姓源头不详。一说古巴国大夫封于通川而得姓，然而通川是今四川达州，通川之名晚出，古巴国无此称。又说西汉避汉武帝刘彻名，改彻姓为通姓。

寿同春 名星，以字行，浙江诸暨人。因为早年熟悉法律，做过小吏，被台湾淡水厅同知程俊招为幕僚，其时已年近七旬。乾隆五十一年，天地会首领林爽文叛乱，迅速攻占彰化后直扑淡水。当时程俊并不在城中，林爽文杀到，直入城中，程俊的儿子带着官印逃走，而程俊也在别处战死，寿同春和其他几十人都被抓住。林爽文早就听说寿同春这个人，但并不认识，于是一一询问姓名，找到之后，又向他问计。寿同春说："你们这队伍是乌合之众，全部驻扎在这孤城中，吃饭问题怎么解决？官军一到，会被聚歼的。用兵之道，分则强，合则弱。你看着办吧。"林爽文的人马进城后已经搜索过了，确实没有什么粮草，于是都对寿同春的话表示赞同，并将其释放，让他带领其他人守城，而他们自己都出城去找粮草了。寿同春在淡水多年，当地的官吏百姓都和他十分熟悉，于是他暗中组建了一支队伍，出其不意，杀死了留守的三十多个贼兵，关闭城门，为朝廷守城。林爽文闻讯大惊，立刻回兵，寿同春率部死守，在极为困难的条件下坚持了五个多月。后来，寿同春又联合官军反击，战斗中不幸被俘，随即被杀。第二年，陕甘总督福康安率兵赴台，将林爽文抓获，押送北京问斩，台湾由此平定。寿同春事迹被上报后，被追封为知县，其子寿春也荫封为官，后来做了江苏盐城的知县。

通仁本 香河（今属河北廊坊）人，明宣德中曾任山西朔州判官。

边
bian

[郡望] 陈留

扈
hù

[郡望] 京兆

> 边姓出自春秋时宋国。宋平公之子御戎字子边，其后人以边为氏。
>
> 扈姓出自有扈氏。有扈氏是夏代的部落，曾与夏后启争斗，以失败告终。其后人以扈为氏。

边韶 字孝先，陈留浚仪（今河南开封）人，东汉学者。边韶曾经在太学教授几百个学生，严肃而又富有幽默感。有一次边韶大白天打了个瞌睡，被几个调皮学生抓住把柄，编了个顺口溜笑话他："边孝先，腹便便，懒读书，但欲眠。"边韶听到了，也不生气，也随口来了一段顺口溜作为回敬，说：我姓边，字孝先，大腹便便那是装五经的筐篮（笥），只想睡觉那是在琢磨经书的理念，我睡着了能把周公梦见，我醒着替孔子发言，做学生的可以嘲笑老师却不知出自哪部经典？

扈再兴 字叔起，南宋将领，曾大败金军，生擒金副统军衲挞达。嘉定十年，金军攻襄阳、枣阳。扈再兴与钤辖孟宗政、统制陈祥等分三阵设伏，自领军中出一阵，诱金军入伏，孟宗政与陈祥从左右两翼掩击，金人大败。十一年，金军数万复攻枣阳，金军再败。十二年，金帅完颜讹可拥数万步骑强行攻城，扈再兴与孟宗政纵敌涉濠，半渡而击。金人又用多种器械和办法攻城，扈再兴招募敢死勇士依次应对，金人败，擒其巡检亢师礼酒、都监纳兰福昌，降其壮丁，获牛马甚众。十四年，扈再兴又破顺昌县、破淅川镇，败金护驾骑军于邓河。又入邓州、破高头、攻唐州。至三家河，金以骑军二千、步军七千出城迎战，扈再兴又败之，直追金兵至城下。金将从义收残骑三百奔城，扈再兴据门拒战，斩从义。于是扈再兴围攻唐州，分兵焚荡州境，截金人归路，并搜剿金残兵，获其副统军广威将军衲挞达。

燕 yān

[郡望] 上谷

冀 jì

[郡望] 渤海

燕姓出自周王室。周武王灭商后，召公奭封于燕，其后人以燕为氏。另外，春秋时又有南燕国，姞姓，其后人也有以燕为氏的。

冀姓出自春秋时晋国。晋大夫郤芮封地在冀，其后人有以冀为氏的。另外，春秋时有冀国，相传是傅说的后裔，其后人也有以冀为氏的。

燕肃 字穆之，一字仲穆，青州益都（今山东青州）人，宋真宗时进士，官至龙图阁直学士，曾任礼部尚书，人称"燕龙图"。燕肃工诗善画，以诗入画，意境高超，浑然天成，开文人画的先河。更值得纪念的是他的学识，他精通天文物理，曾经成功复制了传说中黄帝造的指南车和记里鼓车，又改进了当时的计时工具刻漏，设计了新型的莲花漏，首次采用漫流系统，在很大程度上消除了水位变化对流量的影响，成为当时最好的计时工具。另外，他还著有《海潮论》，绘制海潮图阐述潮汐原理。

冀如锡 字公冶，一字镕我，直隶永平（今河北卢龙）人。冀如锡自幼聪慧勤学，十七岁成为廪生，崇祯十二年中举人，顺治三年中进士，授刑部福建司主事，转山东司员外郎、贵州司郎中，能公平执法。因政绩卓著，升河东盐运司运使，通商惠民，兴利除弊。升河南布政司参政、浙江按察使、太常寺卿、通政司通政使、工部右侍郎，负责督造顺治皇帝陵墓。丁艰服阕，补兵部左侍郎，升都察院左都御史、工部尚书。康熙十五年，任殿试读卷官。次年致仕回乡。冀如锡游宦一生，始终手不释卷，于儒家典籍无所不窥，晚年尤爱读《周易》，曾对子侄说："我终生学易，不能说准确理解了天道，只结合人事的吉凶消长，便觉意味无穷。"所以他一生遇事能依理而动，敢于直言而且言之有理有据，往往出人意表，无论在朝在家，待人接物都能合规中矩，进退出处从容自得，这都是学易带来的好处。

郏　　浦

郏 jiá　　浦 pǔ

[郡望] 荥阳

　　郏姓出自西周。周成王迁都洛邑，其地有郏山，故史称"定鼎于郏"。后来，世居此地的人有以郏为氏的。

　　浦姓源头不详。一说出自姜姓，姜尚有后人任于晋，受封于浦，其后以浦为氏。

郏抡逵　字兰坡，号铁兰道人，吴江平望（今属江苏苏州）人，清代诗人，书画家。书学郑板桥，善画山水及墨梅。曾编辑《虞山画志》，保存了许多地方画史的资料。他在虞山北麓还亲自选定了一块墓地，只有半亩大小，并在周围种上梅花。著有《白雪山房诗》、《兰坡外集》。

浦泽　字时济，上海人，明代书法家。他曾跟随陆深学习书法，最爱临摹晋唐古帖，书法名噪一时。浦泽性格恬淡，最倾慕汉代隐士的风范，终生未娶，晚年独居，屋内放置一张榻，榻前搁一张破琴，边上凌乱地堆放着他平时临摹的字帖。年轻时，他性格豪爽，为人仗义，友人相邀远游，不论多远，答应了就即刻启程。平时与人私下谈论，凡他人的私事，必定热心地劝慰排解，但绝不会再到第三人那里去说，因此也很得朋友的信任。他爱喝酒，呼朋引伴，痛饮狂歌，也时常婆娑起舞，不到醉时兴致不减，有时其他客人走的走，睡的睡，他还要自问自答，一人畅饮，只有到侍者坚持不住了，只留他一个人才作罢。喝醉了就在字帖边上酣睡，有时候一睡就是一两天，所以人们给他起外号叫"晏眠人"，又叫"小痴"。不过，这个人看似狂放不羁，嗜酒好睡，但是所有要好的朋友，家里凡有婚丧嫁娶，或有人生病，在礼数上他是从来不缺的。

尚 农

shàng nóng

[郡望] 京兆

尚姓出自周初名臣吕望。吕望即姜子牙，受封于齐。因武王尊称其为尚父，所以其后人有以尚为氏的。

农姓源头不详。一说为神农氏之后。

尚秉和 字节之，号滋溪老人、石烟道人，河北行唐人，晚清进士。他博学善文，精通中医，喜玩金石，工于绘画，尤精易学，是近代著名的易学大师。尚秉和出身书香世家，师事国学大师吴汝纶，光绪二十九年进士，在工部任职。辛亥革命后，仍在政界担任过一些职务，后来辞官治学，曾在清华大学等多所高校任教。他对古代《周易》的卦象说进行了全面的整理，并对古代用《周易》进行占卜的方法进行了具体的考证，在《周易》研究史上形成独特的"尚氏学"。著有《周易古筮考》、《焦氏易诂》、《焦氏易林注》、《周易尚氏学》等。易学深奥，从他一个小游戏中就可以略见其神奇。有一次，他的侄孙把一块桔子皮藏好让他猜是什么东西，他起卦得到"天火同人之天雷无妄"，根据易理他得出结论："是物也，其身甚圆，大腹蹯然（乾为圆，离为大腹）。而乾为衣、为皮，震为壳、为鸣。其空其中（离中虚），摇则发出声者乎。殆小皮鼓也。"他的描述和橘子皮有很大程度的接近，可以看作是一个经典案例，当然要具体理解其精妙之处还需要相当的易学基础知识。

农献 涞水（今属河北）人，明代成化年间淳安县县令，多有惠政。

温 _{wēn}

［郡望］太原

别 _{bié}

［郡望］天水

温姓出自西周。西周初年，有功臣苏忿生受封于温，其后人受到狄人入侵失国，逃往卫，号温子。春秋时温国被晋国所灭，温地又被封与晋大夫邵至。上述三者，是温姓的主要源头。

别姓源头不详。一说出自别成子，其名仅见于《汉书·艺文志》。

温别庄晏

温峤

字太真，太原祁县（今属山西）人，东晋大臣。王敦第一次叛乱时，在建康纵兵抢劫，不久，退还老巢武昌，遥制朝政。晋明帝拜温峤为中书令，引起了王敦的忌惮，于是表请温峤担任自己的左司马。温峤一到武昌，便装出恭敬的样子，投其所好，又百般结好王敦最宠信的心腹谋士钱凤。不久，丹阳尹空缺，温峤明知王敦离不开钱凤，故意推荐钱凤。钱凤一听，也赶紧推荐温峤。这一来，正中温峤的下怀。温峤担心自己一走，钱凤就进谗言，要王敦追回自己。于是在饯别宴会上，温峤假装喝醉，把钱凤的帽子击落在地，弄得钱凤十分狼狈。温峤刚走，钱凤果然就向王敦提出不能放温峤远走。王敦以为是钱凤记恨酒席上的事，并不介意。温峤一到建康，立即把王敦的叛逆活动全部报告了晋明帝，又和庾亮等人共同商量讨伐王敦的计划。王敦知道后，一切都已经晚了。

别之杰

字宋才，郢州（今湖北钟祥）人，南宋嘉定二年进士。历任京西安抚司参议官，太府寺主簿，将作监丞，澧州知州，德安府、江陵府知府，湖北安抚副使，真州知州，改江陵兼京湖制置副使。又任太平州知州，仍兼沿江制置使，兼建康知府，加兵部尚书，兼淮西制置使。理宗淳祐二年，授同知枢密院事，进资政殿学士，出为湖南安抚使、潭州知州。淳祐七年，拜参知政事。宝祐元年卒于家，特赠少师。

庄 zhuāng

[郡望] 天水

晏 yàn

[郡望] 齐国

> 庄姓出自春秋时楚国。楚庄王后人有以庄为氏。
> 晏姓出自春秋时齐国。齐大夫晏弱，晏婴之父，其后人以晏为氏。

庄周 宋国蒙人，战国思想家，著有《庄子》。《庄子》亦称《南华经》，道家经典著作之一。书分内、外、杂篇，原有五十二篇，乃由战国中晚期逐步流传、揉杂、附益，至西汉大致成形，然而当时所流传的，今已失传。如今所传三十三篇，已经郭象整理，篇目章节与汉代亦有不同。一般认为，内篇是庄子所作。内篇大体可代表战国时期庄子思想核心，而外、杂篇发展则纵横百馀年，参杂黄老、庄子后学形成复杂的体系。司马迁认为庄子思想"其要归本于老子"。然而就庄子书中寓言、义理及《天下篇》对老子思想的评述，老子与庄子思想架构有别，关怀亦不相同，所谓"道家"思想体系与《庄子》书，实经过长期交融激荡，经汉代学者整理相关材料，方才编定。

晏殊 字同叔，临川（今属江西抚州）人，北宋宰相，著名词人。晏殊生活在一个太平年代，实际上是一个富贵宰相，并没有多少骄人的政绩，反在文学上有不小的成就。但他的最大长处是人品出色，待人宽厚，诚实不欺，北宋后来很多出色的政治家都是他一手提拔的。据说晏殊本人出任宰相之前在枢密院供职，老实做官，也没有多少积蓄。当时天下太平，国家富足，官员们隔三差五地饮酒作乐，皇帝一般也不加过问。但后来皇帝听说晏殊经常和兄弟们老老实实躲在家里看书学习，觉得他人品不错，就提拔他做了宰相。晏殊明白了皇帝的想法之后，对皇帝说："我不是不想玩乐，实在是我比较穷，玩不起，才和兄弟们躲在家里看书的。"晏殊说的确是实话。后来他生活条件好了也经常饮酒宴客。但当时这样的坦诚表白让皇帝十分欣赏，晏殊也就得到了更多的信任和倚重。

百家姓

柴 chái

[郡望] 汝阳

瞿 qú

[郡望] 松阳

> 柴姓出自孔子弟子高柴。高柴是齐文公的后裔，齐文公字子高，其后人遂以高为氏。到高柴，他的孙子又以祖父的名为氏，于是就有了柴氏。
> 瞿姓出自商王室。商王武乙名瞿，其后人有以瞿为氏的。

柴荣 邢州龙冈（今属河北邢台）人，五代后周太祖郭威的养子，郭威死后，柴荣被众人拥立继位，继承了郭威的大业。柴荣就立下了三十年的宏志："以十年开拓天下，十年养百姓，十年致太平。"即位后的柴荣破格任用有才干的人充实政府主要部门，提高办事效率。兴修水利，整顿经济秩序，北伐契丹又取得胜利。结果只用了短短五年，中原地区就开始强盛起来，为后来北宋的基本统一奠定了坚实的基础。然而在北伐取得初步胜利的时候，柴荣还想继续进军，夺取幽州，却不幸突然得病。无奈只好在派将固守各州之后退兵南下，回到开封不久，便病逝于宫中，年仅三十九岁，大志未酬，英年早逝，令人惋惜。

瞿式耜 字起田，江苏常熟人。曾任江西永丰县知县，政绩卓著，后辅佐南明王朝抗清，先后辅佐福王、唐王、桂王。永历元年（顺治四年）正月起，瞿式耜历尽艰辛，多次坚守桂林，抵御清兵。到永历四年（顺治七年），清兵大举围攻桂林，由于南明王朝长期的疲软加上内耗，早已没有战斗力，瞿式耜与总督张同敞在空城中静坐被俘，被囚禁四十馀日，坚贞不屈，在风洞山仙鹤岩双双遇害。瞿式耜殉国后，永历朝给谥文忠。永历六年（顺治九年）七月，联明抗清的原农民军将领李定国收复桂林，要为瞿式耜立祠纪念，并召见其孙瞿昌文，支持瞿昌文为祖父归葬故乡虞山拂水岩牛窝潭，但这个工作直到康熙十八年才完成。乾隆四十一年，乾隆帝下令编纂《贰臣传》，将凡是投靠清朝的原明朝官员均列入其中，就连开国重臣范文程也一并入选，而对为明室尽忠者则大肆褒扬，瞿式耜原先在永历朝被追谥为文忠，此时又被追谥为忠宣。

柴瞿阎充

阎
yán

[郡望] 天水

充
chōng

[郡望] 赞皇

> 阎姓出自周王室。周武王封泰伯曾孙仲奕于阎乡，其后人以阎为氏。一说唐叔虞后人有封于阎邑者，子孙以阎为氏。一说周昭王少子生而手上有"阎"字，于是昭王之父康王便将其封在阎城，其后人以阎为氏。另有闫姓，二字历来多混写。
>
> 充姓出自周代充人。充人是一种职业，专门掌管祭祀用的牲畜。其后人以充为氏。

阎若璩 字百诗，号潜丘，山西太原人，清代经学家。阎若璩小时候并不聪明，六岁上学读书，比一般的孩子差了许多，一段书读了上百遍还是不熟。但倔强的他还是坚持不懈，读书每至废寝忘食。直到十五岁的时候，在一个寒冷的冬夜，阎若璩脑子里盘旋着许许多多读书中遇到的问题，忽然之间开窍了，多年以来囤积的知识似乎一下子理顺了，从此读书不再费力。但阎若璩没有因此而自满，仍然勤奋学习。每每读书遇到一个问题，便会起身去翻捡几十本书以考证问题的来龙去脉，身边服侍的人看着都觉得头晕，他却精力充沛，不得到答案誓不罢休。正是凭着这样一种精神，他写出了大量有价值的学术著作，其中他花三十年写成的《尚书古文疏证》最为著名。《古文尚书》系用古文字书写，西汉时在孔子旧宅壁中发现的，南北朝以来学者传诵的系东晋梅赜所献《古文尚书》和汉代孔安国的《尚书传》，但自南宋起就有人不断质疑其真实性。《尚书古文疏证》在前人研究的基础上，从篇数、篇名、典章制度、历法、文字句读、地理沿革和古今行文异同等多方面考证，并引用《孟子》、《史记》、《说文》等书作为旁证，得出东晋梅赜所献《古文尚书》及孔安国《尚书传》是后世伪作的定论，在清代经学史上留下了重要的一笔。他所运用的本证、旁证、实证、虚证、理证的考据方法，则为考据辨伪学创立了通例。

充虞 战国时人，孟子弟子。

慕 mù

［郡望］吴兴

连 lián

［郡望］上党

> 慕姓源头不详。一说由慕容姓简化而来。
> 连姓出自春秋时齐国。齐国大夫连称，其后人以连为氏。

慕天颜 字拱极，甘肃静宁人，康熙十三年任浙江钱塘知县，他兴利除弊，一时民风大变。后又任福建兴化知府，到任数日内便审理了牵连全省数百人的百万军需大案，此后便深受康熙信任，每每委以重任。两年后升迁江宁巡抚，不久又加授兵部侍郎。吴三桂在湖广的叛军固守岳州，依仗洞庭湖，久攻不下，皇帝因知慕天颜深通水战，便派他造船济师，为岳州之战的全胜作出了贡献。康熙皇帝称之为："才品优长，舒心料理，筹划周详，克副委任。"在曾任职的地方，慕天颜因为兴利除弊，兴修水利，扶持农业，关心百姓疾苦，敢于犯上直谏，也享有清贤的盛誉。

连仲愚 字连川，浙江上虞人，生于四川忠州。连仲愚自幼聪明好学，在生员考试中名列前茅，但他并不热衷于科举，咸丰年间，任上虞县学训导。上虞县滨海，又有曹娥江过境，当地人谓之前江后海，由于地处丘陵，每年雨季则江有山洪，与大海潮汐呼应，对上虞形成夹击，历届地方政府都为治水耗费财力精力。咸丰三年，海塘、江塘又都面临决口的危险，连仲愚受命修缮。为从根本上解决历来大堤屡修屡坏的状况，他在大堤外又修筑临江大墙三千六百丈，和大堤形成抵御洪水的层次防线，收到了很好的效果，百姓对此十分感戴。然而全县堤塘漫长，险夷不同，且地势与水势的组合每年都有所变化，所以这项工程需要长期的精心维护。当地的热心人士集体出资设置二百多亩公田，其收入全部供给连仲愚治水。连仲愚年老体衰，众人又在县内堤防最险要的孙家渡为他建造了一所住宅，称为留耕山房，其中又有一幢捍海楼，室内置放了书籍，室外种上了花草，平时供连仲愚养老，一旦堤防有事，连仲愚便能登楼瞭望江海水势，全盘指挥治水工作。可惜楼造好后没多久，他就病逝了。

茹 rú

[郡望] 河内

习 xí

[郡望] 襄阳

茹姓出自北方少数民族。魏晋以后，少数民族姓氏普六茹汉化后有改作茹的。一说北方蠕蠕人进入中原后，有以茹为姓的。

习姓出自习国。习国是古国名，大约在陕西商县一带。

茹敦和 字逊来，号三樵，浙江会稽（今绍兴）人，乾隆十九年进士，授直隶南乐县令。南乐县民风淳朴，多以编制麦秸秆斗笠为生，茹敦和到任后，大力推动农业生产，先在自己公署的院子里种上秧苗，到春天发给百姓，多年以后，县内农桑大兴，百姓都说这是茹县令教的。后调任大名县令，大名靠近漳河，经常闹水患，茹敦和组织人手开渠引漳河水入梁河，当地人听说治水都非常踊跃，很快有万馀人参与，完成了工程。不久，又升迁大理寺左评事。直到此时，南乐县民有打官司的，还彼此约定进京找当年的父母官茹敦和断决。后又任湖北德安府同知，不久乞归致仕，在镜湖边授徒讲学。茹敦和精研易学，古今易学专著多能融贯于胸，著有《周易证签》、《易讲会签》、《周易二闾记》等。

习凿齿 字彦威，襄阳（今属湖北）人，东晋史学家，出身大族，世为乡豪。习凿齿博学多闻，以文笔著称于时，初任荆州刺史桓温从事，累迁别驾，后转任西曹主簿。每当桓温出征，习凿齿不是随军参谋，就是肩负留守重任，处理军事机要，因此颇有成绩。当时恒温有篡夺东晋政权的野心，习凿齿却因称颂文帝触怒桓温，被贬为户曹参军。后来，习凿齿同檀溪寺高僧释道安成为好友，两人一个自称"四海习凿齿"，一个自称"弥天释道安"，人称"佳对"。太元四年（379年），前秦苻坚攻取了襄阳，亲自前往拜访习凿齿，相谈甚欢，赏赐颇丰，习凿齿也随秦军去过长安。东晋收复襄阳后，习凿齿受晋帝委命典修国史，孝武帝太元八年病逝，留下《汉晋春秋》五十四卷。

宦 <small>huàn</small>

[郡望] 东阳

艾 <small>ài</small>

[郡望] 天水

宦姓源头不详。一说是以职业为姓，宦本来泛指做官，并非专指阉官。
艾姓出自春秋时齐国。齐国有大夫艾孔，其后人以艾为氏。

宦绩 字熙东，江阴（今属江苏）人，永乐年间进士。

艾颖 北宋初工部侍郎。少年时从山东老家出来赶考，在旅店里碰上一个老头儿，看上去像个教书先生，老人把艾颖上下打量一番，就突然对他说："你这次能考上。"艾颖也没有很在意，想来自己的打扮很容易被看出来是赶考的，于是就随口回答了一句："我老家没有好的先生，家里也没有多少书，去考场碰碰运气吧。"老者点头微笑，说："我这里有本书，送给你，好好读，会有用的。"说完就走了。艾颖拿过书来一看，竟是普通的《左传》，而且只是第十卷。于是，一路上艾颖就把这书当作消遣，到了京城时差不多都倒背如流了。进了考场才知道，这一年的题目是《铸鼎象物赋》，必需的典故正在《左传》的卷十，艾颖大喜过望，很快写好了文章，得了第一，由此他也知道这老人是个不一般的人。

宦艾鱼容

鱼 *yú*

[郡望] 冯翊

容 *róng*

[郡望] 敦煌

> 鱼姓出自春秋时宋国。宋桓公之子名目夷，字子鱼，其后人有以鱼为氏的。
>
> 容姓源头不详。一说出自黄帝大臣容成。一说出自舜时才子仲容。一说出自春秋时的南容氏。

鱼玄机

初名幼薇，一说字幼薇，又字蕙兰，长安（今陕西西安）人，唐代女诗人。咸通初嫁于李亿为妾，后被弃。咸通七年，出家为咸宜观女道士，改名鱼玄机。鱼玄机姿色倾国，天性聪慧，才思敏捷，好读书，喜属文。约十岁，与著名诗人、词人温庭筠相识，并吟诗作对。她出家后，对李亿却还一往情深，写下许多怀念他的诗。鱼玄机孤零一身，她无可奈何地发出"易求无价宝，难得有心郎"的痛苦而又绝望的心声。后因打死婢女绿翘，为京兆尹温璋判杀。

容闳

字达萌，号纯甫，广东香山（今广东珠海）人。1847年，学习刻苦的容闳被布朗夫妇带往美国深造，读完预科后于1850年考进耶鲁大学，获取文学学士和荣誉法学博士学位，成为"耶鲁大学中国第一毕业生"。1872年，容闳说服清政府向美国第一次官派留学生，并亲赴中国沿海各省挑选10至16岁幼童共120名，陆续带往美国。在幼童读完中学之后，又亲自选择专业，让他们分读政治、法律、教育、矿冶、机械等科，以全面"输入西学"。最终留美幼童成为中国近代化的宝贵人才库：中国铁路之父詹天佑、第一任共和制总理唐绍仪、第一代矿冶专家吴仰曾、清华学校第一任校长唐国安等均由此出。

向 xiàng

［郡望］河南

古 gǔ

［郡望］新安

> 向姓出自春秋时宋国。宋桓公之子名肸，字向，其后人有以向为氏的。
> 古姓出自周王室。周文王的祖父名亶，号古公，后世多称古公亶父，其后人有以古为氏的。

向长 字子平，朝歌（今河南鹤壁淇县）人，东汉隐士。向长是个甘于清贫生活的人，他平时最爱读《老子》和《周易》，乡里人知道他是个贤人，经常热心地资助他的生活，向长总是接受生活必需的那部分之后把多馀的退还给人家。后来有一次他读《周易》时发出感叹："人生世间，富贵不如贫贱，这个道理我已经懂了，可是生死到底是怎么回事呢？"很多年后，直到他的儿女终身大事都办完了，终于觉得自己没有牵挂了，于是他向家里人宣布："从此家里事和我没关系了，就当我死了吧。"然后，向长就和志同道合的朋友一起遍游五岳，去寻找他关于生死的答案，从此再没有人知道他以后的事情了。

古葵 字季荣，清学者李塨的弟子，康熙五十四年，古葵亲到李塨家求教，李塨将他安顿在自家东面的新房子里，给他柴米，让他自己做饭，并主要传授他礼、易方面的学问。在将近半年的时间里，古葵和李塨朝夕相处，学习了许多东西。对于存心修身之道，李塨告诉他："学术不能偏。偏于立体，则必流于清净空虚为异端；偏于致用，则必流于霸道求胜为小人。"又说："世俗有三借口：不拘小节、脱略、率真。不拘小节者，往往在小事上十分随便，终不免大节有亏。脱略者，以免于繁文缛节为由，势必做事漫无标准。自以为率真者，必定将以为不孝不悌胜于假孝悌而无所不为。这些都是败坏世风的。"求学期间，李塨生病，古葵也以弟子身份勤勉侍奉。辞归时，李塨为他践行，并勉励他回去倡导孔孟之学，造福生民。古葵也劝李塨，平日勤劳太过，应该注意休息。

向古易慎

170

易
yì
[郡望] 济阳

慎
shèn
[郡望] 天水

易姓出自春秋时齐国。齐桓公有大夫易牙，其后人以易为氏。
慎姓源头不详。一说出自墨子弟子禽滑厘，禽滑厘字慎子，其后人以慎为氏。

易顺鼎

字实甫，湖南龙阳（今汉寿县）人，清末诗人，曾在河南、广西、广东等地任职。后来中日甲午战争爆发，易顺鼎积极主战，参与刘坤一军幕。次年，清政府战败议和，准备割让台湾，易顺鼎兼程至京，两次上书要求取消和议、积极备战，因未被采纳，投河自尽，被人救起，痛哭流涕。后听说台湾巡抚唐景崧等人成立台湾民主国，准备率军死守，易顺鼎决心赴台。等他赶到厦门，唐景崧已经失败逃回内地，只有刘永福在台南领导台湾人民继续坚持战斗。易顺鼎又毅然赴台南协助刘永福，最后还是寡不敌众，全台沦陷。甲午战争后他愤然隐居，晚年又因协助袁世凯恢复帝制备受责难，最终抑郁而死。

慎到

战国时期韩国大夫，法家思想代表人物，主张"抱法处势"、"无为而治"，著作有《慎子》四十二篇，今存七篇。慎到的权势集中论认为，权势大小取决于"下"、"众"支持的多少。君主立天下不是为一己之私利，而是有利于社会的治理。为了进一步要求国君为国家服务，慎到提出了国君由百姓供养，其权力是百姓授予的，而非天子自己取得。因此，国家要实行法治。无为而治是指国君不要去做具体工作，具体工作应在"事断于法"的前提下，尽量让臣下去作，以调动臣下的积极性，发挥他们的才能，使得臣下各展长处而共同为上服务，从而达到"事无不治"的效果。在慎到的学说中，确实存在着重法轻贤的缺陷，也存在着重法与顺自然这两者难以统一的矛盾，但是，它避免了老庄道学纯粹任自然而不要法治和法家以及主张绝对的法治而不必因循自然的两种极端。它对之后的法家思想具有启蒙的意义，也可以说是法家的开创者。

戈 gē
[郡望] 临海

廖 liào
[郡望] 巨鹿

戈姓出自夏朝戈国。据传，戈是夏朝侯国，其后人以戈为氏。
廖姓出自颛顼。古有廖叔安，颛顼后裔，其后人以廖为氏。

戈裕良 字立三，江苏武进（今属常州市）人，清代园艺大师，家境清寒，年少时即帮人造园叠山。戈裕良好钻研，能融泰、华、衡、雁诸峰于胸中，所置假山，使人恍若登泰岱、履华岳。他曾独创"钩带法"，使假山浑然一体，既逼肖真山，又可坚固而千年不败，驰誉大江南北。苏州环秀山庄的湖石假山是他的代表作之一，以少量的石材，在极有限的空间，把自然山水中的峰峦洞壑概括提炼，使之变化万端，崖峦耸翠，池水相映，深山幽壑，势若天成。此外，常熟燕园、如皋文园、仪征朴园、江宁五松园、虎丘一榭园等都是他的手笔。学者洪亮吉曾写诗称赞他"奇石胸中百万堆，时时出手见心裁"。

廖化 襄阳（今属湖北）人，三国蜀汉右车骑将军，封中卿侯，为人忠勇，以果烈著称。廖化本名淳，世代为沔南的豪门世族，初任刘备属下前将军关羽的主簿。建安二十四年冬，吴将吕蒙袭取荆州，关羽兵败遇害，廖化亦归入孙吴。廖化思念汉主刘备，于是诈死，当时人们信以为真，廖化趁机带着母亲昼夜西行，奔赴蜀汉。章武二年春，刘备亲率诸将东征孙吴，在秭归与廖化相遇。刘备见到廖化后非常高兴，任命廖化为宜都郡太守。随后刘备进军至夷道县猇亭，以廖化为别督，与陆逊率领的吴军相对峙。但同年闰六月，刘备军战败，廖化随刘备退回蜀中。此后，廖化随蜀汉征战四十多年，直到最后刘禅投降，不久廖化病逝。由于蜀国偏安一隅，国力相对弱小，经济实力和人才储备都远不如魏国，甚至比吴国也显得稍逊一筹，于是后人有谚语说："蜀中无大将，廖化作先锋。"

庾 yǔ
[郡望] 颖川

终 zhōng
[郡望] 济南

庾姓出自上古庾官。古代粮仓称庾，管理粮仓的官员，其后人有以庾为氏的。

终姓出自颛顼。颛顼的孙子叫陆终，其后人有以终为氏的。

庾信 字子山，南阳新野（今属河南）人，南北朝时期著名文学家。其晚年诗文风格萧瑟苍凉，为杜甫等所推崇。庾信的父亲庾肩吾在南朝梁是著名的高斋学士之一，所以他也少负才名，博览群书。十五岁入宫为太子萧统伴读，十九岁任抄撰博士，后任梁湘东国常侍等职，陪同太子萧纲等写作一些绮艳的诗歌。梁武帝末，侯景叛乱，庾信时为建康令，率兵御敌，战败。建康失陷，他被迫逃亡江陵，投奔梁元帝萧绎。元帝承圣三年，他奉命出使西魏，抵达长安不久，西魏攻克江陵，杀萧绎。他被留在长安，后官至骠骑大将军开府仪同三司，故又称"庾开府"。庾信被强留于长安，永别江南，内心很是痛苦，再加上流离颠沛的生活，使他在思想、创作上发生了深刻的变化，迄今被传诵的诗赋，也都是到北方后所作。

终军 字子云，济南（今属山东）人，西汉著名政治家、外交家。终军十八岁被选为博士弟子赴长安，当他进入函谷关时，关吏发给终军"繻"，就是当时的通行证，终军问："要这个做什么？"关吏说："你出来的时候要用。"终军答道："大丈夫云游，必取功名，哪里会拿着这个东西出关！"说罢，弃繻而去。终军到长安后果然受到汉武帝赏识，封为谒者给事中（替皇帝传令的官）。后来他出差从函谷关走，又碰上那个关吏，官吏看着手持皇帝使节的终军道："这不就是那个弃繻的后生嘛！"几年后，南越要求和亲，皇帝派终军去说服南越王来朝见，终军一口答应，说道："请给我一根长缨（绳子），我一定把南越王捆回来！"后来，终军真的说服了南越王，但南越丞相不同意归顺，杀死了南越王和终军，终军时年二十三岁，所以后人也称之为"终童"。

暨 ^{jì}

［郡望］余杭

居 ^{jū}

［郡望］渤海

暨姓出自彭祖。彭祖后人有一支以暨为氏。唐朝时皇帝曾下令批准暨姓改为周姓。

居姓出自春秋时晋国。晋国有大夫先且居，其后人有以居为氏的。

暨陶 字粹夫，崇安（今福建武夷山市）人，北宋元丰年间进士。这一年考试发榜的时候神宗皇帝亲自主持，在集英殿召见这些未来的栋梁，状元名叫黄裳，于是专管唱名的官员高喊"黄裳！"黄裳出列见驾。可是到了第三名喊"暨陶！"没人答应，连喊三声之后，神宗皇帝就看着身边的吏部侍郎苏颂，好像在问他怎么回事。苏颂看了一下名单，对神宗说："他读错了，'暨'不能读去声，要读入声。"唱名的按入声又读了一遍，暨陶应声而出。神宗问苏颂："你怎么知道要读入声？"苏颂说："三国时候吴国有叫暨艳的，这个字就读入声，我估计这个暨陶是他的后代，所以这么猜想。"神宗又问暨陶是哪里人，暨陶回答说是崇安——果然是当年吴国的属地。

居廉 字士刚，号古泉，广东番禺（今属广州）人，清末画家，擅画花鸟、草虫及人物。他还擅长指头画，曾画过二十四番花信图。居廉的哥哥也是画家，两个女儿也都能继承家学。长女居庆，字佩徵，是晚清重臣于式枚的母亲。次女居玉徵，十七岁时无病而卒。

衡
héng
[郡望] 汝南

步
bù
[郡望] 平阳

衡姓出自商朝。商朝大臣伊尹曾担任阿衡，类似太子老师的官职，其后人有以衡为氏的。
步姓出自春秋时晋国。晋国有大夫步扬，其后人有以步为氏的。

衡咸 汉朝人，是当时著名学者五鹿充宗的学生，精通经史，辩才过人，后来当过王莽的讲学大夫。

步骘 字子山，临淮淮阴（今属江苏）人，三国时期吴国大臣，驻守西陵二十年，曹魏的边境将士都敬仰他的威信。他性情宽弘，很得人心，喜怒不形于声色，无论对内还是对外总是表现得十分恭敬。步骘教导门生时，手不释卷，衣饰和居处都和一般儒生一样朴素。但妻妾的衣饰奢华令他被当时人讥笑。后曾任吴国丞相。步骘年轻的时候家境贫寒，和好朋友卫旌一起白天种瓜，晚上读书。当时的地方豪强名叫焦矫，为了安全，步骘和卫旌挑着瓜去拜见焦矫。焦矫搭架子，很长时间也不接见，卫旌恼火了，说："我们回去吧！"步骘说："我们来拜见他，本来就是因为害怕他的权势，现在这么掉头就走，那不反而激怒他吗？"过了很久，焦矫出来了，请他们吃饭，但他自己躲在帐子后面，仆人送给他的都是上好的食物，而招待步骘和卫旌的都很粗劣。卫旌很是生气，什么也没吃，步骘倒是吃了个饱。出来之后卫旌说："你倒是真能忍啊！"步骘笑道："咱本来就贫贱，主人用这种方式对待咱们，有啥奇怪的？"

都 (dū)　　　耿 (gěng)

［郡望］高阳

都姓源头不详。古有信都氏、武都氏、玄都氏等，或由其简化而来。
耿姓出自商朝。商时有侯国名耿，其后人以耿为氏。

都穆　字玄敬，长洲（今江苏苏州）人，明金石学家、藏书家。都穆自幼好学，在家乡南濠一带远近闻名。老来致仕还乡，仍以读书为乐，终日捧读不倦，乡人都以都公为荣。相传一天晚上有人娶亲，花轿远道而来，走到半夜却不巧碰上大风雨，灯烛都被吹灭了，没有办法继续赶路。于是一行人沿路想借个火种，不想人们在风雨之夜都早已进入梦乡，根本没人开门。这时，一个本地轿夫忽然想起来："南濠都少卿家当有读书灯在！"于是众人直奔都穆家，果然老远看见烛窗幽映，果然都穆还在读书。叩开门，讨得火种，一行人欢天喜地而去。

耿寿昌　西汉理财家，历算家。宣帝时任大司农中丞，在西北设置"常平仓"，粮价低时高价收购以利农谷，贵时低价出售以赡贫民。他又精通数学和天文，修订《九章算术》，铸造浑天仪观天象，著有《月行帛图》等。常平源于战国时李悝在魏所行的平籴，即政府于丰年购进粮食储存，以免谷贱伤农，歉年卖出所储粮食以稳定粮价。范蠡和《管子》中也有类似的思想。汉武帝时，桑弘羊发展了上述思想，创立平准法，依仗政府掌握的大量钱帛物资，在京师贱收贵卖以平抑物价。宣帝元康年间连年丰收，大司农中丞耿寿昌把平准法着重施之于粮食的收贮，在一些地区设立了粮仓，收购价格过低的粮食入官，以利百姓。这种粮仓已有常平仓之名。这一措施收到成效后，耿寿昌又于五凤四年奏请在边郡普遍设置粮仓，常平遂作为一项正式的制度推行于较大范围。

都耿满弘

满 (mǎn)　弘 (hóng)

[郡望] 山阳

满姓出自胡公满。胡公满是舜的后裔，陈国的首任国君，其后人有以满为氏的。又南方荆蛮有瞒姓，后来讹变为满姓。

弘姓源头不详。一说以弘演为始祖。

满宠　字伯宁，山阳昌邑（今属山东）人，三国时魏大臣。满宠早年跟随曹操做从事，后来出任县令。地方上有一个曹洪的亲戚，屡次犯法，被满宠抓了起来。曹洪给满宠写信，满宠不加理睬，曹洪只好再去找曹操求情。满宠听说后，知道曹操会出面说情，索性先动手把这个人杀了。曹操听说后不但没有怪罪，反而高兴地说："用人就要用这样敢做敢当的！"后来，满宠为曹操立下了很多功劳，军事内政各方面都有建树，史书评价他"立志刚毅，勇而有谋"。

弘演　春秋时卫国忠臣。卫懿公爱好养鹤，如痴如迷，不恤国政。许多人投其所好，纷纷进献仙鹤，以求重赏。卫懿公把鹤编队起名，由专人训练它们鸣叫及和乐舞蹈。他还把鹤封有品位、供给俸禄，上等的供给与大夫一样的俸粮，养鹤训鹤的人也均加官进爵。每逢出游，其鹤也分班随从，前呼后拥，有的鹤还乘有豪华的轿车。为了养鹤，每年耗费大量的资财，为此向老百姓加派粮款，民众饥寒交迫，怨声载道。后来翟人攻卫，百姓都不肯参战，说："鹤有俸禄，让它们去打吧。"于是，敌人攻破城池，杀死了卫懿公并且吃掉了他。弘演出使回来后只找到了卫懿公的肝，于是，弘演便剖开自己的肚子把卫懿公的肝放进去，用自己的身体给卫懿公做了棺材。

kuāng

匡

[郡望] 晋阳

guó

国

[郡望] 下邳

> 匡姓出自春秋时鲁国。鲁国有匡句须，匡是鲁国邑名，由句须管理，其后人以匡为氏。到了宋朝，由于太祖名叫赵匡胤，臣民避讳，因此匡姓改为主姓，后来又颁布条例，说臣民不能以"主"为姓，所以又改为康姓。
>
> 国姓出自春秋时齐国。齐国上卿国氏，其后人以国为氏。又郑国子产的祖父字子国，其后人也以国为氏。

匡衡 字稚圭，东海承（今山东枣庄峄城区）人，西汉丞相。匡衡年轻时家里很穷，靠给富人家干活来借得书读，又因为没钱置办灯盏，只能借着墙壁缝隙透过来的邻家灯光读书，这就是后来广为流传的"凿壁偷光"的故事。经过苦学，匡衡的学问日益增长，特别对《诗经》有深入研究，能够深入浅出、富于幽默感地加以解说，以致那些学校里的师生编了一个顺口溜："无说《诗》，匡鼎来；匡说《诗》，解人颐。"意思是说，我们都不要谈论《诗经》了，匡衡马上会来讲解的，他讲《诗经》特别有趣，可以让人笑掉下巴。

国渊 字子尼，乐安（今山东沂源东南）人，是东汉经学大师郑玄的学生，三国时魏国大臣，忠于职守，勤政爱民，后官至太仆卿。曹操征讨关中，让国渊任居府长史，主管留守事宜。田银、苏伯在河间县谋反，失败后有许多馀党，理应依法治罪，国渊认为这些人不是首恶分子，请求不对他们执行死刑，曹操听从了他的意见。依赖国渊这个建议得以活命的有一千多人。写战胜贼兵的文书，旧例往往夸大，以一为十，到了国渊上报斩杀首级数量的时候，实有多少就报多少。曹操询问他这样做的原因，国渊说："在征讨境外敌寇时，多报斩首捕获士兵数量的人，是想要夸大战绩，并且用来显示给百姓去看、去听。而河间在我们境域之内，田银等人叛逆，虽然战胜他们是有功的，但我私下里仍为这事感到耻辱。"曹操很高兴，提升国渊为魏郡太守。

文 wén　　　　　　寇 kòu

［郡望］雁门　　　　　　［郡望］冯翊

> 文姓出自周王室。周文王的后裔有以文为氏的。另外，宋太祖赵匡胤的祖父名叫赵敬，宋朝臣民因避讳而将敬姓省去一半改为文姓。
>
> 寇姓出自周朝。西周大臣苏忿生担任司寇，其后人有以寇为氏的。一说周文王第九子康叔封担任司寇，其后人以寇为氏。

文天祥　字宋瑞，又字履善，号文山，庐陵（今江西吉安）人，南宋杰出的民族英雄和爱国诗人。文天祥是宝祐四年状元，官至右丞相兼枢密使。被派往元军的军营中谈判，被扣留。后脱险经高邮稽庄到泰县塘湾，由南通南归，坚持抗元。祥兴元年兵败，被张弘范俘虏，在狱中坚持斗争三年多。受俘期间，元世祖以高官厚禄劝降，文天祥宁死不屈，从容赴义。至元十九年十二月初九，在柴市从容就义。文天祥在南宋危亡之际，领兵抗敌，欲挽狂澜于既倒，不幸兵败被俘。在狱中他备尝艰苦，断然拒绝元人的诱降，至死不屈，最终英勇就义。他坚贞的民族气节，万世流芳。文天祥的名篇《正气歌》气势磅礴。他留下的名言"人生自古谁无死，留取丹心照汗青"，激励了一代又一代人奋起抵御外侮。

寇准　字平仲，华州下邽（今陕西渭南）人，北宋初年政治家。在后人的心目中寇准是一个好官，然而他的一生和北宋其他宰相相比显得并不成功。据说"不事产业聚典籍"的北宋名臣张咏在成都听说寇准当了宰相，便说："寇准虽然是个不可多得的人才，但可惜在学问上还有欠缺。"后来寇准罢相出知陕州，张咏从此路过，受到他的盛情招待。将要离开时，寇准亲自送到郊外，问道："您有什么临别赠言呢？"张咏慢慢地说："《霍光传》不可不读啊。"寇准听了，一时没有明白。回家后取出《汉书·霍光传》来读，读到"不学无术"一词时，才恍然大悟地笑着说："这就是张咏对我的规劝啊！"张咏本是说寇准书读得少，处事的方式方法有缺陷，后来"不学无术"则变成了贬义词。

广 guǎng

[郡望] 丹阳

禄 lù

[郡望] 扶风

> 广姓源头不详。一说传闻中黄帝时的有道之士广成子是其先祖。
> 禄姓出自商王室。商纣王的儿子武庚字禄父，其后人以禄为氏。

广 广姓在历史上是一个小姓，但见诸史籍的人物却并非没有，南宋有广汉，绍兴三年任通判赣州军事；明朝有广嵩、广严，都做过小官。大概是广姓后人为了编族谱的需要，后将祖先指为广成子。广成子在晋人葛洪的《神仙传》一书中位列第一，据说是在崆峒山上修炼得道，活了一千多岁，黄帝也曾向他讨教，而《神仙传》这个故事又大致是从《庄子》转载过来的。在道家著作里，黄帝是比老子更受推崇的人物，犹如儒家推崇尧、舜更甚于孔子。这样，广成子的定位之高就可想而知了。但古人的著作中每每夹杂传说，地位越高、越接近完美的人物神话色彩越浓，后来的广姓是否真的源于广成子或许只能存疑了。

禄存 明代武陟（今属河南）人。他从小勤奋好学，长大后由乡进京，一路科考均居榜首，此后功成名就，荣耀一世。

quē

阙

[郡望] 下邳

dōng

东

[郡望] 平原

> 阙姓源头不详。一说出自阙党童子。
>
> 东姓源头不详。一说以舜七友之一的东不訾为始祖。

阙 宋朝、明朝有不少阙姓的人，但都不出名，阙姓祖先到底是谁也就相应地不太清楚了。有一个说法比较有趣，说阙姓的祖先是阙党童子。"阙党童子"之称来源于《论语》中的一段，是说孔子教他在实践中学习礼仪。阙，指一种石质建筑物，孔子的老家曲阜有两个石阙，所以当地又被称为阙里。党是一个单位，旧说五百家为一党。童子，泛指未成年人。这样看来，所谓阙党童子，就是指的孔子老家的一个青少年而已，因为出现在《论语》中，所以比较有名。但如果说是一个姓氏的祖先，恐怕未必就是他这个人了。既然有名为"阙"的这样一个地方，倒更有可能是当时其中的一个大族或地方官的后人以阙为姓的可能更大，但今天已经无从详考了。

东荫商 字云雏，陕西华阴人，崇祯九年举人，性格沉稳，博古通今，诗文有章法，多变化。东荫商游历甚广，多结交天下豪杰。他又爱好书画，精于鉴赏。著有《华山经》、《臆略》等。

欧
^{ōu}

［郡望］平阳

殳
^{shū}

［郡望］武功

欧姓源头不详。一说出自春秋时铸剑大师欧冶子。一说出自古东瓯国，"瓯"也写作"欧"。

殳姓出自舜时。舜有臣子名殳斨，其后人以殳为氏。

欧冶子

春秋战国时越国人。欧冶子少年时代就开始学习冶金技术，冶铸青铜剑和铁锄、铁斧等生产工具。他肯动脑筋，也肯吃苦，实践中他发现了铜和铁性能的不同之处，冶铸出了第一把铁剑"龙渊"，成为中国冷兵器史上的里程碑，在春秋五霸、战国七雄的争霸战中，显示了无穷威力。关于"龙渊"，传说是奉楚王之命打造的，欧冶子走遍江南名山大川，寻觅能够出铁英、寒泉和亮石的地方，只有这三样东西都具备了，才能铸制出利剑来。最后他来到了龙泉的秦溪山旁，找齐了三宝，铸剑三把，"龙渊"便是其一。后来因避唐高祖讳，"龙渊"改名"龙泉"，成了中国历史上宝剑的代名词。

殳默

字斋季，浙江嘉善人，清朝才女，擅小楷，画学李公麟，九岁能诗，有诗集，十六岁未嫁而卒。

沃 wò
[郡望] 太原

利 lì
[郡望] 河南

> 沃姓出自商王室。商王沃丁的后人，有以沃为氏的。
> 利姓出自春秋时楚国。楚有公子利，采食于利，其后人以利为氏。

沃墅 浙江萧山人，明朝初年进士，曾任河南温县县令。当时的温县刚刚经历了元末的战乱，农业生产几乎处于停顿状态，老百姓衣食维艰。沃墅上任之后，积极发展生产，带领老百姓开垦荒地种植粮食，又种桑养蚕并根据当地条件种植枣树，几年下来百姓生活大为改观。老百姓的歌谣唱道："田野辟，沃公力；衣食足，沃公育。"到了沃墅要离任的时候，老百姓纷纷前来挽留，人群把道路都堵死了。

利振纪 广东镇平（今梅州蕉岭）人，清代武将，乾隆四十九年武进士，乾隆五十七年补湖北抚标左营守备。嘉庆元年八月，随侍郎惠龄剿匪，擒获白莲教首领张正谟等。次年，随提督庆成至黄龙堡山口剿捕姚之富，遇敌骑兵数百人，利振纪殊死抵抗，直入敌阵，杀死敌军头目二人，生擒二人，又杀入重围击杀十数人，伤重力尽阵亡。后朝廷部议，追赠云骑尉，其子利光荫袭。

蔚
yù

[郡望] 琅琊

越
yuè

[郡望] 晋阳

蔚姓源头不详。一说即尉姓。
越姓出自春秋时越王勾践。越国后来被楚国消灭，其后人有以越为氏的。

蔚昭敏 字仲明，开封祥符（今河南开封市开封县）人，宋代名将。真宗为襄王时，蔚昭敏自东班殿侍选入襄王府。真宗即位后，授西头供奉官，累迁崇仪使、冀贝行营兵马都监。契丹以五千骑突至冀州城南，蔚昭敏帅部迎战，大败敌军，得其辎重，贼兵溃逃，而宋军不失一人。咸平四年，领顺州刺史、定州行营钤辖兼押大阵，又为镇、定、高阳关三路先锋。契丹入侵，皇帝北巡至大名，契丹退向莫州，蔚昭敏与范廷召追至莫州东三十里，斩首万馀级，俘虏大量敌兵。后拜唐州团练使，累迁至殿前副都指挥使，迁都指挥使、保静军节度使。逝世后追赠侍中。

越石父 春秋时齐国的贤人。越石父曾因故被囚禁押解，相国晏子外出，在路上遇到他，就解开乘车左边的马，把他赎出来，用车拉回家。到家后，晏子没有跟越石父打招呼，就走进内室，过了好久才出来，越石父请求与晏子绝交。晏子大吃一惊，匆忙整理好衣帽道歉说："我即使说不上善良宽厚，也总算帮助您从困境中解脱出来，您为什么这么快就要求绝交呢？"越石父说："不是这样的，我听说君子在不了解自己的人那里受到委屈，而在了解自己的人面前意志就会得到伸张。当我在囚禁之中，那些人不了解我。你既然把我赎买出来，这就是了解我。了解我的人却不能以礼相待，那我还不如在囚禁之中。"于是晏子就请他进屋，待为贵宾。

夔

kuí

〔郡望〕京兆

隆

lóng

〔郡望〕南阳

> 夔姓出自春秋时楚王室。楚君继承人熊挚因病无法即位，被封为夔子，其后人以夔为姓，但其人其事与历史记载不同。一说舜时乐正名夔，其后人以夔为氏。
>
> 隆姓源头不详。一说春秋时鲁国有隆邑，当地人有以隆为氏的。

夔信 合肥（今属安徽）人，明成化年间举人，曾任雩都县知县。

隆英 利津（今属山东）人，明宣德年间南宫县知县。隆英在任时廉洁刚正，爱民如子，春夏之际常亲到田间督促生产，休息时又在大树下把农家孩子聚集起来给他们讲做人持家的道理，老百姓都很喜欢这个县令。当时附近有守卫京城的军队名叫神武卫，一天，神武卫来了两个使者拿着军队的行文到县里征地用于建造军营。隆英见了他们一点也不客气，告诉他们："我们县没有空地，只有我衙门前那块空地你们可以拿去用，此外都是百姓的衣食所在，一寸也不能给！"神武卫的军人平日都威风惯了，从没见过这么对待他们的。不过这两个使者也知道隆英素来刚强清廉，决不会让步，只好乖乖溜走了。

师
shī

[郡望] 太原

巩
gǒng

[郡望] 山阳

> 师姓出自周朝。周有尹氏，曾任太师，称师尹，其后人以师为氏。一说师是古代乐师的统称，一般由盲人担任，史籍中通常在其名前加一"师"字，比如师旷，而这些乐师的后裔也有以师为氏的。
>
> 巩姓出自周朝。周时有大夫采食于巩，其后人以巩为氏。

师巩厍聂

师范 字端人，号荔扉，又号金华山樵，云南赵州（今大理市凤仪镇）人，乾隆三十九年以云南乡试第二名为举人，以军功任望江知县。师范博览群书，下笔千言，转瞬即就。为官洞察果毅，尤精熟水利边防，于望江任上，搜集先辈文章汇刻成书，奖励后学。凡各级长官过境，如有索取，一概回绝。属下吏员有不法之徒，必严惩不贷。师范在任上最重教育，每年捐金数百与书院诸生，又时常入校考校生员学业，并亲为讲论辨析，使当地学风大盛，人才辈出。在望江前后八年，卒于任上。去世时，家中唯有书籍千馀卷。

巩永固 字洪图，宛平（今属北京）人，明末驸马，乐安公主的丈夫。李自成攻破北京城，巩永图保崇祯皇帝突围不成，回到家中。此时乐安公主已死，尚未安葬。巩永图杀死爱马，焚毁兵器，在公主的灵柩边堆放了很多木柴，并把家人一一遣散。有个老仆人不走，巩永图问他为什么，老仆人悲伤地说："我再等一会儿，伺候主人到最后一刻。"于是巩永图请老仆人倒了两杯酒，一杯撒在公主的灵柩前，另一杯自己喝下，在墙上大书"世受国恩，身不可辱"八个大字，然后拔剑自刎，最后仆人从外放火，举家殉国。

厍
shè

[郡望] 河南

聂
niè

[郡望] 河东

厍姓源头不详。一说出自北朝少数民族厍狄氏。
聂姓出自春秋时卫国。卫国有大夫采食于聂，其后人以聂为氏。

厍继生 广西融县（今融水苗族自治县）人，明正统年间任上杭县主簿。

聂夷中 字坦之，河南人，出身贫寒，唐咸通末年中进士，官至华阴县尉，到任时，除琴书外，身无馀物。仕途不得意。其诗多为五言，语言通俗，为晚唐诗中的优秀之作。因为他贫寒的出身，又特别能了解民间的疾苦，所以他的诗中经常能表达穷苦百姓的心声，其中《伤田家》一诗描绘了农民的疾苦："二月卖新丝，五月粜新谷。医得眼前疮，割却心头肉。我愿君王心，化作光明烛。不照绮罗筵，遍照逃亡屋。"一说著名的"谁知盘中餐，粒粒皆辛苦"也是他的作品。

晁
cháo

［郡望］颍川

勾
gōu

［郡望］平阳

晁姓出自周王室。周景王之子名朝，朝、晁古字通用，也写作"鼂"，其后人有以晁为氏的。又春秋时卫国有大夫史晁，其后人也以晁为氏。

勾姓出自句芒氏。句芒氏是传说中的古帝王，句音勾，其后人以勾为氏。

晁错 西汉颍川（今河南禹州）人。他曾经向文帝建议叫太子多学一些可用于当今实际的治理国家的学问和通晓法治的学说。文帝接受了他的建议，拜晁错为太子家令，让他辅导太子读书，并且称他为"智囊"。景帝即位以后，升迁为御史大夫。他研究总结先秦以来的法家思想，提出奖励农耕、抗击匈奴、削平藩国，并特别指出吴王有企图叛乱的阴谋，劝景帝迅速采取措施派兵讨伐。景帝接受了他的建议，对诸侯国进行了一些削藩的措施，结果引发了以吴王为首的"七国之乱"，晁错也受到恶毒的攻击。景帝一时动摇，杀了晁错。随后，景帝醒悟过来，下定决心平叛，结果只用了三个月的时间就平定了叛乱。

勾涛 字景山，成都新繁（今属四川）人，宋代史馆修撰，参与修纂哲宗、徽宗实录。崇宁二年进士，调嘉州法掾、川陕铸钱司属官。建炎初，通判黔州。七年，迁右司郎官兼校正。九月，兼权中书舍人。十二月，除中书舍人。八年，除史馆修撰，重修《哲宗实录》。六月，《哲宗实录》完成，复修《徽宗实录》。七月，除给事中。求去，以徽猷阁待制知池州，改提举江州太平观。俄除荆湖北路安抚使、知潭州。秦桧曾派人拉拢勾涛，勾涛回书拒绝。十一年，高宗对秦桧说："勾涛赋闲已久，他喜欢山水，可以就近找个山水郡县给他。"秦桧答："永嘉有天台、雁荡之胜。"高宗道："永嘉太远，还是湖州吧。"

晁勾敖融

敖 áo　　　融 róng

[郡望] 谯国

> 　　敖姓出自颛顼。颛顼别号大敖，其后人以敖为氏。一说大敖是颛顼的老师。
>
> 　　融姓出自祝融。

敖英　字子发，清江（今江西樟树）人，明正德十六年进士。授南京工部主事，历任陕西、河南提学副使，官至河南右布政使。工于诗，著有《心远堂稿》、《慎言集训》、《绿雪亭杂言》、《东谷赘言》等。

融　历史上并没有留下有关融姓著名人物的记录，但融这个姓据说是的确有的，而且祖先是大名鼎鼎的火神祝融。祝融是黄帝的后裔，是给人们带来光明和温暖的神祇。民间故事里说，燧人氏发明了钻木取火，但是日常取火却是一件麻烦事，尤其是长途迁徙时很不方便携带火种。祝融从山上滚下的石头溅出火星得到启发，用两块石头互相撞击来点燃干燥的芦絮，于是人们有了类似后来的火匣、火柴一类的工具，由此他也成了火正——专门管火的官。后来，祝融的族人向南迁徙，有的以祝为姓，有的以融为姓，但到了今天，祝姓者远远多于融姓者，不过一般他们都认为祝、融是一家。

冷 lěng

[郡望] 新蔡

訾 zī

[郡望] 渤海

冷姓出自伶伦。伶伦是黄帝时的乐官，其后人以伶为氏，又讹写为"冷"。

訾姓出自訾娵氏。訾娵氏是古部落名，相传帝喾的妃子即来自訾娵氏。

冷谦 字启敬，道号龙阳子，明朝时期武林（今浙江杭州）人。传说冷谦有仙术，他有个老朋友生活贫困，就来找他帮忙。冷谦说："我让你去个有钱的地方，但你只能拿两锭金子，千万别太贪心。"于是，他在墙上画了一扇门，那人一敲，门就开了。进去一看，里面全是金银，大喜之下忘了冷谦的叮嘱，狂敛一通才出来，结果一个疏忽把身上的证件掉在里面。过了几天，国库发现失窃，现场捡到一个证件，按证件又抓到了这个人，于是冷谦就被招出来了。冷谦当然被抓了起来，押解到半路，他向解差讨水喝，解差就给了他一瓶水。结果冷谦突然一伸脚，不知怎么的整个人就钻到瓶子里去了。解差没办法，只好拿着瓶子去交差。到了皇帝那里，冷谦就在瓶子里回答皇帝的讯问。皇帝生气了，把瓶子摔在地上碎成无数片，这一来可好，每一片碎片都在回答问题，皇帝彻底拿他没办法。

訾亘 山东博州（今山东聊城）人，金朝道士。大定二十一年，訾亘遇丹阳真人马钰，入全真教，次年，改师长春子丘处机。后又从刘长生学道。訾亘终年修行，勤而不懈，刘师尽传道法，赐道号"守真子"，因避圣讳，改作"存真子"。承安年间抵钧台，白日乞食街市，夜则归河龛，隐迹于市中，世人未知其有道行。时逢大雪，人多饿死，而訾亘十日不饮不食，仍端坐自如。自此之后，乡间人士多从他学道。贞祐四年元兵入侵关陕，破京师，官民散乱惊慌，而訾亘料事平安，乡人得以保全。元光年间奉诏入京，庭对称旨。正大元年赴蔡州千簪会，深得称誉。府掾舍家园三十余亩，创立玄真道院，令訾亘为主持。不数年，道众涌至，授徒数百人。

冷訾辛阚

辛
xīn

［郡望］陇西

阚
kàn

［郡望］天水

> 辛姓出自夏王室。辛，古与"莘"通用，辛氏即莘氏。一说以周武王时太史辛甲为先祖。
>
> 阚姓出自春秋时齐国。齐卿有阚止，其后人以阚为氏。

辛弃疾 字幼安，号稼轩，历城（今属山东济南）人，南宋爱国词人，其词抒写力图恢复国家统一的爱国热情，倾诉壮志难酬的悲愤，对南宋上层统治集团的屈辱投降进行揭露和批判；也有不少吟咏祖国河山的作品。他的词作艺术风格多样，而以豪放为主，热情洋溢，慷慨悲壮，笔力雄厚，与苏轼并称为"苏辛"。辛弃疾不仅是善于写词的文人，还是一个有才能的将军。他二十一岁参加抗金义军，曾亲自策马抓捕叛徒。后来历任湖北、江西、湖南、福建、浙东安抚使等，招集流亡，训练军队，奖励耕战，打击豪强，安定民生。他一生主张抗金，有《美芹十论》、《九议》等奏疏，提出抗金建议，但均未被采纳，并遭到主和派的打击，长期闲居于江西上饶、铅山一带。

阚泽 字德润，三国时吴国山阴（今浙江绍兴）人，少时家贫，帮人抄书为业，后来不但成为学者，而且精通历法数学。阚泽考虑到经传文章太多，很难得以全部应用。于是斟酌各家之说，节选三《礼》文字及各家注解，以此教授两宫，为他们拟定了出入及与宾客会见的礼仪。每逢朝廷讨论重要之事，有经籍方面的疑难之处，总是征询咨问他的意见。阚泽因为对儒学的勤奋钻研，被封为都乡侯。孙权曾问他："书传的诗赋，哪样最美？"阚泽想借机譬喻以治乱的道理开导孙权，于是回答说贾谊的《过秦论》最好，孙权便览阅这篇文章。各官署都存在一些弊端，孙权打算增添律令条例，来控制臣下，阚泽每次都说："应该依照礼仪、法律。"虞翻称赞阚泽道："阚子的儒术德行，也是当今的董仲舒啊！"

那
nuó

［郡望］丹阳

简
jiǎn

［郡望］范阳

那姓出自东夷。东夷有古国名朝那，其后人以国名为氏，后简化为那氏。

简姓出自春秋时周大夫简师父。

那尚絅
明弘治年间举人。

简雍
字宪和，涿郡（今河北涿州）人，是三国时蜀国的大臣，也是刘备的老朋友。他为人耿直，不拘小节，幽默风趣。刘备当上蜀国皇帝后，因为天旱无雨，粮食收入减少，所以他下命令禁止酗酒，同时禁止酿酒，甚至连酿酒的工具也禁止保存，一经查出，与酿酒、酗酒同罪。禁令一下，雷厉风行，老百姓叫苦连天，但刘备只装作不知道，一点也不放宽。有一天，简雍同刘备出行，看见一对男女远远走来，简雍就严肃地向刘备说："这对男女将犯淫罪，可以将他们拘捕法办。"刘备惊讶地问道："你怎么断定他们会犯淫罪呢？"简雍回答："很简单，因为他们身上都有淫具啊！"刘备听了哈哈大笑，当然也明白了简雍的意思，就取消了不准保有酿酒器具的禁令。

那简饶空

饶 (ráo)　　空 (kōng)

[郡望] 平阳

饶姓出自战国时齐国。齐有大夫采食于饶，其后人以饶为氏。
空姓源头不详。一说出自空桐氏，一说来自官名司空。

饶介 字介之，自号华盖山樵，江西临川（今属江西抚州）人，元末书法家、诗人，书法宗张旭、怀素，上追二王，飘逸奔放，圆转畅朗，秀媚多姿，明代书家宋克就出自其门下。元末张士诚在吴地时，饶介和另一个文人陈秀民同在张士诚部将吕珍帐下做参军。当时他们驻守浙江，两个文人对军事没多大兴趣，于是陈秀民写了一首诗给吕珍，其中有"闻说锦袍酣战罢，不惊越女采荷花"的句子，然后饶介大笔一挥把诗题在扇面上就送给了吕珍。诗是好诗，字是好字，无奈吕珍是个不识字的草包，叫人读给他听，再把意思翻译给他，听完了之后，吕珍火了："我为主公出生入死，血战沙场，岂有看见一个女子不忍惊动的道理！真让我碰见了，我必杀之！"

空 空姓是一个稀见姓氏，历史记载中也很难找到姓空的人。一般认为空姓是空桑、空同、空相、空侯等复姓简化而来，但这些复姓在今天也很罕见。

曾 *zēng*

[郡望] 鲁国

毋 *wú*

[郡望] 河东

> 　　曾姓出自夏王室。夏王少康少子曲烈封于鄫，春秋时鄫国被莒国消灭，鄫太子仕鲁，将国名去掉邑旁，以曾为氏。
> 　　毋姓源头不详。毋、母、毌三字字形相近，书写时经常混淆，故一说毋姓即毌丘姓的简化。另外，今又有以母为姓的。

曾参　字子舆，春秋鲁国南武城（今山东平邑）人，孔子弟子，后人多尊称他为"曾子"。曾参笃行孝道，据说孔子所作《孝经》就是跟曾参互相切磋的成果，而"曾子杀猪"更是家喻户晓的家庭教育故事。然而现实生活中，以孝著称的曾参也免不了有很难处理的事情。他的妻子有一次蒸梨没蒸熟，就被他休了。有人质疑，要休妻只有七种理由，蒸梨不熟这样的小事不在其列。曾参说："蒸梨这样的小事她都不能听话，何况大事？"终于休妻而不再娶。后来儿子请求曾参再娶，曾参说："过去殷高宗和尹吉甫都因为续娶，最终给前妻的儿子带来灾难，我的品行比不上他们，如果这么做我必定不能免灾。"

毋制机　宋末蜀人，分教黄州，兼领雪堂、河南两座书院，人称"平山先生"。

沙
_{shā}

［郡望］东莞

乜
_{niè}

［郡望］晋昌

> 　　沙姓源头不详。一说出自商王朝，纣王兄微子启的后人有受封于沙的，其后遂以沙为氏。
> 　　乜姓源头不详。一说是西北少数民族姓氏。

沙玉　湖广武昌（今属湖北武汉）人，明永乐年间任河南涉县知县。当时的涉县是出了名的贫困县，沙玉到任后首先宴请当地富豪，席间沙玉提出请富人们每户出资帮助贫困户购买必要的农具和生活用品，让他们得以安身立命。沙玉一方面跟富人们说明其中的道理，一方面又立下借据。既然有县官出面作保，事情当然也就很顺利了。在扶助穷人之后，沙玉并没有放任不管，他下令每个劳力除了日常耕作之外每人必须种一亩菜地，以备饥荒。有一年收获季节，粮食长势不错，不少百姓心中高兴，觉得收割也不急在一两天。沙玉却下令日夜加紧收割，就在即将完成收割之际，铺天盖地的蝗虫飞来，看到涉县没什么可吃的了，就飞到邻县，结果这一带地方只有涉县的损失最小。

乜　春秋时有乜城，后来有人认为其主人的后裔以地为姓。但史书上记载的一些乜姓人大多出于少数民族。

养
yǎng

［郡望］山阳

鞠
jū

［郡望］汝南

养姓出自春秋时楚国。楚有大夫采食于养，后人以养为氏。一说其始祖即养由基。一说养由基复姓养由，另有养姓。

鞠姓出自后稷。传说后稷的孙子生而手上有"鞠"字，因以命名，其后人以鞠为氏。

养由基

春秋时楚国名将，是我国古代著名的神射手。当时，还有一个善射箭的人，名叫潘党，能每箭射中箭靶的红心。养由基对他说："这还不算本事，要能在百步之外射中杨柳叶子，才算差不多了。"潘党不服，当即选定柳树上的三片叶子，并标明号数，叫养由基退到百步之外，按顺序去射。养由基连射三箭，果然第一箭中一号叶，第二箭中二号叶，第三箭中三号叶，箭镞全都正中叶心。这就有了以后的成语"百步穿杨"，用来形容箭术高明。后来，在楚国与晋国的战斗中，晋将吕锜射中了楚共王的眼睛，楚共王招来养由基，给了养由基两枝箭，命他射吕锜，结果养由基一箭就射中了吕的颈项，拿着剩下的一枝箭向楚王回命。

鞠履厚

字坤皋，一字樵霞，号一草主人，奉贤（今属上海）人，幼有天赋，勤学博览。入国学后刻苦读书，因而患病，以致身体羸弱，不能承受科举考试之苦。于是专攻书画，通六书，精于治印。著有《印文考略》、《坤皋铁笔》。

须 xū

[郡望] 渤海

丰 fēng

[郡望] 松阳

> 须姓出自商代。商代有古国密须，其后人以须为氏。一说春秋时有须句国，也是须姓源头。
>
> 丰姓出自春秋时郑国。郑穆公有子名丰，其后人以丰为氏。

须来西 毗陵（今江苏常州）人，明末生员，酷爱六书，着力精研。他性格孤高，常说："世人不识字便欲轻作，骗得了谁呢？"甲申之变，他绝食殉国。

丰稷 字相之，北宋明州鄞（今浙江宁波）人，中进士后任谷城令，当时光化知县华康直和丰稷都被百姓称颂，民间的歌谣说："华光化，丰谷城。清如水，平如衡。"后任监察御史，曾抨击王安石，而对蔡京、章惇两个奸臣的攻击也是由他开始。丰稷历任要职，建中靖国元年徽宗即位，召为谏议大夫，迁御史中丞，俄转工部尚书兼侍读、礼部尚书。崇宁元年出知苏州，以枢密直学士守越，入元祐党籍。九月责授道州别驾，台州安置，除名徙建州，移婺州居住。后稍复为朝请郎，提举亳州太清宫。他清苦廉直，对抗权臣，所上《崇俭爱民疏》、《揭蔡京蔡卞奸邪疏》等，针贬时弊，义正辞严。他又是个博学多闻的学者，著有《孟子注》。其文典雅得体，其诗寓情言志，为后人所重。

巢
cháo

［郡望］彭城

关
guān

［郡望］陇西

巢姓出自有巢氏。有巢氏是上古传说中的帝王。一说春秋时有巢邑大夫牛臣，其后人以巢为氏。

关姓出自夏朝。夏有大夫关龙逢，其后人以关为氏。又周朝有守关的官员称关尹，得老子真传的关尹喜就是最著名的一个，于是有以关尹喜为关氏始祖的，也有说关姓是由关尹的官名而来。

巢元方

隋太医博士，业绩卓著，著有《诸病源候论》。《诸病源候论》又称《巢氏病源》，足见巢元方对这部巨著问世刊行之功高不可没。全书共50卷，按病因证候分为67门，共载列专论1720条。书中每条专论包括疾病发生原因、病理、病变表现，专论后附有导引等外治方法，却不同于历代方书那样列法载方，以示本部巨著专为探讨诸病之"源"、"候"而设。《诸病源候论》问世，标志着中医病因学、证候学理论得以系统建立。它"荟萃精说，沉研精理，形脉证治，罔不该集"，唐代孙思邈撰著《千金要方》、《千金翼方》、王焘编著《外台秘要》，宋代大型方书《太平惠方》，其中关于疾病病因及证候的论述及分析，大都以《诸病源候论》为宗。

关羽

字云长，河东解（今山西运城）人，三国时期蜀国著名大将。生前功勋卓著，身后威名远扬，是一位有勇有谋、有情有义的将军，为历代统治者所推崇，唐朝时被列为六十四名将之一。宋代以后，关羽更是成了武圣人，关羽庙也升格为武庙，和孔子的文庙并驾齐驱。在民间，百姓对关羽也是津津乐道，京剧中以他为主人公的戏就有二十出之多。小说《三国演义》的问世更是把关羽的故事宣传得家喻户晓，像桃园结义、刮骨疗毒、水淹七军、千里走单骑、诛文丑、斩颜良、单刀赴会等等都是一般人十分熟悉的。有人说，关羽是一种文化现象，在他身上能够找到人类共同认可的文化价值。

蒯
kuǎi

[郡望] 襄阳

相
xiāng

[郡望] 巴郡

蒯姓出自春秋时晋国。晋有大夫蒯得，其后人以蒯为氏。
相姓源头不详。

蒯通 本名蒯彻，避汉武帝讳改。汉初范阳（今河北定兴）人，著名的说客。韩信奉诏攻齐时，在得知郦食其成功说服齐国以后，原本打算退军。此时蒯彻以汉朝未下诏退军和争夺军功说服韩信攻击未作防备的齐国。韩信因功被刘邦封为齐王，当时的韩信手握重兵，蒯通便试图说服他反叛刘邦，与项羽三分天下。蒯通的游说工作有计划而且说辞十分精彩，可惜韩信太过自信，没有采纳蒯通的建议。最后，韩信被贬为淮阴侯，随后以谋反的罪名被杀，临死前感叹悔不听蒯通之言。刘邦听说后便找蒯通问罪，蒯通说："做人各为其主，我当时只知道韩信，不知道陛下。那时是秦国丢了一头鹿，天下人都在追，谁有本事谁就能得到，大家都在做和陛下相同的事情，只不过更多的人力量不够而没有做到，陛下要把这些人都杀掉恐怕是杀不完的。"刘邦听了觉得很有道理，就把蒯通放了。

相世芳 山西安邑（今夏县）人，明正德进士，嘉靖年间任刑部郎中，因议大礼，抗疏直谏，被贬谪戍延安十三年，终无怨言，死后追赠太常寺少卿。

百家姓

查
zhā

[郡望] 海陵

后
hòu

[郡望] 东海

> 查姓源头不详。春秋时楚国有地名柤,古字柤、櫨、楂通用,查姓当与此地有关。
>
> 后姓出自共工氏。共工氏之子名勾龙,担任后土,是掌管土地的官名,其后人以后为氏。另有姓"後"的,现在也简化成"后"了,这两个字已不区分了。

查后荆红

查伊璜 海宁(今属浙江)人,明末孝廉。有一年冬天下雪,查伊璜外出散步,看见路边屋檐下蹲着一个乞丐,相貌不凡,查伊璜就问:"你就是传说中那个'铁丐'吗?"乞丐点头称是。查伊璜虽是文人,也很有豪侠之气,便请铁丐一起去喝酒,临别还送了他一件棉衣。第二年春天,查伊璜在西湖又碰见他在要饭,便跟他聊了起来。这一聊才知道,此人叫吴六奇,是广东大家子弟,因为好赌败了家产。查伊璜愈发觉得这是个奇人,临别又给了他一大笔钱。吴六奇靠这笔钱回到广东做了驿卒,因为熟悉地理,后来帮助清军有功,做到了广东水师提督。等到身居高位的吴六奇携重金来酬谢查伊璜时,查伊璜几乎已忘了十年前的事了。后来,著名的吴兴私史一案牵涉到查伊璜,吴六奇竭力营救才使他幸免于难,也算真正报了恩。

后处 字子里,春秋末期齐人,孔子弟子,潜心传播儒学。唐开元年间封"营丘伯",宋时又加封"胶东侯"。

荆 jīng　　　　红 hóng

[郡望] 广陵

荆姓出自楚国。楚国在历史上存在的时间几乎与整个周朝相同，在诸侯国中一度占地最大。荆是楚的别名，所以楚人有以荆为氏的。

红姓出自西汉王室。汉楚元王之子刘富被封为红侯，其子孙有以红为姓的。

荆浩　字浩然，沁水（今属山西）人，五代时的山水画家。传说荆浩在太行山写生时遇见一位老人，老人看了他的画后不以为然地说："你知道笔法吗？"荆浩看老人貌似野人，瞧不起地反问："难道你懂吗？"老人说："画有六要，即气、韵、思、景、笔、墨。画不能只求相似，而要求其真、求其神。你的画只画出了物体的外形，却忽略了它的精神，一幅好画应是神形兼备的。"荆浩一听顿觉惭愧，于是虚心求教，并恳求跟从他学画。老人说："不必这样，你就按我的说法去画，必有长进。"第二天，荆浩再寻访老人，已毫无踪迹。于是，他重入山间，牢记画法六要，终于技艺大进，形神皆备，成为名家。在绘画史上，他的山水画标志着中国山水画的一次大突破。他所作的全景式山水画更为丰富生动，其特点是在画幅的主要部位安排气势雄浑的主峰，在其他中景和近景部位则布置乔窠杂植，溪泉坡岸，并点缀村楼桥杓，间或穿插人物活动，使得一幅画境界雄阔、景物逼真、构图完整。荆浩的这种全景式山水画，奠定了稍后由关仝、李成、范宽等人加以完成的全景山水画的格局，推动了山水画走向空前未有的全盛期。他那表现北方山形特点的"云中山顶，四面峻厚"的雄伟风格，对于北宋前期山水画的发展产生了极大影响。

红尚朱　山西阳曲人，明正统年间郧西县丞。

游 yóu　　　　竺 zhú

［郡望］广平　　　　　　　　［郡望］东海

> 游姓出自春秋时郑国。郑穆公之子字子游，其后人以游为氏。
> 竺姓出自西域。印度古称天竺，来中原的印度人有以竺为姓的。

游酢　字定夫，建州建阳（今属福建南平）人，北宋学者、哲学家。他拜理学家程颐为师，刻苦读书，学问渊博，是"程门四大弟子"之一。他与杨时初次拜见程颐时，程颐闭目而坐，二人站在门外而不离去。等发觉时，门外已雪深三尺，这就是"立雪程门"成语的由来。二人又师从程颢，学成之后南归，程颢目送他们，深有感触地说："吾道南矣！"游酢的主要成就在儒学方面，被后世学者尊称为"若山先生"。他所著的《易说》、《中庸义》、《论语孟子杂解》等书尤其受到学者的推崇。游酢的学生中著名的有黄中、胡文定、胡宪、吕东莱等人。黄中既是游酢门人，又是游酢的外甥，深受游酢的器重，实得游酢理学之真传。朱熹是黄中的学生，所以朱熹是游酢的三传弟子。朱熹对游酢极为崇拜，深受游酢理学思想之影响。朱熹在他的《四书集注》中引用了许多游酢语录，朱子理学体系的形成深受游酢的影响，后人常说"程朱"理学，真正将程、朱连接起来的正是游酢、杨时等人。

竺大年　字耕道，浙江奉化人，宋朝学者，著有《礼记订议》。

权
quán

[郡望] 天水

逯
lù

[郡望] 广平

> 权姓出自商王室。商王武丁的孙子被封于权，其后人以权为氏。一说出自楚王室。
>
> 逯姓出自战国时秦。秦有大夫封于逯，其后人以逯为氏。

权德舆 字载之，天水略阳（今甘肃秦安）人，唐德宗时征为太常博士，转右补阙，后为起居舍人兼知制诰，迁中书舍人。宪宗时拜礼部尚书，同中书门下平章事，出为山南西道节度使。四岁能诗，十五岁已写文章数百篇，编为《童蒙集》十卷，名声大振，到老仍热爱读书。德宗贞元年间，权德舆一度身兼中书、门下两省要职。唐朝实行三省六部制，中书省、门下省、尚书省都是掌管国家政务的部门，三者共同商议又相互制约，所以一人兼职两省不仅罕见而且非常劳累，权德舆两头上班，几天才能回家一次。权德舆上书请求皇帝增加人手分担政务，皇帝回答说："我不是不知道你的操劳，只是暂时找不到你这样的人才啊！"

逯中立 字与权，山东聊城人，明万历十七年进士，任吏科给事中，因抗疏直言，为高攀龙、顾宪成讼冤，被贬为陕西按察司知事。

盖
(gě)

[郡望] 安阳

益
(yì)

[郡望] 冯翊

> 盖姓源头不详。一说战国时齐国大夫采食于盖，其后人以盖为氏。
> 益姓源头不详。

盖宽饶 字次公，魏郡人，汉代名吏。盖宽饶为人刚正不阿，严格执法。一次，平恩侯许伯新建的府第落成，丞相以下众达官贵人纷纷前往祝贺，只有盖宽饶不去，后来许伯再三邀请才去，坐下第一句话就说："不要让我多饮酒，我是酒狂！"丞相魏侯半开玩笑地说："他醒的时候就狂，何必饮酒？"一会儿酒酣作乐，长信少府檀长卿起舞，扮成猴子与狗斗，满座大笑。唯独盖宽饶仰头环视新房，长叹一声说："这房子真好啊！然而富贵不能长久，新居落成忽然换了主人的事，我见得多了。唯有谨慎做人才能长久，君侯要引以为戒啊！"说完，便退席而去，接着就向宣帝弹劾檀长卿在众人面前跳猴狗舞，失礼不敬。宣帝要拿檀治罪，最后许伯亲自入朝谢罪才得以幸免。（盖姓又可读gài。）

益畅 四川眉州人，南宋进士。

桓 *huán*　　　公 *gōng*

[郡望] 谯郡

> 桓姓出自春秋时齐国。齐桓公后人有以桓为氏的。又宋国有宋桓公，其后人也有以桓为氏的。
>
> 公姓出自春秋时鲁国。鲁昭公有二子，公衍、公为，其后人以公为氏。

桓伊　字叔夏，小名子野、野王，东晋谯国铚县（今安徽濉溪）人，历任淮南太守、豫州刺史。他通音律，善吹笛，时称江左第一。王徽之应召赴都城建康，所乘的船停泊在青溪码头。恰巧桓伊在岸上过，王徽之与桓伊并不相识，这时船上一位客人道："这便是桓野王。"王徽之便命人对桓伊说："闻君善吹笛，试为我一奏。"桓伊此时已是高官贵胄，但也久闻王徽之大名，便下车上船。桓伊坐在胡床上，取出笛子吹三弄（指同一段曲调反复演奏三次）梅花之调，高妙绝伦。吹奏完毕，桓伊立即上车走了，宾主双方始终没有交谈一句话。桓伊既敦和又风雅，而王徽之狂狷且博闻，二人相会虽不交一语，却是难得的机缘。正是由于二人的不期相遇，才促成了千古佳作《梅花三弄》的诞生。

公勉仁　字尚德，山东蒙阴人，明朝官员，曾遭宦官刘瑾排挤，后任右佥都御史。

万俟
mò qí

[郡望] 开封

司马
sī mǎ

[郡望] 河内

万俟姓出自鲜卑族。南北朝时期，鲜卑族在中国建立北魏政权，之前约二百年，其祖先后魏献帝拓拔邻有个弟弟，其后人姓万俟。

司马姓出自周王室。周宣王的孙子程伯休父曾担任司马，其后人以司马为氏。

万俟咏

字雅言，号大梁词隐，宋代词人。他精通音律，与周邦彦、田为、晁元礼等共同审定旧调，创造新词。其词审音辨律，造语典丽，每出一词，次日即盛传都下。

司马光

字君实，号迂叟，世称涑水先生，陕州夏县（今属山西）人，北宋政治家、史学家，他的史学巨著《资治通鉴》与司马迁的《史记》有着同样重要的地位，而"司马光砸缸"还有削圆木为"惊枕"发奋苦读等故事更是广为流传。作为政治家，司马光爱惜人才，任人唯贤，为政以爱民为本。他做宰相期间，河南许昌一带遭受严重的自然灾害，他立即奏请皇帝发钱粮赈饥，并下令各州县立即开仓放粮。同时，派专人赶赴现场视察灾情，监督救灾措施的具体实施，因此当地没有饿死者和外出逃难者，并很快度过了困难期。司马光严于律己，两袖清风，任官四十年，只是在洛阳有薄田三顷。他的夫人去世时，无以为葬，只得卖田以充置棺椁。司马光去世后，皇帝赐碑"忠清粹德"。

上官
shàng guān

[郡望] 天水

欧阳
oū yáng

[郡望] 渤海

上官姓出自战国时楚王室。楚怀王之子子兰曾任上官邑大夫，其后人以上官为氏。

欧阳姓出自春秋时越国。越国后来被楚国消灭，越王勾践的后裔有被封于欧馀山之阳，为欧阳亭侯，其后人以欧阳为氏。

上官仪

字游韶，陕州陕县（今属河南）人，唐朝诗人。上官仪受南朝文化的熏陶和宫体诗影响，诗文风格绮艳。擅长五言诗，格律工整，内容多为应制奉命之作，歌功颂德，粉饰太平，追求形式美，词藻华丽，绮错婉媚。因其地位显赫，时人多加仿效，世称上官体。他又归纳六朝以后诗歌的对偶方法，提出六对、八对之说，代表了当时宫廷诗人的形式主义倾向，但对律诗的定型有促进作用。

欧阳修

字永叔，号醉翁，晚号六一居士，江西吉安人，北宋政治家、文学家、史学家。一生从政四十二年，历尽坎坷，但他办事认真，从不懈怠，而且始终把勤于政事和嗜好读书紧密相联，相辅相成地取得了多方面的成就。他治学严谨，坚持钻研经史、著书立论、创作诗词散文，虽有时日理万机，有时困于贬谪，却从未弃置和间断过，日常的一点闲暇时间也用来阅读和构思。一次，欧阳修和几个朋友谈论当时几个爱读书的名人善于利用时间的话题，欧阳修说："我平生的文章大多成于'三上'——马上、枕上、厕上，因为这三个情况下构思文章特别有效。"正是凭着这样一种孜孜不倦的精神，欧阳修取得了惊人的成就，在许多方面都有杰出贡献。

夏侯
xià hòu

[郡望] 谯国

诸葛
zhū gě

[郡望] 琅琊

夏侯姓出自夏王室。禹的后裔被封于杞，战国时被楚惠王消灭，末代国君杞简公的弟弟逃亡到鲁国，被封为夏阳侯，其后人以夏侯为氏。

诸葛姓出自夏朝诸侯国葛。其后裔本以葛为氏，住在琅琊。后来有一支迁徙到阳都，那里已经有詹葛氏居住，他们后到，就被称为诸葛。

夏侯婴 秦末沛县 (今属江苏) 人，与刘邦是少时的朋友，跟随刘邦起义，立下战功，后封为汝阴侯。楚将季布为人好逞意气，爱打抱不平，在楚地很有名气。项羽派他率领军队，屡次使汉王刘邦受到挫败。等到项羽灭亡以后，汉高祖出千金悬赏捉拿季布，并下令有胆敢窝藏季布的论罪要灭三族。季布辗转躲藏，被卖给鲁地的朱家。朱家心里知道是季布，便买了下来安置在田地里耕作，随后到洛阳拜见夏侯婴。夏侯婴留朱家喝了几天酒。朱家乘机对夏侯婴说："季布犯了什么大罪，陛下追捕他这么急迫?"夏侯婴说："季布多次替项羽窘迫皇上，陛下怨恨他，所以一定要抓到他才干休。"朱家说："您看季布是怎样的一个人呢?"夏侯婴说："他是一个有才能的人。"于是朱家从刘邦的角度仔细分析了抓捕季布的利弊，夏侯婴知道朱家是位大侠客，猜想季布一定隐藏在他那里，便答应说："好。"夏侯婴等待机会，果真按照朱家的意思向刘邦奏明。最终刘邦赦免了季布。

诸葛亮 字孔明，号卧龙，三国时期著名的政治家、军事家，蜀国丞相。诸葛亮二十七岁时，刘备三顾茅庐请他出山辅佐。刘备去世后，诸葛亮被封为武乡侯，领益州牧。他勤勉谨慎，大小政事必亲自处理，赏罚严明，与东吴联盟，改善和西南各族的关系，实行屯田，加强战备，前后六次北伐中原，终因积劳成疾，病逝于五丈原军中。千百年来诸葛亮成为智慧的化身，其传奇性故事为世人传诵。诸葛亮临死前给皇帝刘禅上表说："成都有桑八百株，薄田十五顷，弟子衣食自有馀饶。臣死之日，不使内有余帛，外有赢财以负陛下。"这种廉洁奉公的精神更是深深感动着后人。

夏侯 诸葛 闻人 东方

闻人
wén rén

[郡望] 河南

东方
dōng fāng

[郡望] 平原

> 闻人姓源头不详。一说春秋时鲁国的少正卯是当时的闻人，即名人，其后人以闻人为氏。
>
> 东方姓出自伏羲。传说伏羲创造了八卦，而《周易》中有"帝出乎震"的说法，震表示东方，所以伏羲后裔有以东方为氏的。

闻人宏

字君度，浙江嘉兴人，北宋大观年间进士，历任通州司法、天台兵曹、宣城知县、常州通判，著有《中兴要览》、《周官通解》、《经史旁阐》等。

东方朔

字曼倩，平原厌次（今山东德州陵县）人，汉武帝时大臣，性格诙谐幽默。一次祭祀之后，按规矩要把肉分发给百官，可是主持分肉的官员迟迟不到，东方朔自作主张割了一块肉就回家了。第二天就有人告状，汉武帝找来东方朔，还没开口，东方朔先把帽子摘了开始诚恳检讨："我来接受赏赐的肉却不等统一命令，多么无礼啊！我拔出剑来就割下一块肉，多么雄壮啊！我就割了那么一小块，多么清廉啊！我割了肉回家就交给老婆，多么仁爱啊！"听得汉武帝和众大臣哈哈大笑，武帝说："我让你检讨，你倒表扬起自己来了！"说罢，下令赏了东方朔一石酒、百斤肉。汉武帝的妹妹隆虑公主老来得子，封昭平君，深得武帝宠爱，但他却骄横不法，酒后杀人，廷尉不敢依法治罪，特向武帝请示。武帝碍于法律，不好明令赦免。于是假意哭泣，想暗示廷尉免罪。左右大臣都看出了皇帝的用意，纷纷为昭平君求情，唯独东方朔故作糊涂，向汉武帝祝颂说："圣王执政，哭赏不避仇敌，诛杀不择骨肉。今圣上严明，天下幸甚！"此举使汉武帝难徇私情，不得不忍痛依法惩处了昭平君。

209

赫连
hè lián

［郡望］盛东

皇甫
huáng fǔ

［郡望］安定

赫连姓出自汉时匈奴。匈奴与汉王朝通婚，有右贤王刘去卑，到南北朝时，其后人名勃勃，建立夏国，改姓赫连，取义美好显赫。

皇甫姓出自春秋时宋国。宋戴公之子名充石，字皇父，其后人以皇或皇父为氏，父、甫二字通用，故又写作皇甫。

赫连勃勃

字屈孑，匈奴铁弗部人，匈奴右贤王去卑的后代，十六国时期胡夏国的建立者，赫连一姓也是由他开始的。义熙三年，赫连勃勃叛秦自立，自称天王、大单于，赦免境内罪犯，建年号为龙升，设置和任用百官。以匈奴为夏后氏的后代，故国号大夏。

皇甫湜

字持正，睦州新安（今浙江建德淳安）人，唐代文学家，韩愈的学生。他的古文创作发展了韩愈奇崛的一面，用奇字、造怪句，为人也是古怪而急躁。宰相裴度修福先寺要立一块碑，找白居易写碑文，皇甫湜火了："舍近求远，不找我去找白居易？以后别再见我了！"裴度连忙道歉，改让他写。于是皇甫湜痛饮斗酒，援笔立就。裴度拿过来一看，傻了——看不懂。没办法，送给他一些彩帛打发了吧。皇甫湜又火了："我从不轻易给人写，现在三千字，每字起码三匹绸缎！"裴度没办法，数了一下，碑文3254字，送给他9762匹绸缎。还有一回皇甫湜让儿子抄录诗作，儿子抄错了一个字，皇甫湜一边骂一边抄起手杖要揍他，儿子见势不妙撒腿就跑。皇甫湜眼看追不上，一肚子怒气无处发泄，照着自己的手臂就是一口，咬了个鲜血淋漓。

尉迟 yù chí

公羊 gōng yáng

［郡望］顿丘

　　尉迟姓出自鲜卑族。东晋时期，鲜卑人拓跋珪建立北魏政权，与之同时的还有一个叫做尉迟部的鲜卑部落，其后人以尉迟为姓。
　　公羊姓源头不详。史上此姓只有一个名人公羊高，一说公羊、穀梁其实都是"姜"的反切。

尉迟恭 字敬德，朔州善阳（今山西朔州朔城区）人，唐朝开国大将，李世民的心腹，曾在战斗中拼死救出身陷绝境的李世民，后来玄武门之变又功居第一，官至唐右武候大将军，封鄂国公，是凌烟阁二十四功臣之一。民间传说唐太宗李世民早年平定瓦岗、扫窦建德、镇杜伏威，其间杀人无数，即位之后，身体极差，常做恶梦，并说宫中有恶鬼。于是，群臣提出让元帅秦琼与大将军尉迟恭二人每夜披甲持械守卫于宫门两旁。这么一来，太宗倒真的不做恶梦了。久而久之，太宗念秦琼、尉迟恭二将日夜辛劳，便让宫中画匠绘制二将的戎装像，怒目发威，手持鞭锏，悬挂于宫门两旁。后世沿袭此法，二将就成了在民间流传最广、影响最大、贫富皆爱的门神，至今长盛不衰。尉迟恭晚年谢绝宾客，于显庆三年（658年）去世，唐高宗废朝三日，诏京官五品以上及朝集使赴第临吊，册赠司徒、并州都督，谥曰忠武，陪葬昭陵。

公羊高 战国时齐国人，相传是孔子七十二弟子之一子夏的弟子，专门研究《春秋》，《春秋公羊传》的作者。

百家姓

211

澹台 tán tái　　公冶 gōng yě

澹台姓源头不详。孔子弟子有澹台灭明。

公冶姓出自春秋时鲁国。鲁有大夫季氏，鲁襄公时季氏有族子字公冶，其后人以公冶为氏。

澹台灭明

字子羽，武城（今山东平邑）人，孔子弟子。澹台灭明重义轻财。一次，他身带一块价值连城的宝玉渡河，舟至河心，忽有二蛟从波涛中跃出，对渡船成夹击之势，欲夺宝玉。澹台灭明气愤地说："吾可以义求，不可以力劫。"遂挥剑斩二蛟于河内，并将宝玉投入水中，以示自己毫无吝啬之意。他的这种高尚品德影响了一代又一代鲁人。数千年盛行于齐鲁大地"宁让钱，不让言"的鲁国遗风，可以从澹台灭明身上找到影子。

公冶长

字子长，春秋时齐国人，一说鲁国人，孔子弟子，因德才兼备，深为孔子赏识。公冶长一生治学，不愿做官，并继承孔子遗志，教学育人。相传公冶长能通鸟语，他从卫国返回鲁国的途中，看到一群恶鸟在空中飞过，彼此相呼："往清溪食人肉！"往前又走了一程，遇见一个寻子的老妪，公冶长就把鸟儿的话告诉了她。老妪到清溪一看，死尸的眼睛已被鸟啄成两个肉坑，但自己的儿子她还认得出。老妪告到官府，官吏问她如何找到的，她回答说是公冶长告诉她的，并说公冶长是听鸟说的。这样官吏就产生了怀疑，把公冶长关进了监狱，直到后来公冶长确实证明自己懂鸟语之后才被释放。

宗政
zōng zhèng

[郡望] 彭城

濮阳
pú yáng

[郡望] 平陵

> 宗政姓出自西汉。楚元王交之孙刘德做过宗正，即掌管皇族内部事务的官，其后人以宗正为姓，正，又写作"政"。
>
> 濮阳姓出自地名。濮阳在今河南省。

宗政辨 济阴（今山东定陶西北）人，唐朝人，任殿中少监。

濮阳瑾 字良玉，广德（今属安徽）人，明天顺时以岁贡廷试第一授宁阳县丞。濮阳瑾在任时遇到饥荒，他奔忙在赈济工作的一线，因为安排得当、工作细致，所以远近百姓赖以存活的不计其数。因为他赈济有方，许多百姓自发组织起来向上举荐他，希望他能担任县令。但濮阳瑾因家中父母年迈无人照料，坚辞不允，后来沿路为他送行的百姓排出了几十里。

淳于 (chún yú)　　　单于 (chán yú)

[郡望] 齐国

> 淳于姓出自春秋。春秋时有小国名淳于，其后人以淳于为氏。
> 单于姓出自匈奴。

淳于缇萦

西汉名医淳于意弃官行医，救死扶伤，深受百姓尊敬。一次，他为一个贵妇看病，诊断后知道贵妇已病入膏肓，无可救药。但是，经不住贵妇家人再三恳求，只好勉强开了几帖草药。不久，贵妇病逝，家人一口咬定是淳于意错开药方所致。昏庸的官吏不分青红皂白，判他有罪，须受肉刑。由于淳于意当过官，所以被押送到都城长安去受刑。淳于意感叹自己没有儿子，遇上困难女儿们一个也帮不上忙。最小的女儿缇萦听了，决定陪父亲上长安去，替他申冤。到了长安后，缇萦请人代拟奏章向皇帝陈述冤情，同时指出肉刑的不人道，并甘愿替皇室当奴婢，为父亲赎罪。汉文帝读完奏章后，不但对缇萦表示同情，而且专门召集群臣进行商议，最终废除了肉刑。

单于

单于是古代匈奴首领的称号，其后裔或有以单于为姓的。然而自从汉朝以来，汉族常与匈奴为敌，所以生活在汉族聚居区的单于姓多改成了单姓。

太叔 tài shū

申屠 shēn tú

[郡望] 河西

太叔姓出自春秋时卫国。卫文公之子名太叔仪，其后人以太叔为氏。

申屠姓出自西周时申国。周幽王时，申侯后裔住在安定屠原，其后人以申屠为氏。

太叔雄

汉代人。博学而有节操，后来官做到尚书，成为一代良臣。

申屠刚

字巨卿，扶风茂陵（今陕西兴平东北）人，王莽时期罢归田里，光武帝时出任侍御史，后迁尚书令。申屠刚性格刚正，以敢于进谏著称。光武帝有一次要出游，申屠刚提出当时陇蜀一带还没有平定，不是游乐的时候。光武帝不听，申屠刚发起了犟脾气，伸着脑袋死死顶住光武帝的车轮就是不让他走。光武帝无奈，只得依了他放弃了出游。申屠刚的进谏往往只是一种执着的精神，对事情的分析判断并不都十分透彻和准确，所以常常用激烈的方式争论一些不太重要的内容，最终他的仕途也在崎岖升降中告终。

公孙 (gōng sūn)　　仲孙 (zhòng sūn)

［郡望］扶风

公孙姓出自黄帝。相传黄帝姓公孙，其后人以公孙为氏。然而周朝惯例，各诸侯国国君都称公，其子称公子，其孙称公孙，所以公孙氏的源头事实上定有许多。

仲孙姓源头不详。春秋时有鲁公子仲庆父，庆父弑君出逃，其在鲁国的后人有以仲孙为姓的。但这个姓氏后世十分罕见，史书上有较详细记载的仲孙湫恰恰是与庆父同时代的齐国大夫，并不是他的子孙。

公孙弘 字季，一字次卿，西汉菑川国薛（今山东寿光）人。他少时家境贫寒，曾在海边放猪维持生活。年轻时，他曾任狱吏，又因不学无术而被免职。为此，他立志读书，四十多岁还跟随老师学习《春秋》。汉武帝即位，下诏求贤，年已六十的公孙弘去应征，被任命为博士，后因出使匈奴任务完成得不理想又被免职。十年后，七十岁的公孙弘再度被选为博士。由于晚年力学，公孙弘广见博识，善于辩论，通晓文书、法律，很快做到丞相。公孙弘为人表面十分宽和，节俭律己，不奢华，以人为先，所以时时被人称道。亲友有困难，他都全力相助，因而家无馀财，世人夸他贤明。但公孙弘内心却十分狭隘，常暗中打击报复政敌，主父偃和董仲舒就是被他用阴谋手段除去的。公孙弘既是一个坚韧不拔、苦学成名的典范，又是一个品行上有所亏欠的人。

仲孙湫 春秋时齐国人，事桓公为大夫。当时鲁国发生灾荒，齐桓公派仲孙湫以"慰问"的名义去侦察情况，回来之后，齐桓公问他："现在是否可以攻打鲁国？"仲孙湫说："不可以，因为鲁国有难，不可攻打他，只可更加爱护和帮助他！"齐桓公听后很佩服仲孙湫的远见。

轩辕
xuān yuán

[郡望] 上党

令狐
líng hú

[郡望] 太原

> 轩辕姓出自黄帝。黄帝号轩辕，其后人以轩辕为氏。
>
> 令狐姓出自周王室。周初，周文王之子毕公高封于毕，春秋时，其后裔毕万仕晋。毕万的孙子魏颗封于令狐，其后人以令狐为氏。

轩辕诰 字谋野，山东汶上人，乾隆四年会元，广东长宁县知县。

令狐绹 字子直，晚唐宰相，他的祖上令狐德棻是唐太宗时的名臣，父亲令狐楚是宪宗时的宰相。令狐绹先后担任过弘文馆校书郎、左拾遗、左补阙、户部员外郎、湖州刺史等官职，大中年间升任宰相，此后一直在这个职位上工作到去世。令狐绹执政的时代，唐朝政权已经缺乏生命力，他只能以一种小心翼翼的态度处理自己和唐宣宗的关系，因此他在历史上并没有多少可以称道的政绩。令狐绹身居高位，和当时许多诗人都来往密切，晚唐最著名的李商隐和温庭筠却都和他关系不佳。有一次令狐绹去问温庭筠一个典故，温庭筠说："这个出自《南华经》（即《庄子》），这不是什么冷僻书，相公平日还要抽空读书才好。"结果令狐绹恼羞成怒，到皇帝面前说温庭筠"有才无行"。后来温庭筠写诗抱怨："因知此恨人多积，悔读南华第二篇。"

钟离
zhōng lí

［郡望］会稽

宇文
yǔ wén

［郡望］太原

> 钟离姓出自春秋。晋国大夫伯宗遇害，其子伯州犁流亡楚国，住在钟离，其后人有以钟离为氏的。
>
> 宇文姓出自鲜卑。古鲜卑有宇文部落，是匈奴南单于的支裔，相传其先祖打猎时得到玉玺，其语言中称天为"宇"，称君为"文"，故自号宇文。

钟离春

战国时齐国无盐女子，相貌丑陋，四十岁还没有嫁出去，却有德有才。后来她主动请求见齐宣王，齐宣王和左右都听说过这个丑女，觉得她主动求见很有意思，于是齐宣王就召见钟离春。钟离春一本正经把手放在膝盖上对齐王说："危险啊危险！"宣王问："你说什么危险呢？"钟离春说："大王现在南面有楚，西面有秦，可谓强敌环伺，大王作为男人四十岁尚威严不立，不好好培养子嗣，这是第一危险；奢侈无度，大兴土木，百姓贫困，这是第二危险；大王作为国君听信奸臣，贤人隐退，人心不服，这是第三危险；大王沉湎酒色，听歌看戏，夜以继日，这是第四危险。"齐宣王听罢，十分佩服钟离春的分析，于是就让她做了自己的王后。

宇文泰

字黑獭，代郡武川（今属内蒙古）人，鲜卑族，西魏王朝的建立者和实际统治者，北周的创建者。西魏禅周后，他被追尊为文皇帝，庙号太祖，是杰出的军事统帅、改革家。宇文泰实行以德治教化为主，法治为辅的政策，推崇儒学，劝课农桑。在乱世中，他南清江汉，西克巴蜀，北控沙漠，奠定了北周王朝之基础。他在位时所颁行的兵制、选官等制度都成为后来隋唐政治制度的蓝本。

长孙
zhǎng sūn

[郡望]济阳

慕容
mù róng

[郡望]雁门

> 长孙姓出自鲜卑。北魏太祖拓跋珪的爷爷叫什翼健，什翼健还有个哥哥叫沙莫雄，他们都是鲜卑族的首领。后来拓跋珪做了皇帝，因为沙莫雄是家族中的长孙，所以将沙莫雄的后裔命名为长孙氏。
>
> 慕容姓出自鲜卑。相传上古时候高辛氏少子居东北，后徙居辽西，是慕容氏的祖先。

长孙皇后

河南洛阳人，唐太宗李世民的皇后。出身官宦之家，从小爱好读书，通达礼仪，十三岁时嫁给李世民。李世民登基后，她被立为皇后。她生性节俭，从不铺张。唐太宗知道她深明大义，下朝以后经常都要和她谈起国家大事，但她却始终说："我是妇道人家，怎能随意议论国家大事？"一次，长孙皇后身染重病，太子李承乾向母亲提请用赦免囚徒和度人入道等方法乞求保佑，她说："大赦是国家的大事，佛、道二教也自有教规。如果可以随便就赦免囚徒和度人入道，必定会有损于国家的政体，我岂能以一妇人而乱天下之法？"她去世时李世民十分悲痛，认为自己失去了一个好帮手。

慕容皝

字元真，昌黎棘城（今辽宁义县）人，鲜卑族，继其父慕容廆之位，统领辽东，后成为十六国时期前燕王。慕容皝在位期间崇尚汉族文化，平定内部叛乱，击败宇文部和段部，击退后赵进攻，破高句丽，威震北方，为日后前燕入主中原打下了坚实的基础。

鲜于　闾丘

xiān yú　　　　　lú qiū

[郡望] 太原

鲜于姓出自商王室。周武王灭商后，把商纣王的叔叔箕子封于朝鲜，箕子的庶子名仲，被封于"于"这个地方，于是其后人以鲜于为氏。

闾丘姓出自春秋。春秋时有小国邾国，后被齐国吞并。邾国有地名闾丘，有大夫采食于此，其后人以闾丘为氏。

鲜于枢

字伯机，号困学民、直案老人、直奇老人、虎林隐吏等，河北渔阳（今天津蓟县）人，元代书法家，和赵孟頫齐名。鲜于枢工正、行、草书，草书尤其知名，善于悬腕作书，笔力劲健。草书作品讲究气势贯通，写小字可以把手腕放在桌子上，写中等大小的字手腕就必须离开桌面仅把手肘搁在桌上，写大字就必须整个手腕包括手肘全部悬空，否则下笔时就会受到阻碍从而使作品线条显得不够流畅。鲜于枢练字刻苦，每每写大幅草书作品能手臂悬空一挥而就，有人问他做到这一点有什么诀窍，鲜于枢把眼睛一闭，伸出手臂道："胆，胆，胆！"虽说有点卖关子，但也说出了要精于书法必须放胆练习的道理。

闾丘孝终

字公显，长洲（今江苏苏州）人，北宋黄州太守。闾丘孝终为官清廉，为人正直，与受到排挤而到黄州的苏轼交好。闾丘孝终在黄州筑栖霞楼，邀请文人墨客饮酒赋诗，苏轼也常常与会。苏轼在黄州东坡找一块空地，莳花种菜，以作消遣，由此自号"东坡居士"。后来，闾丘孝终辞官回苏，居住在一条小巷里，小巷之名即用他的姓氏命名，称"闾丘坊"。后来苏轼曾将他与名胜虎丘并称为苏州"二丘"。

司徒 sī tú　　　司空 sī kōng

司徒姓出自舜。舜曾担任尧的司徒，其后人以司徒为氏。司徒是先秦常见官名，司徒姓的来源必有更多。

司空姓出自禹。禹曾担任舜的司空，其后人以司空为氏。司空是先秦常见官名，司空姓的来源也必有更多。

司徒映　泽州(今属河南)人，唐文宗大和年间曾任太常卿，后因政治黑暗弃官回乡。

司空图　字表圣，河中虞乡(今山西运城永济)人，晚唐诗人、诗论家。在唐末，司空图做过礼部员外郎、郎中。黄巢起义之后，他便过起了隐居的生活，每日与高僧名士饮酒赋诗。唐昭宗即位，曾先后数次召他入朝，拜舍人、谏议大夫、户部侍郎、兵部侍郎等职，他都以老病为由坚辞不受。为此，他在王官谷庄园特地修了一个亭子，取名叫"休休亭"，并写了一篇《休休亭记》说明这个"休休"。"休"字，既有停止、罢休的意思，又有美好的意思，司空图的意思是说自己论才能、论资历、论身体状况都应该退隐休息，只有休息了才是美好的。他又给自己取别号"耐辱居士"，并作歌道："休休休，莫莫莫，伎俩虽多性情恶"，充分表达了退隐不出的决心。

221

qí guān　　　　　　sī kòu

亓官　　　　司寇

亓官姓源头不详。一说出自春秋时官名亓官。

司寇姓出自西周。周初功臣苏忿生曾任司寇，其后人以司寇为氏。司寇是先秦常见官名，司寇姓的真正来源也必有更多。

亓官氏 亓，同丌。亓官氏即孔子的夫人、孔鲤的母亲，因为后来孔子被尊为圣人，所以亓官氏也就被尊为圣妃。然而到了清朝，学者钱大昕根据宋元石刻及流传古书考证，其实孔子的夫人应该是"并官氏"，明朝人刻书的时候随意改成了"亓官氏"，此后以讹传讹错了三百多年，后来的学者翁方纲也为这个说法补充了其他证据。

司寇惠子 春秋时鲁国大夫。

亓官 司寇 仇督 子车

222

仉督　　　　子车
zhǎng dū　　　　zǐ jū

[郡望] 雁门

仉督姓源头不详。一说出自西周官名仉督。
子车姓源头不详。《诗经》中有子车氏"三良",史上仅见。

仉督 目前尚无法考证仉督是一个复姓还是两个姓,有人说孟子的母亲姓仉或仉督。

子车奄息 春秋时秦国子车氏有三位贤臣称"三良",分别名叫奄息、仲行、针虎。秦穆公死后用他们三个人殉葬,于是人们作挽诗《黄鸟》,再三感叹:"走近了他们的坟墓,忍不住浑身哆嗦。苍天啊苍天! 我们的好人一个不留! 如果准许我们赎他的命,拿我们一百换他一个。"

百家姓

zhuān sūn

颛孙

［郡望］汝阳

duān mù

端木

［郡望］东鲁

> 颛孙姓出自春秋时陈国。陈公子颛孙仕晋，其后人以颛孙为氏。
>
> 端木姓源头不详。一说周文王姬昌之师鬻熊之子名端木，端木生典，典以父名为姓，名端木典，是为端木姓的始祖。

颛孙师 字子张，陈国阳城（今河南登封）人，孔子弟子，为人勇武，性情偏激，但广交朋友，主张"见危致命，见得思义"，重视自己的德行修养。唐开元二十七年追封为陈伯。宋大中祥符二年加封宛丘侯。政和六年改封颍川侯。南宋咸淳三年进封陈国公，升十哲位，不久又称陈公。明嘉靖九年改称"先贤颛孙子"。

端木赐 字子贡，孔子弟子。有一次，子贡问孔子："人的生活贫穷，往往就会谄媚；人的生活富有，往往就有骄气。如果人能做到贫而不谄、富而不骄，那如何呢？"孔子说："能做到这样当然好，但不如贫而自乐、富而好礼。"子贡想了想，有所领悟："我以为不谄不骄已经很好了，没想到还有贫而自乐、富而好礼的更高境界，可见道理是越思考越丰富的，这大概就是《诗经》所说的，君子要好学深思，不能自满，要像治骨角玉石的工匠那样'如切如磋'、'如琢如磨'吧。"孔子听了十分高兴，说："这首诗本不为贫富的话题而写，但子贡能恰当地把它联系起来，说明他善于思考。"

巫马 公西

巫马 wū mǎ

公西 gōng xī

[郡望] 鲁国

> 巫马姓源自周朝官职巫马，即负责养马及为马治病的官员，其后人有以巫马为氏的。
>
> 公西姓源头不详。一说出自春秋时鲁国的公族季孙氏。

巫马施 字子期，春秋时鲁国人，孔子弟子。有一次，陈司败问孔子："鲁昭公知礼吗？"孔子回答："知礼。"孔子走后，陈司败问巫马施："我听说君子无偏私，君子也会偏私吗？鲁君娶了吴国的同姓之女，人们叫她吴孟子，如果鲁君这样做都算知礼，那谁不知礼呀？"巫马施就把陈司败的话转告给孔子，孔子对巫马施说："我孔子真是幸运，只要有了错，别人就会知道。"

公西赤 字子华，孔子弟子。公西赤出身于富裕家庭，长于祭祀之仪、宾客之礼，曾作为使者被派往齐国。孔子让他谈自己的志趣，他表示愿意学好各种事务，在宗庙祭祀或在同别国的盟会中，穿礼服，戴礼帽，做一个司仪的普通赞礼人。他的这个志向受到了孔子的称赞。

百家姓

225

漆雕 qī diāo　　　乐正 yuè zhèng

[郡望] 东鲁

> 漆雕姓出自西周时吴国。吴太伯后裔有擅长作漆器者，以漆雕为氏。
> 乐正姓出自官名。周朝有乐正，是乐官之长，掌管音乐。

漆雕开　字子若，孔子弟子，专研《尚书》。孔子曾叫他去做官，他说："我对于从政的道理还不能够有自信。"后来他一直在儒家学术上不断自我完善。漆雕开的事迹流传不多，但后人拿他的姓名做过一副对联很有意思，上联是"月照纱窗，个个孔明诸葛亮"，诸葛亮字孔明，连起来成为一个景象，要对上有些难度。于是有人用了漆雕开做文章，对道："日临棋苑，行行子若漆雕开。"

乐正子春　春秋时鲁国人，孔子的学生曾参的弟子。据说当年齐国伐鲁，鲁国不敌，齐人要求鲁国贡献叫谗鼎的宝物。于是，鲁国送了一个鼎去，齐国人疑心是假的，鲁国坚称是真的。最后，齐国人说：叫你们的乐正子春来说句话，我们只相信他。于是，鲁君找到乐正子春，说明了事情的经过。乐正子春问："那送去的到底是真货还是假货？"鲁君说："当然是假的。""为什么不给他们真的？"鲁君说："我舍不得啊！"乐正子春也笑了："我也舍不得我的信誉。"

壤驷 rǎng sì　　　公良 gōng liáng

[郡望] 京兆

> 壤驷姓出自春秋时秦国。
> 公良姓出自春秋时陈国。陈国公子名良，其后人以公良为氏。

壤驷赤 字子徒，春秋末期秦国上邽人，孔子弟子，身通六艺，在西北地区传授儒家文化。唐开元二十七年、宋大中祥符二年，加封为北徵伯，明嘉靖九年，改封为先贤壤子，清代又改称为壤驷子。到了后世，无论是壤还是壤驷的姓氏都很罕见。

公良孺 春秋时代的陈国人，孔子弟子。他不仅是孔子的得意门生，还曾在孔子周游列国时救过孔子的性命。孔子在离开陈国时路过蒲国，去会见一个姓公叔的人，因为孔子说出了自己的政见，得罪了许多权贵，被一些人围攻，后被蒲人扣留。情况危急之时，公良孺号召他的族人来帮助孔子。公良孺驾着五乘私车前来说："当年我跟从夫子遇难于匡，现在又遇难于此，与其看着夫子再次罹难，不如我战斗而死算了！"于是拔剑而出，与众人一道，准备同蒲人大战。这时蒲人害怕了，终于放过孔子一行。

拓拔 tuò bá　　　　夹谷 jiā gǔ

［郡望］雁门

拓拔姓出自鲜卑。相传黄帝之子昌意封于北土，其俗称土为"拓"，称王为"拔"，故以拓拔为姓。拔，也写作"跋"。

夹谷姓出自女真族。金代始有此姓，清人称瓜尔佳。

拓拔宏 鲜卑人，北魏孝文帝，著名的改革家。拓跋宏自小聪明过人，喜爱汉人的诗书，六岁即位，当时大权在冯太后手中，拓跋宏同冯太后一道进行了北魏政治、经济方面的改革。冯太后死后，拓跋宏亲政，又进一步实施一系列改革措施，如禁鲜卑服，禁鲜卑语，改鲜卑姓，改变鲜卑贵族的社会生活习惯，学习和采纳汉族生括方式和各种典章制度等，士族制度、法制建设以及教育、人才选拔都初具规模。太和二十三年，拓跋宏病逝于南伐途中，终年三十三岁。他执政期间躬亲政务，从善如流，宽慈待人，是一个开明君主。改造了北魏野蛮落后的政治、经济和社会生活，形成了一整套有效的统治制度，开创了一个少数民族经略华夏的政治模式。

夹谷楫 金代赞皇县主簿。

宰父 zǎi fù　　　穀梁 liáng

[郡望] 西河

> 宰父姓出自周朝官吏宰父。
> 穀梁姓源头不详。史上此姓只有一个名人穀梁赤。一说公羊、穀梁其实都是"姜"的反切。

宰父黑

春秋时人,孔子弟子。

穀梁赤

战国时期鲁国人,孔子学生子夏的弟子,学习《春秋》有成,于是为《春秋》写了注释,后人称经书的注释为"传",所以他的这本书就称为《穀梁传》,和左丘明的《左传》、公羊高的《公羊传》齐名。《春秋》是孔子编的鲁国的编年史,语言简炼以至于到了晦涩难懂的程度,所以后来几乎没有单行本的《春秋》,大多是和"传"一起刊行的。《穀梁传》、《公羊传》都是用自问自答的形式在需要处给出注释,看上去很像授课讲义的底稿,不像《左传》那样补充了很多历史资料,但二者都是以分析《春秋》一书的体例为主,所以历来也不乏研究者。

晋 _{jīn}

［郡望］虢郡

楚 ^{chǔ}

［郡望］江陵

> 晋姓出自周王室。西周初年，周武王之子唐叔虞被封于唐，后来改为晋，是晋国的祖先。春秋末年，晋国被赵、魏、韩瓜分而灭亡。其后人有以晋为氏的。
>
> 楚姓出自楚国。楚是周代诸侯国，存续八百年，与整个周朝几乎相当。其后人有以楚为氏的。

晋灼 河南人，晋朝任尚书郎，著有《汉书音义》。后来通行的《汉书》注本出自唐代颜师古之手，他引用了许多前人的成果，其中就包括晋灼，后人知道这个名字也是由此而来。

楚衍 北宋数学家、天文学家，研究《九章算术》、《缉古算经》、《缀术》、《海岛算经》等算术经典，能得其奥妙，又善于推断阴阳、星历。他曾自己请求召试《宣明历》，被补为司天监学生。天圣初年，他制作《崇天历》，官司天监丞，后著《司辰星漏历》十二卷。著名数学家贾宪是他的学生。

晋楚闫法

230

闫
yán

［郡望］天水

法
fǎ

［郡望］扶风

> 闫姓即阎姓。
> 法姓出自战国时齐国。齐襄王名叫田法章，其后人有以法为氏的。

闫 闫姓其实与阎姓（见第165页）本来是同一个姓，只不过因为"阎"字里面的"臽"草写像"三"字，于是演变成了"闫"，渐渐地，阎和闫也变成了两个姓。

法正 字孝直，三国时扶风郿县（今陕西眉县）人，三国时期蜀国尚书令、护军将军，深受刘备器重。对于法正的智谋，不仅刘备欣赏，诸葛亮也十分佩服。有一次刘备和曹操作战，局势不利，必须撤退。但是刘备太过激动，就是不肯撤，谁劝都不听。敌人箭如雨下，法正驱马挡在刘备身前，刘备高喊："孝直避箭！"法正道："主公身先士卒，亲冒矢石，何况属下！"法正这么一"示范"，刘备一下子醒悟自己是在送死，于是又高喊："孝直，一起撤！"后来刘备伐吴失利，诸葛亮感叹道："可惜法孝直去世得早，要不然一定能阻止主上伐吴。即便不能阻止，有他在军中参谋也不至于打如此败仗！"

汝
_{rǔ}

[郡望] 江陵

鄢
_{yān}

[郡望] 太原

> 汝姓出自商朝。商朝有贤人汝鸠，其后人有以汝为氏的。
> 鄢姓出自春秋时郑国。郑国有大夫采食于鄢，其后人有以鄢为氏的。

汝郁 字叔异，陈国人，东汉官吏。汝郁天性孝顺，五岁的时候，母亲因为生病吃不下东西，他就总是抱着母亲哭泣，自己也跟着不吃东西。母亲看着孩子可怜，就勉强吃些东西并骗他说："妈妈的病已经好了。"然而这一招竟然没骗过小汝郁，他看母亲的气色判断出病没好，于是继续不吃东西。这让乡邻们大为吃惊，都说这孩子的孝心是天生的，就是因为这件事，汝郁长大之后人们给他取的字叫"叔异"。后来，汝郁成了著名的地方官，以德教化百姓，从周边地区慕名到他的辖区生活的百姓有数千人之多。

鄢正笏 字方廷，因为所住的地方有画村，故自号画村，清代学者。乾隆中贡生。幼年曾受业张璨，为学崇尚汉魏，一洗当时理学家的空疏积习。晚年考据益精，文章愈见精古。治学严谨，不轻易为文，动笔必求传世。著有《澹云亭集》。

涂 _{tú}　　　钦 _{qīn}

涂姓有二。一是塗姓，出自夏朝。古部落有塗山氏，其后人以塗为氏。二是涂姓，也写作"涂"，河流名，因地为氏。现在二字已不加区分。钦姓源头不详。一说出自汉代少数民族乌桓。

涂瑞 字邦祥，广东番禺（今属广州）人，明成化年间进士，从小聪明好学，文学上很有造诣，又擅长书法。长大之后的涂瑞仪表堂堂，身材魁梧，学宗程朱，亦研陆王。善考核诸经疑事，评述古今。论说、杂著皆精约有义，尤工古代地理图说。其文力求真意，明畅通达，极受当时名流蒋士铨、朱仕秀等人赏识。诗作从容自然，性情过人。后来作为翰林编修编纂明宪宗《实录》，当时被称为"翰林三妙"——指他的才学、书法、仪表。当他四十六岁去世的时候，人们都为之唏嘘感叹。

钦德载 吴县（今属江苏苏州）人，宋末元初人。为都督计议官，宋亡后，拒不降元，隐居碧岩山中，自号寿岩老人。

段干 duàn gān

[郡望] 武威

百里 bǎi lǐ

[郡望] 京兆

> 段干姓源头不详。一说段干木即其始祖。
> 百里姓出自春秋时虞国。百里奚的祖先是虞国人，受封于百里，所以以百里为氏。

段干 百里 东郭 南门

段干木

春秋时魏国将领，受封于段干，故称段干木。

百里奚

春秋时楚国人，秦穆公时贤臣，著名的政治家，早年贫穷困乏，流落不遇，辗转到虞国任大夫。晋献公灭虞，俘虏了百里奚，随后将他作为穆姬的陪嫁送到秦国。百里奚不愿忍受奴隶的生活，逃到宛，又被楚国人捉去。秦穆公胸怀大志，却苦于缺少贤才辅佐。有人告诉他百里奚是不可多得的人材，秦穆公喜出望外，急忙去请，却得知百里奚已经流落到楚国。秦穆公本想以重金赎回百里奚，又怕楚人不给。于是派使者到楚，说："媵奴百里奚逃到贵国，请允许我方用五张公羊皮将他赎回。"楚国一看此人如此不值钱，也就答应了秦的要求。当70多岁的百里奚被押回秦国时，秦穆公亲自为他打开桎梏，与他商谈国事。两人一直谈了三天，穆公十分高兴，以百里奚为国相。由于百里奚是用五张公羊皮赎回来的，所以人称其为"五羖大夫"。

东郭 dōng guō　　南门 nán mén

[郡望]

> 东郭姓出自春秋时齐国。齐桓公后人有住在东郭的，以东郭为氏。
> 南门姓源头不详。一说以商朝大臣南门蝡为始祖。

东郭先生　西汉大将军卫青征讨匈奴，每次都凯歌而归。一次得胜归来，汉武帝赏赐千金。当卫青走出宫门时，一个叫东郭先生的方士挡住了他的去路，建议说："王夫人最近受到皇上的宠幸，可是她娘家并不富裕，如果能把千金的一半送给王夫人的家属，那皇上一定会重重赏赐您的。"卫青按东郭先生的话做了。但精明的汉武帝认为卫青不会有这样的计谋，召来一问才知道原来是东郭先生出的。于是武帝派人把东郭先生请来，授予他东海郡都尉之职。当初东郭先生一直生活在贫困之中，衣服破旧，鞋子只剩下鞋帮，人们都取笑他。而他却说，有谁敢脚踏雪地，让别人看到上面是鞋，下面是脚印呢? 后来，东郭先生受到汉武帝的器重，再没有人嘲笑他了，都对他刮目相看。

南门　南门姓的记载要追述到古书《鬻子》，书中记载了一个商朝的人物南门蝡，是辅佐商汤的七个能人之一。其记载是否可信不得而知，但既然有东郭、西门这样的姓，南门姓也是理所当有，只是后来很多都省为单姓"南"了。

百家姓

235

呼延
hū yán

归
guī

［郡望］太原

> 呼延姓出自匈奴。匈奴原有呼衍氏，进入中原后以呼延为姓。
>
> 归姓出自春秋。春秋时有胡子国，归姓，其后人以归为氏。

呼延赞 宋代骁雄军使。他浑身刺满"赤心杀贼"四字，为国打仗，不计生死。民间流传有《呼家将》的故事。

归有光 字熙甫，人称震川先生，昆山（今属江苏）人，明代著名的散文家。归有光的远祖归道隆曾居住在江苏太仓项脊泾，所以归有光又自称项脊生，为书斋取名项脊轩。他的文章朴素简练而又真挚动人，接近生活，着力表现普通人的日常生活方式，成为正统散文向近代散文转折的重要标志，被后人誉为"明文第一"。同时，他又是一个心系天下的有志之士，但命运并不青睐他，年届花甲才被任命为长兴知县，《西游记》的作者吴承恩做他的县丞。两人上任后，努力学习历代循吏的治理经验，为老百姓兴利除害。往日从太湖水路至湖州的商贾在此多遭抢劫，经过三年整治，长兴的风气大为好转，船只可以昼夜在湖上行驶，乡间能够"夜不鸣犬"。

海
hǎi
[郡望] 薛郡

羊舌
yáng shé
[郡望] 河东

> 海姓源头不详。一说以春秋时卫灵公大臣海春为始祖。
>
> 羊舌姓出自春秋时晋国。晋国公族有靖侯，封于羊舌，其后人以羊舌为氏。

海瑞 字汝贤，自号刚峰，琼山（今属海南）人，举人出身，明朝著名清官，后人称之"海青天"。明朝的政治十分腐败，而海瑞则非常清廉和耿直，任地方官期间不仅勤于政事，而且严禁属下盘剥百姓。拿惯了外快的下级官吏集体怠工，海瑞硬是一人顶下了所有的工作。后来他调中央任户部主事，嘉靖皇帝疏于朝政而且在道事上花了很多钱，海瑞竟上书直言"嘉靖"简直就是"家净"，为此差点惹来杀身之祸。后来首辅徐阶把他从监狱里救出来，保他做了应天巡抚。他上任后不久就开始收缴豪强的土地，而首当其冲的大户就是徐阶。最后，他在南京任右都御史，又因为管理严格，被同僚们上书弹劾，御史弹劾御史，也成了有史以来的一大奇观。最后海瑞去世的时候身边只有不到十两银子，还是大家凑钱安葬了他，但南京市民却为他的死罢市数日以示哀悼。

羊舌肸 字叔向，春秋时晋国大夫。《国语》中有叔向贺贫的故事，说韩宣子为贫困而发愁，叔向却向他表示祝贺。他列举了很多往事，指出清贫的生活往往能成就人的德行，应该祝贺，如果不忧愁德行的建立，却只为财产不足而发愁，那是值得哀怜的。这番话不仅打动了韩宣子，也深深影响着后人。

微生 wēi shēng　　　岳 yuè

[郡望] 山阴

> 微生姓源头不详。一说出自周王室。
> 岳姓源头不详。一说出自出自共工氏后裔四岳。

微生亩 春秋时鲁国的隐士。在《论语》中，出现过微生亩、微生高两个名字，都是受到孔子批评的。而《庄子》等书中又有一个尾生，在桥柱子下和女友约会，结果女友没到先发了大水，为了守信，他拒不离开，结果被淹死了。历代学者多将这三个人物视为一人，但由于资料有限，也无法完全证实，甚至是否有微生这个姓氏也很难说。

岳飞 字鹏举，相州汤阴（今属河南）人，南宋军事家，民族英雄。北宋末年，岳飞投军抗金，母亲姚氏在他背上刺了"精忠报国"四个大字，成为岳飞终生遵奉的信条。岳飞投军后，很快因作战勇敢升秉义郎。南宋建立后，岳飞上书高宗，要求收复失地，被革职。随后改投河北都统张所，任中军统领，在太行山一带抗击金军，屡建战功。后金将领兀术再次南侵，高宗被迫流亡海上，岳飞率孤军坚持敌后作战。他在广德、常州、牛头山屡破金兵，受到褒奖。绍兴七年，岳飞升为太尉，屡次建议高宗兴师北伐，一举收复中原，但都被高宗拒绝。最后，岳飞被主和派首领秦桧以"莫须有"的罪名毒死于临安风波亭，年仅39岁。宁宗时，岳飞冤案得以昭雪，被追封鄂王。岳飞善于谋略，治军严明，他亲自参与指挥过一百多场战斗，未尝一败，是名副其实的常胜将军。

帅 shuài　　　　缑 gōu

[郡望] 太原

> 帅姓本师姓，晋朝时避司马师讳改为帅姓。
> 缑姓出自周朝。周有卿士采食于缑邑，其后人以缑为氏。

帅子连 五代人，身材魁梧，膂力过人，绰号"牛子"。他在南岳衡山的魏夫人观隐居三十年，从来也没见他有做饭的迹象，有时会在雪地里睡觉，传说是成仙了。他身手敏捷，经常帮助行人背东西。北宋初年，舍人王佑奉皇帝命去衡山祈祷时曾经见到帅子连，王佑留诗："下瞰虚空临绝涧，上排烟雾止山颠。四边绝险无猿鸟，独卧深云三十年。"

缑谦 明代成化年间人，明英宗天顺七年，哈密地区回民、维民起义，朝廷大臣佥事推荐兵部右侍郎张海、都督同知缑谦二人。明英宗赐敕指授二人领兵弹压，而他们终能成功遣吐蕃人归谕明室，献还入侵明朝的国土。吐蕃人首领阿黑麻亦愿意归还陕巴及哈密，向朝廷求助和还其使者。天顺八年正月至京，有官员上书弹劾张海、缑谦二人经略无功，并下吏贬秩。阿黑麻仍然占据哈密，始终不肯归还给明朝。明英宗便因此而甚为震怒。成化八年，缑谦晋迁出任辽东总兵官，因隐匿军情不报，被都察院右佥都御使强珍将其罢镇去官。不过后来由于荆州襄阳百万流民乱事颇多，强珍又在明孝宗弘治二年举荐缑谦继续任边陲重镇宣府都督，说他才力可用。同时，宦官汪直挑拨唆使给事中庞泮等人弹劾"缑谦数失机，强珍不应保奏"。于是缑谦被明孝宗调职为南京右通政。

亢 kàng   况 kuàng

亢姓源头不详。一说源自地名，春秋时齐国有亢父邑。

况姓源头不详。一说出自春秋时虞国。

亢思谦 字子益，号水阳，临汾（今属山西）人，嘉靖甲午乡试第一，丁未进士，选翰林庶吉士，授编修。他曾经奉命给宫中宦官上课，自编教材，选取汉唐以来有教育意义的宦官事迹作为训诲。又出任河南学政、右参政，当时地方上的皇室宗亲伊王为扩建府第，向朝廷申请八万两银子，得到了批准，准备往地方摊派，亢思谦向上级申诉，制止了这个动议。后来，他又担任陕西按察使、四川左布政使等职，多有善政，受到百姓拥戴。

况钟 字伯律，号如愚，江西靖安人，明代著名清官。他曾任苏州知府，惩奸吏、裁冗员、减重赋、废苛捐、清积案、平冤狱，深受百姓爱戴，被呼为"青天"。治苏任满，苏州一万三千馀人联名乞求况钟连任，英宗准奏，以正三品留任苏州。况钟为官清廉，卒于苏州任上，归葬时，十里长堤站满了哭祭人群。古代传奇小说中载有不少况钟办案故事，著名昆曲剧目《十五贯》就以他为主人公。

後 hòu
[郡望] 东海

有 yǒu
[郡望] 东鲁

> 後姓源头不详。一说出自太昊氏，相传太昊之孙名後照，其后人以後为氏。"後"字现简化成"后"字，但是作为姓氏，後、后二姓是有区别的。
> 有姓源头不详。一说出自有巢氏。

後敏 当涂（今属安徽）人，明永乐年间陕西布政司参议。

有若 字子有，亦称有子，鲁国人，孔子弟子。他尊奉孔子，认为孔子是出类拔萃的天下第一圣人。他刻苦学习孔子的思想，发扬"学而不厌"的精神，以火烙手，以防瞌睡，日夜攻读。他对孔子的思想往往能作出符合原意的解释和理解，根据孔子关于"在上位的人能用浓厚感情对待亲族，老百姓就会走向仁德"的教导，主张以"礼"为准绳，以"和"为原则处理事情。他的孝悌思想对后世影响深远，汉朝设"孝悌力田"、举"孝廉"时多以他的话为依据。他主张减轻剥削、寓富于民的思想，成为后世规劝帝王的依据。因为有若和孔子非常相像，所以当孔子去世以后，弟子们思念老师，就把有若当作老师一样对待。

琴
qín

[郡望] 天水

梁丘
liáng qiū

[郡望] 琅琊

琴姓源头不详。一说以琴牢为始祖。

梁丘姓出自春秋时齐国。齐有大夫采食于梁丘,其后人以梁丘为氏。

琴牢 字子开,一字子张,又名琴张,春秋末期卫国人,孔子最早的门徒。唐开元二十七年,追封为南陵伯,宋大中祥符二年,加封为顿丘侯,政和六年,改封为平阳侯,明嘉靖九年,改称为"先贤琴子"。

梁丘贺 字长翁,琅琊郡诸(今山东诸城西南)人,曾跟从京房受《易》,很能领会精义,深得老师夸奖。又与施雠、孟喜同学《易》于田何的再传弟子田王孙。后来朝廷让京房推荐一名学生到朝廷做官,京房就推荐了梁丘贺。此后,他担任太中大夫、给事中,至少府。宣帝时,立为博士。一次皇帝去祭祀,先头仪仗的剑掉了出来,剑头插入泥中,剑刃指向皇帝的车,马受了惊。皇帝招梁丘贺来卜筮,梁丘贺认为"有兵谋,不吉。"为此,皇帝取消了祭祀活动,并且在准备进行祭祀的场所搜捕到了刺客。

左丘 (zuǒ qiū)　　东门 (dōng mén)

> 左丘姓源头不详。
> 东门姓出自春秋时鲁国。鲁庄公的儿子住在鲁国东门，其后人以东门为氏。

左丘明　鲁国人，春秋时史学家，双目失明。春秋时史官多有盲人，负责记诵、讲述古代历史和传说，口耳相传，以补充和丰富文字的记载，左丘明即为其一。相传左丘明曾著《左氏春秋》，又称《左传》、《春秋左氏传》、《春秋内传》，与《公羊传》、《穀梁传》同为解释《春秋》的三传之一，具有重要的史料价值。但从内容看，该书应成于战国中期，可能是作者假托左丘明而作。相传《国语》也出于左氏之手，记录了不少西周、春秋的重要史实，保存了很有价值的原始资料。无论《左传》、《国语》是否全部出自左丘明，至少其作者不仅是一个杰出的历史学家，同时也是一个天才的文学家。

东门京　西汉时人，善相马，曾造"铜马法"——相当于近代马匹外形学中良马标准的铜马模型。汉武帝诏令立铜马于鲁班门外，又改鲁班门名为金马门。

243

西门 xī mén　　商 shāng

[郡望] 汝南

西门姓出自春秋时郑国。郑国有大夫住在西门，其后人以西门为氏。

商姓出自商王室。商王后人有以商为氏的。一说商纣王时商容的后人以商为氏。一说战国时卫鞅号商君，其后人以商为氏。

西门豹　战国初期魏国人，曾任邺令，在任上做了两件大好事，第一件是破除河伯娶妇迷信，整治巫人；第二件是开凿十二水渠，引漳水灌溉，兴修水利。

商辂　字弘载，号素庵，浙江淳安人，在明朝中叶他是一个朝野皆知的名人，他在浙江乡试考第一，全国会试考第一，金殿策试又是第一，集解元、会元、状元三大功名于一身，是我国科举史上的罕见奇人，后在成化年间当了十年内阁首辅，是一个敢和皇帝争辩、以持正闻名的贤相。正如俗语所说，宰相肚里能撑船，商辂在气量上也非常人可比。当时商辂和吏部尚书钱溥的关系不好，钱溥写了一篇《秃妇传》加以谩骂，商辂不予理睬；言官黎淳因为皇帝易储的事上疏诋毁商辂，商辂待之如常；还有更多的大臣在皇帝面前弹劾他，他反而帮对方说话，请皇帝宽待言官。明宪宗和大臣们都称赞商辂有容人之量。

牟　佘

móu　　　　　　shé

［郡望］巨鹿

> 牟姓出自周朝牟国。牟国是周朝分封的子国，祝融氏后裔，其子孙有以牟为氏的。
> 佘姓源头不详。一说由佘姓演变而来。

牟谷　字子冲，北宋画家，擅长人物肖像。宋太宗还没有做皇帝的时候，牟谷就和他关系不错。后来宋太宗即位，牟谷就被安排在画院工作。有一次宋太宗派团出使交趾（今越南），就让牟谷跟着一起去。牟谷到了交趾，给当时的国王黎桓以及诸大臣逐一画像，受到一致好评。然而这一去，牟谷竟然在那里生活了十几年。当时的交趾是蛮荒落后的地方，生活艰苦不同一般。等牟谷回到中原，宋太宗已经去世，即位的真宗皇帝对这位为国增光的画师也加以慰劳。

佘一元　字占一，山海卫（今河北秦皇岛山海关）人，明末举人，李自成攻陷北京后，总兵吴三桂退守山海关，邀请佘一元商议守城大计。后来，吴三桂引清兵入关，佘一元也是负责联络的人物之一，入清后，因功封为莒州知州，因亲丧没有赴任。顺治四年，佘一元中进士，授刑部主事，改礼部，擢仪制司郎中，不久告疾回乡，立社讲学。其学出自明儒陈龙正，又对姚江学派有研究，当时学者称之为榆关师表。

佴 nài   伯 bó

[郡望] 河东

佴姓源头不详。一说出自商王室。
伯姓源头不详。

佴隆 滁州（今属安徽）人，永乐中永丰县丞。

伯 历史上看上去"姓伯"的人很多，像后人熟悉的伯乐、伯牙、伯夷之类。但这些人物都是先秦的，而"伯"是当时人们的一个排行用字，表示老大，所以不能说这些人姓伯。后来姓伯的人十分稀少，伯姓推尊夏禹的佐臣伯益为先祖。至今留传的古书《山海经》记载了数百座山、数百条河流及大量的动物、植物、矿物，还间杂了许多神话传说，一方面人们认为其书荒诞不经而不加关注，另一方面人们又总觉得其中所记有许多现实的影子。因此有人说它是纯属想象的小说，有人说它是根据实录的地理志。据说这部书就是伯益以跟随大禹治水的经历做的记录，这一点是否属实已经很难考证，但完整保留下来的《山海经》本身却是研究上古史及神话传说的必不可少的参考书。

shǎng 赏　　nán gōng 南宫

［郡望］吴郡

赏姓源头不详。一说出自春秋时晋国。
南宫姓出自西周。周朝初年有贤人南宫适，其后人以南宫为氏。

赏锴 字锡南，号许斋，顺天宛平（今属北京）人，嘉庆四年进士，曾任知县。

南宫适 字子容，孔子弟子。据说南宫适读《诗经》，读到《大雅·抑》一篇中“白圭之玷，尚可磨也；斯言之玷，不可为也”一句时，南宫“三复白圭”——反复再三讽诵，孔子因此就把侄女嫁给了他。白圭就是白玉，这几句是说白玉上面如果有了污点还可以磨去，人如果说话不小心成了自己人生的污点，那就没办法了，意思是人说话要谨慎。孔子以此判断南宫适能慎于言语，这样遇到世道清明自然可以有所作为，而遇到世道混乱也完全可以免祸，所以把侄女嫁给了他。

墨 (mò) 哈 (hǎ)

[郡望] 梁郡

> 墨姓出自古国孤竹。孤竹国君号墨胎氏，其后人有以墨为氏的。
> 哈姓出自回、蒙等少数民族。

墨翟 战国初年的鲁国人，被后人尊称为墨子。墨子出身于下层，少年时代曾经学习儒术，后来觉得儒家的礼教过于烦扰，厚葬浪费财物，使百姓贫困，而长时间的服丧也有伤身体，妨碍生计。所以他抛弃了儒学，并进而创立墨家学说，成了儒家的反对派。他有弟子三百人，结成有组织有纪律的墨家学派团体。墨子的主要思想是"兼爱"，认为天下的每个人都应该同等地、无差别地爱别的一切人。然而这样的理想多少带有空想的色彩，所以后来孟子把他和杨朱放在一起比较，说墨子是"摩顶放踵以利天下"，就是从头顶到脚跟都磨伤了，为别人不辞辛苦，是一个苦行僧的作风。而杨朱则是一个完全的自我中心的人，他的信条是"拔一毛以利天下而不为"，彻底的自私。孟子认为他们两个各自走了一个极端，都不合理。

哈元生 字天章，回族，直隶河间瀛州镇（今属河北）人，清朝将领，康熙间入伍，授把总，累迁建昌路都司。史称"扬威将军"。

譙 _{qiáo}   笪 _{dá}

[郡望] 巴西

譙姓出自春秋时曹国。曹有大夫采食于譙，其后人以譙为氏。

笪姓源头不详。宋代以来，见于福建。

譙周 字允南，巴西西充国（今四川西充）人，蜀汉地区著名的儒学大师和史学家，《三国志》的作者陈寿即出自他的门下。诸葛亮去世后，譙周曾做过后主刘禅的家令，而刘禅耽于玩乐，经常外出游逛，并增造后宫，沉湎酒色，不理朝政。为此，譙周上书劝谏，但刘禅听不进去，将他免了职。此后，魏军兵临城下，譙周力主降魏。他认为，与其向吴国称臣，不如向魏国称臣，并说先主名字叫"备"，有完备的意思；后主名字叫"禅"，有传授的意思，到了刘禅，就只有等待被别人消灭了。经反复劝说，刘禅听从了降魏的建议。由于譙周主降有功，司马昭封他为阳城亭侯。后人因此多把譙周看作奸臣，其实，譙周只是一个学者，既无法像诸葛亮一样力挽狂澜，又劝说不了刘禅奋发图强，就只好劝说刘禅降魏了，他所做的都是一个学者眼中的最佳现实选择了。

笪重光 字在辛，号江上外史，江苏句容人，清初书画家。

年 nián　　　　　　　　爱 ài

年姓源头不详。一说出自春秋时齐国。
爱姓源头不详。一说出自唐代西域的回鹘。

年富 字大有，安徽怀远人，明代名臣，为官清廉刚正。当时江南百姓租种富人之田，每年要交纳很重的田租，一遇荒年凶岁，朝廷往往下诏蠲免税粮。但这只是恩及地主富户，佃农的田租却丝毫没有减轻。所以年富请求朝廷下令，凡受灾的地方免租一定要落实到佃农。年富性格刚正，最恨开后门托关系，这个性格经常被狡猾的属下利用，明明可以促成的事情就跟他说不行，明明应该阻止的事情就跟他说可以，反其道而行常常的能达到目的，这大概就是人们常说的"君子可欺之以方"吧。

爱莫助 广西融县（今融水苗族自治县）人，明正德中任永昌府通判。

阳 (yáng)　佟 (tóng)

[郡望] 玉田

> 阳姓出自周王室。周景王少子封于阳樊，其后人以阳为氏。
> 佟姓源头不详。史上以辽东及满、蒙地区等少数民族佟氏居多。

阳伯雍 汉朝人。阳伯雍是个小商贩，对父母十分孝顺，后来父母去世，就把父母安葬在无终山，自己也就在那里住了下来。无终山很高，而且山上没水，于是阳伯雍就设个摊位给过路人免费提供饮水。后来有一个喝了他水的人给了他一把石子做报答，说："找个平坦的地方把这石子儿种下去，能长出玉。"又说："小伙子，你能娶个好媳妇。"阳伯雍就找了块地把石子种下去，过了几年，确实地里常有玉石生出。后来，阳伯雍听说右北平徐家的姑娘美丽贤惠，就上门去求婚。徐家小姐名气很大，求婚的人络绎不绝，徐家见这个穷小子也来求婚，就开玩笑说："拿一双白璧来做聘礼就行！"阳伯雍回家，到田里一口气刨了五双白璧拿到徐家，徐家大惊，按约定把女儿嫁给了他。后来皇帝听说这事，拜阳伯雍做了官，他的田也被命名为"玉田"。

佟珍 字时贵，辽东人，明成化年间进士，曾任吏部郎中。

第五　言　福

dì wǔ　　yán　　fú

〔郡望〕陇西　　　　〔郡望〕汝南

第五姓出自战国田齐。一说以春秋时齐国大夫福子丹为始祖。
言姓源头不详。一说以孔子弟子言偃为始祖。
福姓源头不详。

第五伦　字伯鱼，京兆长陵（今陕西咸阳）人。光武帝召见他，交谈之后认为他很有见识，任命为会稽太守。第五伦生性忠直节俭，身居高位仍亲自锄草养马，妻子亲自做饭，俸禄仅留一月口粮，其馀都用来资助贫苦百姓。在会稽任太守期间，当地百姓迷信风俗很盛，经常用牛来祭祀各种鬼神，而牛是百姓重要的生产工具，所以第五伦对这种情况严加禁止，对宣传迷信的巫师严厉惩罚，最终制止了这种不良的风俗，使百姓的生产生活得到很大改善。

言偃　字子游，孔子弟子，以文学著称。言偃曾担任武城宰，一次，孔子来到武城，听到处处有弦歌之声，于是微笑着对迎接他的言偃说："割鸡焉用牛刀？"意为治理这个地方还用得着小题大做，以礼乐来教育吗？言偃恭敬地回答说："以前老师曾教导我，做官的学习了就会有仁爱之心，老百姓学习了就容易听指挥，教育总是有用的啊！"学生的回答使老师十分满意，孔子对随同他一起来的学生说，言偃的话是正确的，我刚才那话不过是与他开个玩笑罢了。

福生　广东徐闻人，明正统中任雩都县学训导。

百家姓

赵钱孙李　周吴郑王　冯陈褚卫　蒋沈韩杨

朱秦尤许　何吕施张　孔曹严华　金魏陶姜

戚谢邹喻　柏水窦章　云苏潘葛　奚范彭郎

鲁韦昌马　苗凤花方　俞任袁柳　酆鲍史唐

费廉岑薛　雷贺倪汤　滕殷罗毕　郝邬安常

乐于时傅　皮卞齐康　伍余元卜　顾孟平黄

和穆萧尹　姚邵湛汪　祁毛禹狄　米贝明臧

计伏成戴　谈宋茅庞　熊纪舒屈　项祝董梁

杜阮蓝闵　席季麻强　贾路娄危　江童颜郭

梅盛林刁　钟徐丘骆　高夏蔡田　樊胡凌霍

虞万支柯　昝管卢莫　经房裘缪　干解应宗

丁宣贲邓　郁单杭洪　包诸左石　崔吉钮龚

程嵇邢滑　裴陆荣翁　荀羊於惠　甄麴家封

芮羿储靳　汲邴糜松　井段富巫　乌焦巴弓

牧隗山谷　车侯宓蓬　全郗班仰　秋仲伊宫

宁仇栾暴　甘钭厉戎　祖武符刘　景詹束龙

叶幸司韶　郜黎蓟薄　印宿白怀　蒲邰从鄂

索咸籍赖　卓蔺屠蒙　池乔阴郁　胥能苍双

253

闻莘党翟　谭贡劳逄　姬申扶堵　冄宰郦雍
郤璩桑桂　濮牛寿通　边扈燕冀　郏浦尚农
温别庄晏　柴瞿阎充　慕连茹习　宦艾鱼容
向古易慎　戈廖庾终　暨居衡步　都耿满弘
匡国文寇　广禄阙东　欧殳沃利　蔚越夔隆
师巩厍聂　晁勾敖融　冷訾辛阚　那简饶空
曾毋沙乜　养鞠须丰　巢关蒯相　查后荆红
游竺权逯　盖益桓公　万俟司马　上官欧阳
夏侯诸葛　闻人东方　赫连皇甫　尉迟公羊
澹台公冶　宗政濮阳　淳于单于　太叔申屠
公孙仲孙　轩辕令狐　钟离宇文　长孙慕容
鲜于闾丘　司徒司空　亓官司寇　仉督子车
颛孙端木　巫马公西　漆雕乐正　壤驷公良
拓跋夹谷　宰父穀梁　晋楚闫法　汝鄢涂钦
段干百里　东郭南门　呼延归海　羊舌微生
岳帅缑亢　况後有琴　梁丘左丘　东门西门
商牟佘佴　伯赏南宫　墨哈谯笪　年爱阳佟
第五言福　百家姓终